匡亚明　主编　中国思想家评传丛书

贾思勰王祯评传

郭文韬　严火其　著

南京大学中国思想家研究中心
南京大学出版社

中国思想家评传丛书

《中国思想家评传丛书》序

匡亚明

伟大的中华民族在长达五千年连绵不断的曲折发展过程中，像滚滚东流的长江那样，以磅礴之势，冲破了重重险阻，奔腾向前，现在更以崭新面貌，雄姿英发，屹立于世界民族之林。这是人类历史上的一个奇迹。产生这一奇迹有诸多原因，其中十分重要的一点，就是我们勤劳、勇敢、智慧的各族人民，在长期的生产活动、社会活动、思维活动和对外交往以及抗击外来侵略过程中，逐渐创造、积累、发展了具有以生生不息的内在思想活力为核心的优秀传统思想文化。这是一种伟大、坚强的精神支柱，是我们民族凝聚力和生命力之所在，是历史留给我们所有海内外炎黄子孙引以自豪的无价之宝。

当然，和各国各种不同传统思想文化一样，在中华民族的思想文化传统中，也是既有精华，又有糟粕，因而全盘肯定或全盘否定,不对;一知半解、信口开河或裹足不前、漠然置之,也不对。郑重而严肃的态度应该是对它进行实事求是的科学的研究和分析,取其精华,弃其糟粕,继承和弘扬这份瑰宝,振兴中华,造福人类。人类历史发展的连续性,就是在不断去粗取精、继往开来和改革创新过程中实现的。继往是为了开来,开来不能离开继往。民族虚无主义和复古主义,都是违背历史发展的辩证规律的。

现在我们国家正处在一个新的继往开来迈向四化的关键时刻。继往就是继民族优秀传统之往,开来就是开社会主义现代化建设之来。对中国传统思想文化从广度和深度上进行系统研究,实现去粗取精的要求,正是继往开来必须完成的紧迫任务。我认为这是中国各族人民,首先是文化界、学术界、理论界义不容辞的光荣职责。但面对这一时间上长达五千年,内容上涉及人文科学、自然科学等各个领域的传统思想文化,将从何着手呢?毛泽东同志早在 1938 年就说过:"从孔夫子到孙中山,我们应当给以总结,承继这一份珍贵的遗产。"① 这是很有远见而又切合实际的英明建议。从孔子到孙中山这两千余年是中国历史上思想文化最丰富的时期,如果总结了这段历史,也就基本上总结了五千年传统思想文化的主要内容。当然,基本上不等于全部。孔子以前和孙中山以后的情况,可以另行研究。因此,我认为首先最好是在时间上从孔子开始到孙中山为止,方法上采取《中国思想家评传丛书》的形式作为实现这一任务的开端。这就是从这段历史的各个时

① 毛泽东《中国共产党在民族战争中的地位》,《毛泽东选集》第 2 卷,人民出版社 1952 年版,第 522 页。

期、各个领域和各个学科(包括文、史、哲、经、教、农、工、医、政治等等)有杰出成就的人物中,遴选二百余人作为传主(一般为一人一传,少数为二人或二人以上合传),通过对每个传主的评述,从各个侧面展现那些在不同时期、不同领域中有代表性人物的思想活力和业绩,从而以微见著、由具体到一般地勾勒出这段历史中中国传统思想文化的总体面貌,揭示其积极因素和消极因素的主要内涵,以利于开门见山、引人入胜地批判继承、古为今用,也为进一步全面系统地总结中国传统思想文化打下基础。自从毛泽东同志提出上引建议后,半个世纪以来,不少专家学者已从各个方面做了许多工作,但对全面完成这个任务来说还远远不够,还要在深度和广度上继续努力。作为"抛砖引玉",本《丛书》只是这个继续努力所应完成的工作的一部分。《丛书》凡二百部,约四千万言,自 1990 年开始陆续出版,争取十到十五年全部出齐。

《丛书》所以用"中国思想家评传"命名,主要是考虑到中国传统思想文化中的核心是生生不息的内在思想活力,而历史事实也反复证明,凡是在各个不同时代不同领域和学科中取得成就者,大多是那些在当时历史条件下自觉或不自觉地认识和掌握了该领域事物发展规律的具有敏锐思想的人。他们取得成就的大小,取决于思想上认识和反映这些规律的程度如何。思想并非先验之物,它所以能反映和掌握这些规律,主要是通过社会实践和对前人思想成果的借鉴和继承。思想一旦形成,反过来在一定程度上又对实践起决定性指导作用。韩愈说的"行成于思,毁于随"①,列宁说的"没有革命的理论

① 韩愈《进学解》,中华书局《四部备要》东雅堂本《韩昌黎全集》卷十二第 3 页。

就不会有革命的运动”[①]，这些话，虽所处时代和所持立场不同，所要解决的问题的性质也不同，但就认识论中思与行、理论（思想的高度概括）与实践的关系而言，确有相通之处，即都强调思想对实践的指导意义和作用。因此我们以“中国思想家评传”命名，就是力图抓住问题的核心，高屋建瓴地从思想角度去评述历史人物，以便对每个传主在他所处时代的具体情况下，如何在他所从事的领域中，克服困难，施展才华，取得成功，做出贡献，从思想深处洞察其底蕴。历史上各个时代富有思想因而能在有关方面取得成就的人，直接阐述自己思想观点的论著虽亦不少，但大量的则是其思想既来自实践（包括对前人、他人实践经验的吸取）、又渗透在自己创造性实践之中，集中凝聚在他自己的业绩和事功上，而没有留下论著。另一些人却只留下著作而无其他功绩，对这些人来说，他那些有价值的著作就理所当然地是他的伟大业绩和事功。如果论述一个人的思想而不联系他的业绩（包括著作），必将流于空洞的抽象；同样，如果只讲一个人的具体业绩而不结合他的思想活动，又必将成为现象的罗列。评价思想和评价业绩，两者不应偏废。而不断在实践中丰富和深化的思想活力则是经常起主导作用的因素，强调这个因素，引起人们的正视和反思，正是我们的主旨和目的。当然，思想和思想家，思想家和实践家，都是既有区别又有联系的不同概念，忽视这一点是不对的。《丛书》的重点则是放在两者的联系和结合上。至于如何使两者很好联系和结合而又着意于剖析其思想活力，各占多少篇幅或以何种方式表达，则自当由作者根据传主的具体情

① 列宁《怎么办》，《列宁选集》第1卷，人民出版社1976年版，第241页。

况创造性地作出妥善安排。

自从人类历史上产生了马克思主义，不仅全人类解放和发展有了划时代的明确方向，学术研究也有了更严密的科学方法，即辩证唯物主义和历史唯物主义的世界观和方法论。根据这一科学方法，在研究和总结中国传统思想文化，特别是联系到《丛书》的撰著时，我认为下列几点应特别引起重视。

一、坚持实事求是的原则。实事求是是贯串在马克思实际活动和理论研究中的主线，离开了它也就离开了马克思主义。只有切实掌握了客观情况，才能得出正确的认识和判断。前者为“实事”，后者为“求是”，二者相结合，就叫实事求是。事不实则非夸即诬。为了弄清情况，就必须对情况的本质与现象、整体与局部、真与伪、精与粗，作出区别、梳理和取舍，这样才能掌握情况的实质，达到“实事”的要求；然后进一步加以分析研究，找出事物本身固有的真相而非主观臆测的假象，并验证其是否符合人民利益和人类历史前进方向，是否反映科学、技术、文化、艺术的发展规律，这样才能得出正确的认识和判断，达到“求是”的要求。实事求是是治学的基本功夫，是对每个传主的功、过、是、非作出公正评价的必要前提。不论古今中外，对历史人物过高或过低的不公正评价，大都由于未能认真坚持实事求是原则的缘故。

二、坚持批判继承的原则。马克思主义学说就是批判的学说，而批判是为了继承、发展和创新。这就需要我们在实事求是的基础上，既要继承发扬传主业绩和思想中的积极因素，又要批判清除其消极因素。凡传主业绩和思想中体现了诸如爱国主义、民主意识、科学见解、艺术创造和艰苦奋斗、克己奉公、追求真理的精神，即在符合历史前进要求的“立德”、“立功”、“立言”诸方面有显著成就等积极因素者，必须满腔热情地加以继承和弘扬，并紧密结合当前社会主义建设实际，使之深入人心，蔚然成风；凡反映有诸如封建迷信、专制独裁、愚昧落后、丧失民族尊严和违背科学进步等消极因素者，必须以历史唯物主义的观点加以批判，清除其一定程度上至今尚起作用的消极影响，而消极因素经过彻底批判后可转化为有益的教训；凡积极因素和消极因素相混者，更当加以认真清理和扬弃，既发扬其积极因素又摒弃其消极因素。我们力求一点一滴、切实认真地探索各个传主思想和业绩中珍贵的积极因素，使之成为全国各族人民正在从事的继往开来伟大历史工程的组成部分。

三、坚持“百花齐放”、“百家争鸣”的原则。“百花齐放”和“百家争鸣”，是发扬学术民主、促进学术繁荣的正确原则和巨大动力。前者强调一个“齐”字，后者强调一个“争”字，是表示学术上平等、民主和自由的两种不同状态；前者突出的是统一与和谐，后者突出的是区别与争论；两种状态又统一于不断地相互促进和相互补充、转化的持续发展提高过程之中。“百花齐放”、“百家争鸣”的原则体现在撰著评传时，应从“齐放”和“争鸣”出发，综合中外各个时期对有关传主的不同评价，吸取符合客观存在的对的东西，摒弃其违反客观存在的不实的东西，然后创造性地提出经过自己独立思考的、赶前人或超前人的一家之言。同时，对整个《丛书》而言，也有个共性、个性又统一又区别的问题。这就是一方面作者应把“实事求是”、“批判继承”和“百花齐放”、“百家争鸣”这几点作为大家的共性（统一与共识）；另一方面，对每部评传的立意、结构和行文（文体、文风和文采等），则主要是作者的创造性思维劳动和雅俗共赏的文字表达艺术的成果，是彼此的个性（区别），不宜也不应强求一律。评传作者都有充分自由去发扬这一个性，力求在对每一传主的评述中探索和展示其积极因素，使之和正在变革中国面貌的伟大社会主义建设实践融为一体，丰富其内容，促进其发展，而不是仅仅停留在对传主思想业绩的一般性诠释上。

我认为，以上三点大体上可以表达《丛书》所遵循的主要指导思想，但也不排除用其他思想和方法得出的有价值的研究成果。

感谢所有关心和支持《丛书》工作的单位和个人，特别感谢《丛书》的名誉顾问和学术顾问。他们的热情关心、支持和指教，使《丛书》工作得以顺利进行。更要感谢所有承担评传撰著任务的老中青学者，他们都以严谨的治学态度，作出了或正在作出对学术，对民族，对历史负责的研究成果。没有他们的积极合作，《丛书》工作的开展是不可能的。《丛书》副主编和中国思想家研究中心、南京大学出版社，在制定《丛书》规划，约请和联系国内外学者，审定书稿以及筹划编辑出版等方面，克服重重困难，做了大量工作，他们的辛勤劳动是《丛书》能按预定计划出版的必要前提。

现在《丛书》开始出版了，我作为年逾八旬的老人，看到自己迫于使命感而酝酿已久的设想终于在大家支持合作下实现，心情怡然感奋，好像回到了青年时代一样，体会到“不知老之将至”的愉悦，并以这种愉悦心情等待着《丛书》最后一部的问世；特别盼望看到它在继承中华民族传统思想文化的珍贵遗产方面，在激励人心、提高民族自尊心和爱国主义思想方面，在促进当前建设有中国特色的继往开来的社会主义现代化物质文明和精神文明的历史性伟大事业中，能起到应有的作用。我以一颗耄耋童心，默默地祝愿这一由一批老中青优秀学者经长年累月紧张思维劳动而作出的集体性学术成果能发出无私的熠熠之光，紧紧伴照着全民族、全人类排除前进道路上的各种障碍，走向和平、发展、繁荣、幸福的明天！

热诚欢迎国内外同仁和各界人士不吝赐教，以匡不逮。是为序。

1990年10月7日

内 容 简 介

贾思勰，后魏时代的著名农学家，著有中国现存最早、最完整的农学巨著《齐民要术》一书。该书对汉代至后魏当时黄河中下游地区农林牧渔的科学技术进行了全面系统地总结，被国外称作“百科全书式”的农学巨著。

《贾思勰评传》对贾思勰的生平与时代、著述态度、农业哲学思想、农业经济思想、农业科学思想以及国内外对贾思勰和《齐民要术》的研究概况及其影响，都作了深入系统地探讨。从中可以窥见贾思勰作为农业思想家的全貌。

An Introduction

Jia Sixie was an agronomist of Late Wei Dynasty. His work *Qi Min Yao Shu* ("the Manual of Important Arts for the People") is the earliest and most complete treatise on agriculture that has been handed down till this day in China. The book give a comprehensive summing-up of science and technology of agriculture、forestry、husbandry and fishery of the middle and lower reaches of Yellow River from Han to Late Wei dynasties and is regarded abroad "encyclopedia" of agronomy is ancient China.

The biography has made a deep and systematic analysis of the times and life of Jia, his thoughts in phylosophy、agronomy、and economic development, as well as the present condition of the research and the profound influence of the *Qi Min Yao Shu*, from which one can easily see how remarkable Jia was as a thinker of agriculture.

内容简介

王祯，元代著名农学家、农业机械专家、印刷术的革新家，著有《王祯农书》一部。该书是兼论中国南北比较农业的巨著，是中国古代综合性农书中的四大农书之一，其中的《农器图谱》是王祯《农书》中最重要的组成部分，为后世农书所仿效。

《王祯评传》主要研究与探讨了王祯的生平与业绩、著作与贡献、思想与学说以及国内外对王祯《农书》的研究概况，及其对国内外农业的影响。

An Introduction

Wang Zhen was a well-known agronomist、an expert of agricultural mechanics and an innovator of printing techniques of the Yuan Dynasty as well as the author of *Wang Zhen Nong Shu* ("Wang Zhen's Book on Agriculture"). *Wang Zhen Nong Shu* has been regarded one of the four monumental comprehensive books on agriculture in ancient China and a great work dealing with agriculture both in northern and southern China, of which there is a special part for illustrated agriculture tools and was frequently modeled on by books of later times.

The biography has mainly explored the life and deeds of Wang, his works and contributions, his thought and theories as well as the research condition of *Wang Zhen Nong Shu* and the influence both at home and abroad.

目　次

贾思勰评传

王祯评传

A CRITICAL BIOGRAPHY OF JIA SIXIE

CONTENTS

A CRITICAL BIOGRAPHY OF WANG ZHEN

CONTENTS

贾思勰评传

郭文韬　严火其　著

第一章　生平与时代

贾思勰是我国历史上著名的农学家之一，所著《齐民要术》一书在我国和世界农业科技发展史上都有非常重要的地位。《隋书·经籍志》、《唐书·经籍志》都录有《齐民要术》一书，知贾思勰为隋以前的人。《齐民要术》一书署名"后魏高阳太守贾思勰撰"，可确知贾氏为南北朝时人，曾任高阳太守。

后魏（后代史书中又称北魏）是由鲜卑族拓跋氏在我国北部建立的政权，公元386年拓跋珪称魏王建国，拓跋焘时统一北方，统治淮河、汉水以北的广大地区。公元534年分裂为东魏、西魏。东魏、西魏存在的时间都不长，并且都自诩为后魏的正统继承者。公元550年高洋灭东魏，建立北齐政权；公元557年宇文氏灭西魏，建立北周政权。北齐、北周也都是短命王朝，存在时间不过 20 多年。可以肯定，贾思勰就生活在从北魏建国到北齐灭亡这段时间里。

第一节　生平概说

一、生卒年代考

关于贾思勰具体的生卒年，史书没有任何记载，我们只能根据其著作作一初步探讨。《齐民要术》有几条重要的资料，透露出作者写作和生活年代的信息。例如《种谷篇》在引《氾胜之书》时有一段注文说："西兖州刺史刘仁之，老成懿德，谓余言曰：'昔在洛阳，于宅田以七十步之地，试为区田，收粟三十六石。'"据《魏书·刘仁之传》的记载，刘仁之"出帝初，为著作郎，兼中书令，既非其才，在史未尝执笔。出除卫将军、西兖州刺史，在州有当时之誉。武定二年卒，赠卫大将军、吏部尚书、青州刺史，谥曰敬。"贾氏在《种谷篇》中称刘仁之为西兖州刺史，则贾氏写这篇文字不会在刘任西兖州刺史之前，在此之前不会有西兖州刺史之称；也不会在刘仁之卒后，卒后会称青州刺史等追赠官衔。故《种谷篇》这段文字的写作当在刘仁之任西兖州刺史的任上。西兖州是孝昌三年，也就是公元 527 年设置的，在此之前则无西兖州[①]。后魏出帝公元 532～534 年在位，其于 534 年逃出洛阳，投奔宇文泰后，高欢另立元善见为帝，从此后魏分裂为东魏和西魏。武定二年即公元 544 年，已是分裂后的东魏时期。由此可以切实知道《种谷篇》中的相关文字写于

① 《魏书·地形志中》。

公元532～544年之间。

《齐民要术·种桑柘篇》写道："椹熟时，多收，曝乾之，凶年粟少，可以当食。"今人缪启愉先生注曰："桑树种有以采收桑椹为主要目的的'果桑'，自古栽培。现以山东省西北部和河北省东南部栽培为最多，一株大树可产椹数百斤，为当地主要副业生产之一。这种'干椹'的来源，当然有采自普通叶桑的，但主要来源当是果桑所产。"①缪先生的这一解释有利于我们理解桑椹何以有助于度荒年。贾思勰在这一段的自注中说："今自河以北，大家收百石，少者尚数十斛。故杜葛乱后，饥馑荐臻，唯仰以全躯命，数州之内，民死而生者，干椹之力也。"根据北魏后期历史，孝昌元年(525)，柔玄镇人杜洛周率众起义于上谷，次年，五原降户鲜于修礼起义于定州(修礼死后，葛荣代统其众)。起义盛时占有幽、冀、定、殷、瀛、沧诸州之地。这次起义以公元528年9月，葛荣被俘为标志，终归失败。这就是历史上的"杜、葛之乱"。《齐民要术·种桑柘篇》中有杜葛之乱后人民生活情形的描述，可知这段文字写于杜葛之乱后，也即写于公元528年后。由于文中称"今自河以北……"，则此段文字的写作离公元528年不远。关于桑椹充饥的情况，《魏书》卷五七《崔孝玮传》载，孝庄初，孝玮"寻除赵郡太守。郡经葛荣离乱之后，民户丧亡，六畜无遗，斗粟乃至数缣，民皆卖鬻儿女。夏椹大熟，孝炜劝民多收之"可以为证。

从上面的讨论可知，《种谷篇》、《种桑柘篇》的写作年代在公元528～544年之间的16年时间内。当然，虽知这部

① 缪启愉，《齐民要术校释》，农业出版社，1982年，第240页。

分内容写于这一时间，尚不能断定所有的内容都写于这一时间。

《齐民要术·种枣篇》篇首注释说："按青州有乐氏枣，丰肌细核，多膏肥美，为天下第一，父老相传云：乐毅破齐时，从燕赍来所种也。齐郡西安、广绕二县所有各枣即是也。"据杨守敬《隋书地理志考证》，西安县于北齐天保七年(556)废。贾思勰在此称西安县，则知《齐民要术》完稿在公元556年之前，大约为东魏末期。

粟(谷子)是北魏时期最重要的农作物，写书的人往往会从最重要的部分开始写，粟也是作为封建官吏和地主的贾氏十分熟悉的农作物，贾氏完全有条件从它开始写。因此有理由认为《种谷篇》是作者较早写成的部分，离作者开始写作相去不远。这样看来，《齐民要术》大约写于公元528～556年之间。

有了《齐民要术》的写作年代，我们再推测一下贾氏的生卒年。梁家勉先生曾估计，《齐民要术》大致在公元533年前后着笔，并假定作者这年60岁，据此推测贾思勰约出生在延兴三年，也即公元473年①。梁先生估计《齐民要术》约在公元533年初步着笔，基本可以接受。但其假定这年贾氏60岁，则恐有较大出入。理由是在较早写成的《种谷篇》中，贾氏称刘仁之"老成懿德"。这一称呼表明贾氏比刘仁之要小一些。在当今社会，我国人民的平均寿命在70岁左右，而在古代，我国人民的平均寿命要低得多。由于具体的社会、经济、

① 梁家勉，《有关〈齐民要术〉若干问题的再探讨》，《农史研究》第二辑，农业出版社，1982年。

科技水平的限制，乾隆年间我国人民的平均寿命仅为28岁[①]。有理由相信，北魏时期的人口平均寿命不会超过28岁[②]。我们不能以今天的人口寿命来推论古代的情况。考虑到这个因素，北魏时年龄在50岁以上的人，大概就可以称老成懿德。我们估计，写《种谷篇》时（约公元533年），在西兖州刺史的任上的刘仁之约60岁，而贾氏约45岁。以此推论，则贾氏约生于公元488年，在魏孝文帝行均田制后不久。这样看来，贾氏的生卒年在公元488～556年之间，或相去不远。

二、里籍官址考

大致讨论了贾思勰的生卒年后，有必要进一步讨论一下他的"里籍"问题。由于《齐民要术》和其他历史文献中都没有明确交待，后人只能主要根据贾氏的著作，并参考有关文献进行推测。尽管是推测，但可喜的是，历代的研究者对贾氏的出生地还是有大致一致的看法。那就是贾思勰为北魏齐郡益都人。清人姚振宗在《隋书经籍志考证》一书中说："魏书有贾思伯，字士休，齐郡益都人，弟思同，字士明。孝明帝时并为侍讲，授静帝《杜氏春秋》。思伯谥文贞，思同谥文献，已在魏之季世，当南朝梁武帝天监、普通、大同之时，思勰或与之同时同族，为郡守以后不仕而农者欤！"清嘉庆四年《寿光县志》说："贾思勰亦元魏人，与思伯、思同亦兄弟行。"《山东通志》、《青州府志》，今人万国鼎、梁家勉、天野元之助等也都持这一

① 陈益升、宋德生主编，《高技术与社会》，广西科学技术出版社出版，1989年11月。

② 罗马俱乐部《增长的极限》研究报告说，1650年，世界上多数地区的人口平均寿命约30年，有助于我们对此的理解。见《增长的极限》，科学技术文献出版社1984年版，第27页。

观点。

说贾思勰是齐郡益都人的根据首先在于,《齐民要术》中提到的地名涉及河北、山西、山东、江南、漠北等广泛的地区。但出现最多的地名是青、齐。在叙述过程中,作者经常用这一带的例子来说明问题,显示作者对这一带特别熟悉。例如,引崔寔《政论》有关犁耕内容时发挥说:“今自济州以西,犹用长辕犁、两脚耧。长辕耕平地尚可,于山涧之间则不任用,且回转至难,费力,未若齐人蔚犁之柔便也。两脚耧,种垅穊,亦不如一脚耧之得中也。”[①]《种蒜篇》在论述风土观念时说:“山东谷子,入壶关、上党,苗而无实。”《种椒篇》在解题时特别说明了青州蜀椒的引种和传播情况:“今青州有蜀椒种,本商人居椒为业,见椒中黑实,乃遂生意种之。凡种数千枚,止有一根生。数岁之后,便结子,实芬芳,香、形、色与蜀椒不殊,气势微弱耳。遂分布栽移,略遍州境也。”其他如“青州有乐氏枣,丰肌细核,多膏肥美,为天下第一。”[②]作黄衣时,“齐人喜当风扬去黄衣”。这里的“齐”既可以是当时齐州,又可以是青州境内的齐郡[③]。《齐民要术》的作者对这一带很熟悉,表明作者是这一带的人。《齐民要术》一书虽然也提到并州、朝歌、壶关、上党等地名,但次数要少得多。贾思勰为青齐人士,南宋葛祐之在绍兴十四年(公元 1144 年)为《齐民要术》所作序中称此书“旧多行于东州”可以作为旁证。

贾思勰为齐州人,或青州齐郡人。在这两者之间,据《种

① 《齐民要术·耕田》。
② 《齐民要术·种枣》。
③ 《齐民要术·黄衣、黄蒸及糵》。

桑柘篇》等内容可进一步确定其为青州齐郡人。贾氏在《种桑柘篇》解题中说："今世有荆桑、地桑之名。"在正文开头说："桑椹熟时，收黑鲁椹，即日以水淘取子，晒燥，仍畦种。常薅令净。明年正月，移而栽之。"表明作者此篇论述的是黑鲁桑的栽培方法。虽然在此段文字的自注中提到了黄鲁桑，但说："黄鲁桑，不耐久"，表明不是作者所提倡种植的对象。缪启愉先生指出："荆为野桑，鲁为家桑，湖桑为鲁桑的变种。但现在荆、鲁桑都是栽培种。黑鲁桑分布于山东省临朐县等地，适宜于作稚蚕用桑；黄鲁桑分布于山东省中部和南部，适宜于饲育春季壮蚕和秋蚕。荆桑多分布于长江以南。"[①]今天的山东省临朐县正好在北魏时期的青州境内。《种桑柘篇》对黑鲁桑栽培经验和种植技术的总结，表明贾思勰为北魏青州人。结合《要术》中经常出现齐地齐人的称谓，则知贾氏为青州齐郡人。

北魏时期，青州齐郡益都县出了两位贾姓大人物，那就是贾思伯兄弟。据《魏书·贾思伯传》的记载："贾思伯，字士休，齐郡益都人也。……后除征虏将军、光禄少卿，仍拜左将军、兖州刺史……又迁太常卿，兼度支尚书，转正都官。时太保崔光疾甚，表荐思伯为侍讲，中书舍人冯元兴为侍读。思伯遂入授肃宗《杜氏春秋》……思伯弟思同，字士明……释褐彭城王国侍郎，五迁尚书考功郎，青州别驾。久之，迁镇远将军、中散大夫、试守荥阳太守，寻即真。后除平南将军、襄州刺史……庄帝还宫，封营陵县开国男，邑二百户，除抚军将军、给事黄门侍郎、青州大中正。又为镇东、金紫光禄大夫，仍兼黄门。寻加车骑大将军、左光禄大夫。迁邺后，除黄门侍郎、兼侍中、河

① 缪启愉，《齐民要术校释》，农业出版社，1982 年，第 239 页。

南慰劳大使。仍与国子祭酒韩子熙并为侍讲，授静帝《杜氏春秋》。又加散骑常侍，兼七兵尚书。寻拜侍中。兴和二年卒。”贾思伯兄弟的墓在今寿光县城西南四公里之寿光镇李二村村东约五百米处。该墓周长二百余米，高七米有余，占地三亩多，1973年当地村民整修农田时毁坏，夷为平地，在其旧址打机井一口，修灵堂三间。当时从墓中挖出陶人、陶马、陶羊等陪葬品一批，出土贾思伯与夫人刘氏墓志铭两块，对其生平记述甚详。思同墓与思伯墓东西并列，两墓相距十余米，原有墓碑一座今已无存。此墓至今仍保存完好，被列为潍坊市和寿光县重点文物[①]。这里的思伯、思同与贾思勰不仅都姓贾，而且姓名中又都同有一个“思”字，根据中国人起名的习惯，有理由推测他们是同族兄弟，也即贾思勰也为齐郡益都人。

当然，说贾思勰与思伯、思同是兄弟，还只是推测，下面是几条旁证。从魏书《贾思伯传》和《刘仁之传》看，贾思伯与冯元兴关系密切，冯元兴与刘仁之关系密切（“元兴死后积年，仁之营视其家，常出隆厚”）。而在贾思勰与刘仁之的关系方面，尽管《魏书》称刘仁之“外示长者，内怀矫诈”，但《齐民要术》称仁之“老成懿德”，则知贾思勰与刘仁之交情不薄。虽然史书无明确记载，但通过冯元兴、刘仁之的中介作用，我们可以推测贾思勰与贾思伯、贾思同也有关系。另外，据《魏书·儒林传序》的记载：“晋世杜预注《左氏传》，预玄孙坦，坦弟骥，于刘义隆（宋文帝）世，并为青州刺史，传其家业。故齐地多习之，自梁越以下传授讲说者甚众。”从思伯、思同分别授孝明帝、孝静帝《杜氏春秋》，知此言不虚。《齐民要术》对《左传》的引用，

① 李元卿，《贾思勰故里考》，《石油大学学报》社科版，1993年第4期。

表明他也是学习的《杜氏春秋》。从《杜氏春秋》当时传播学习的地域看，贾思勰当为齐地人。再者，近年李元卿同志对贾思伯兄弟的故里，山东省寿光县寿光镇李二村作了几次实地考察，发现该村除了贾思伯贾思同兄弟的墓之外，“在今寿光镇李二村南约 500 米处，原有一座高约六米，占地约三亩的古墓。此墓历史悠久，但地表既无标志，地方史志又无任何文字记载，当地人称其为无名冢。此墓地上之土已于 1968 年被村民拉去盖房，后又有人在其址上挖红薯窖数口，当挖到离地表约 5 米深时，发现有砖墙一堵，砖块中带有花纹和彩色图案，墓砖的大小、形状、用料，与思伯墓中出土的古砖极为相似，据该县文物部门考证为汉唐间物品……查阅有关历史资料，此地在汉唐之间除贾氏三人并无其他高官或知名人士。根据古人有叶落归根的传统习俗，贾思勰之墓应当在故里钓台里即今李二村附近。贾思伯、思同之墓在李二村东约五百米处，这个墓在李二村南约五百米处，三墓相距不远，出土的砖块又属同一时代，而且贾思勰早年当过高阳郡太守，有较高的社会地位，晚年撰写《齐民要术》，亦有一定的知名度和社会影响，因此此墓的主人极有可能是我国古代大农学家贾思勰”①。相信对此墓的进一步发掘会证实这一点。

有人如王毓瑚、栾调甫等认为，贾思勰就是贾思同。我们对此不能同意。首先，《魏书》对贾思同历官经过叙述得很详细，但并没有说他曾做过高阳太守。其次，贾思同历官黄门侍郎、侍中、七兵尚书，名位甚显，《齐民要术》如果真是贾思同所写，不著高官显爵，而署高阳太守，甚不合情理。再者，贾思同

① 李元卿，《贾思勰故里考》，《石油大学学报》社科版，1993 年第 4 期。

的兴趣和终生事业在于“明经”和“仕宦”，他的精力毕竟是有限的，他不可能在做好这些事情的同时，又能够花同样多的精力，如果不是更多精力的话，去关心具体的“起自耕农，终于醯醢”这样的“齐民技术”。贾思伯在授肃宗《杜氏春秋》时，尚且“少虽明经，从官费业”，不得不“更延儒生夜讲昼授”。贾思同仕宦复杂，职位也高，并且在经学上很有造诣，曾经与国子博士卫冀隆就《左氏春秋》“互相是非，积成十卷”①。不知贾思同如何还有时间写出像《齐民要术》这样的著作。贾思伯的墓志铭说，贾思伯“工草隶，善辞赋，文苑儒宗，遐迩归属，学优来士，游宦北都”。这段描述用来写照贾思同也是十分合适的。《齐民要术》所体现的作者的精神风貌与此不同。从《齐民要术》看，作者贾思勰是一位关心农业生产，熟悉农业技术的知识分子和官僚地主。

贾思勰曾任高阳太守。但北魏时期有两个高阳郡。一个治所在今河北省高阳县境内，当时属瀛州；一个治所在今山东省临淄县境内，当时属青州。贾思勰究竟任哪一个高阳郡的太守呢？今人的看法颇不相同。王毓瑚、梁家勉认为是瀛州的高阳太守；万国鼎、王仲荦、栾调甫认为是青州高阳太守。我们认为，贾思勰应为青州高阳太守。因为作地方官，是了解一个地方生产生活情况最方便的条件，如果在河北作地方官，著作中应能更多地反映一些瀛州地方的情况。《齐民要术》未能如此。当然如果贾思勰只是在很短的时间里出任高阳太守（在北魏末期那样一个动荡的年代里，这是有可能的。），他对这一带的了解就会是有限的。考虑到这一点，我们也不能完

① 《魏书》卷七二《贾思伯、贾思同传》。

全否定他任瀛州高阳太守的可能性。不管怎样，贾思勰主要生活在青州境内则是没有问题的。

三、三重身份说

贾思勰做过高阳太守，则知他有做官僚的经历。除此之外，贾氏还是一个不错的知识分子。《齐民要术·杂说第三十》具体总结了写书、看书、藏书的经验。为了防止蛀虫为害，写书用的纸需用黄蘗汁作染黄处理，“凡打纸欲生，生则坚厚，特宜入潢。凡潢纸灭白便是，不宜太深，深则年久色暗也。人浸蘗熟，即弃滓，直用纯汁，费而无益。蘗熟后，漉滓捣而煮之，布囊压讫，复捣煮之，凡三捣三煮，添和纯汁者，其省四倍，又弥明净。写书，经夏然后入潢，缝不绽解。其新写者，须以熨斗缝缝熨而潢之，不尔，入则零落矣。豆黄特不宜裛，裛则全不入潢矣”。看来，贾氏对写书颇有经验，也许《齐民要术》并不是贾氏惟一的著作。北魏时的书是长卷轴的，所谓一卷，即一轴，不像后来分页装订成册的书。读这种书时，为保护书的质量，“凡开卷读书，卷头首纸，不宜急卷；急则破折，折则裂。以书带上下络首纸者，无不裂坏；卷一两张后，乃以书带上下络之者，稳而不坏。卷书勿用鬲带而引之，非直带湿损卷，又损首纸令穴；当衔竹引之。书带勿太急，急则令书腰折。骑蓦书上过者，亦令书腰折”。写书、读书的人总会有不少藏书。“书橱中欲得安麝香、木瓜，令蠹虫不生。五月湿热，蠹虫将生，书经夏不舒展者，必生虫也。五月十五日以后，七月二十日以前，必须三度舒而展之。须要晴时，于大屋下风凉处，不见日处。日曝书，令书色暍。热卷，生虫弥速。阴雨润气，尤须避之。慎书如此，则数百年矣”。贾思勰藏书仔细，他们家的藏书大概不会少。除此之外，《杂说第三十》还论述了修补书籍折裂，“点书、记事”，“雌黄治书”等方法。所有这些，都是只有知识分子才会关心、才会熟悉的事。

贾思勰是知识分子不仅表现在《齐民要术》一书文章古雅，行文流畅上，而且还表现在贾氏对古代文献掌握的丰富程度上。贾思勰作为经学家的造诣，当然不及贾思同。尽管如此，贾思勰无疑有丰富的知识，称得上是一位学识渊博的学者。《齐民要术》对经史子集的广泛引用充分表现了这一点。《齐民要术》内容的一个重要来源就是“采捃经传”，其对经史子集的引文约占全书篇幅的百分之六十。石声汉先生说，《齐民要术》引用古代文献 157 种，万国鼎先生说近二百种，胡立初先生认为是一百八十余种。胡立初先生的考证最为详细具体。胡氏认为，《要术》引用各书“计经部三十种，史部六十五种，子部四十一种，集部十九种。合四部共一百五十五种。诸书皆据其明著书名，与见诸类书所引之有书名可考者，而其载事述文弗著书名及类书无可考者，尚不下数十种”①。《齐民要术》引用的古代文献有的保存到现在，但大部分都散失了，保存到今天的不到四分之一。胡立初先生在同书中说：“考经部传注，则知青齐经学好尚，与唐定义疏折入南学之由。览子部遗文，足见汉晋闾里民俗，与其治生之恒业。此皆研讨要术之余绪，其裨益读经考史已如是。遑论农耕种植之术尚行用于今日，而有可以扬榷商略者乎。”贾思勰对古代文献的引用涉及广泛，并且引用确切。作为传统社会的知识分子，贾思勰有丰富的经史子集知识是可以理解的。但贾思勰的专长不在经史子集方面，而在农业科技方面。贾氏对农业的兴趣，和大

① 胡立初，《齐民要术》引用书目考证，手抄本，中国农科院农业遗产研究室藏。

量农业科技知识的获得，与他作为地主的身份是密不可分的。我们不仅要理解贾思勰作为知识分子的身份，而且有必要了解他作为地主的身份。

贾思勰是一个不太小的地主。关于这一点，我们可以从《齐民要术》中比较容易的得到。《齐民要术·种榆、白杨篇》在说明种榆方法后写道："其岁岁料简剥治之功，指柴雇人——十束雇一人——无业之人，争来就作……能种一顷，岁收千匹。唯须一人守护、指挥、处分，既无牛、犁、种子、人功之费，不虑水、旱、风、虫之灾，比之谷田，劳逸万倍。"贾思勰榆树生产的背景是指柴雇人，显示作者是从地主经营的立场来讨论问题的。他主张"割地一顷"种榆，显然不是一般小民所能设想的。种榆比之种谷，所需劳动力要少得多，从而大大节省了"人功之费"，表明不仅种榆是雇人生产的，种谷时也是雇人劳动的。这里种一顷榆，"唯须一人守护、指挥、处分"。这里的一人显然不是东家本人，而只是一个雇工。东家在种谷等其他方面还有雇工。不仅种榆、种谷的情况是如此，在其他许多方面也是如此。例如《养羊篇》说："牧羊必须大老子、心性宛顺者，起居以时，调其宜适。"其注曰："若使急性人及小儿者，拦约不得，必有打伤之灾；或劳戏不看，则有狼犬之害；懒不驱行，无肥充之理；将息失所，有羔死之患也。"表明不是所有者自己牧羊，而是雇人牧羊。"羊一千口者，三四月中，种大豆一顷杂谷，并草留之，不须锄治，八九月中，刈作青茭。"这里养羊一千只和种大豆一顷杂谷作青茭，都不是一般的小农所能做到的。"余昔有羊二百口，茭豆既少，无以饲，一岁之中，饿死过半。假有在者，疥瘦羸弊，与死不殊，毛复浅短，全无润泽。余初谓自家不宜，又疑岁道疫病。乃饥饿所至，无他故也”[1]。贾思勰的这一经历，直接表明他是地主。

贾氏的地主身份还表现在许多其他的生产方面。如种红蓝花，“负郭良田种一顷者，岁收绢三百匹……一顷花，日须百人摘，以一家手力，十不充一。但驾车地头，每旦当有小儿僮女十百为群，自来分摘，正须平量，中半分取”[2]。冬种葵，“近州郡都邑有市之处，负郭良田三十亩……止须一乘车牛专供此园”[3]。种蔓菁时，“近市良田一顷，七月初种之”[4]。造曲时，“曲饼随阡陌比肩相布。布讫，使主人家一人为主，莫令奴客为主……”[5]很显然，贾思勰具有官僚、知识分子、和经营地主三重身份。

第二节 时代背景

要理解贾思勰的思想，只知道他的生平是不够的。人是环境的产物，人的思想、观念和行为总是要打上他所生活的时

① 我国气候的显著特点是冬季漫长，春秋短暂。济南地区冬天长达 140 天(气候学家把候平均气温低于 10℃作为冬季的开始，高于 22℃作为夏季的开始，候平均气温在 10℃到 22℃之间的时期，作为春季和秋季的时间)。冬天低温限制了牧草的生长，冬天缺草成为我国养羊养牛发展的主要限制性因素。贾思勰主张在大田作物的收获季节，因劳动力需求量大，把羊卖掉。这样既节省了养羊的劳动，又避免羊因缺草而掉膘或死亡，且有利于大田作物的收获和种植。“人家八月收获之始，多无庸暇，宜卖羊雇人，所费既少，所存者大”。

② 《齐民要术·种红蓝花、栀子》。

③ 《齐民要术·种葵》。

④ 《齐民要术·蔓菁》。

⑤ 《齐民要术·造神曲并酒》。

代的烙印。因此,我们有必要在此讨论一下贾思勰所生活时代的基本情况。

一、农耕文明和游牧文明的融合

贾思勰大约出生在公元 488 年前后,正是孝文帝积极推行汉化运动,北魏比较强盛繁荣的时期。贾思勰在这样的环境中出生、成长和受教育。但好景不长,孝文帝死后,北魏就进入了衰败动乱的时期。接替孝文帝的魏宣武帝宠任奸佞,国政大坏。宠臣元晖作吏部尚书,定价卖官,大郡二千,次郡减半,下郡又减半。《魏书·肃宗纪》说:"自宣武以后,政纲不张。肃宗冲龄统业,灵后妇人专制,委用非人,赏罚乖舛。于是衅起四方,祸延畿甸。"北魏政权进入了动荡战乱之中。公元 534 年,北魏正式分裂为东西两魏。不久,东西两魏又分别被北齐、北周代替。贾思勰就生活在这样一个历史时期。

贾思勰所生活的时代,是我国历史上的一个特殊时期,一个农耕文明和游牧文明相互融合的时期。占人口多数的是来自农耕文明的汉族人民,而最高统治者则是人数较少来自游牧文明的鲜卑拓跋氏。农耕文明的重要特征是"有城廓之可守,墟市之可利,田土之可耕,赋税之可纳,婚姻仕进之可荣"①。除此之外,还有与此相适应的伦理纲常和统治思想。游牧文明的典型特征是"逐水草迁徙,毋城廓常处耕田之业,然亦各有分地。毋文书,以言语为约束。儿能骑羊,引弓射鸟鼠,少长则射狐兔,用为食。士力能弯弓,尽为甲骑。其俗,宽则随畜。因射猎禽兽为生业,急则人习战攻

① 王夫之,《续通鉴论》。

以侵伐,其天性也。其长兵则弓矢,短兵则刀鋋。利则进,不利则退,不羞遁走。苟利所在,不知礼义。自君王以下,咸食畜肉,衣其皮革,被旃裘。壮者食肥美,老者食其余,贵壮健,贱老弱。父死,妻其后母;兄弟死,皆取其妻妻之”[1]。农耕文明和游牧文明无疑有着重大的差别。由来自游牧文明的鲜卑拓跋氏统治来自农耕文明的汉族大众,必然引起不同文明之间激烈的碰撞、冲突和融合。由于两种文明的差别十分巨大,文明融合的过程必然是曲折和痛苦的。游牧文明侵入农耕文明地区并建立政权的结果,打断了我国北方地区农耕文明自生发展的历程,并使其表现出某种停滞现象。另一方面,相对落后的游牧民族要想成功地统治相对先进的农耕民族,就必须善于学习,迅速掌握先进民族的文明成果和统治经验。

北魏政权的建立者是居住在我国北部地区的少数民族。鲜卑拓跋氏本居“幽都之北,广漠之野,畜牧迁徙,射猎为业,淳朴为俗,简易为化,不为文字,刻木纪契而已”[2]。他们统治中原以后,果然开始了迅速的汉化运动;我国北方地区农耕文明的发展,果然出现了停滞现象。

北魏统治者学习先进文明,向谁学习呢?当然是向汉族知识分子学习。因为只有他们才熟悉先进的统治经验,才了解汉族文明的统治思想和统治策略等。因此,历代拓跋氏统治者的身边总有大量的汉族士人。还在北魏政权奠基时期,是汉人崔宏等帮助草创了各种制度。在世祖太武帝时代,崔

① 《史记·匈奴传》。
② 《魏书》卷一《序纪》。

浩官至司徒，凡举国大计，拓跋焘"皆先咨浩，然后施行"[①]。在孝文帝身边则有高允、贾秀、李韶、李彦、崔挺、李安世、李冲等更多的汉族知识分子，各种改革措施多由这些汉人知识分子提出。

典籍制度无疑是汉族文明成果和统治经验的集中体现。可以理解，农耕文明的典籍制度成为鲜卑拓跋氏学习的重点内容。拓跋圭时，梁越"授诸皇子经"，崔宏为拓跋圭"陈述王者制度，治世之则"；明元帝拓跋嗣时，崔浩"常授太宗经书"；太武帝拓跋焘时，李灵"授高宗经"；孝文帝时，刘芳与邢产"授皇太子经"。孝文帝主张"聿稽往宪，以经论治道"，表明了拓跋氏用农耕文明的统治经验统治农耕文明的自觉性。

儒家思想无疑是最适合我国农耕文明需要的统治思想。儒家经典就合理地成为汉族知识分子传播、北魏统治者学习的主要内容。前面所述，贾思伯兄弟授北魏皇帝《杜氏春秋》就是具体体现。北魏统治者确实是重视提倡和学习儒学思想的。"太祖初定中原，虽日不暇给，始建都邑，便以经术为先，立太学，置五经博士生员千有余人。天兴二年春，增国子太学生员至三千……显祖天安初，诏立乡学，郡置博士二人，助教二人，学生六十人。后诏：大郡立博士二人，助教四人，学生一百人；次郡立博士二人，助教二人，学生八十人；中郡立博士一人，助教二人，学生六十人；下郡立博士一人，助教一人，学生四十人"[②]。

---

① 《魏书·世祖纪》。

② 《魏书》卷八十四《儒林序》。

北魏统治者的汉化不仅表现在学习和传播儒学上，而且还表现在仿照汉族制度改革官制，禁胡语胡服，改鲜卑姓为汉姓，禁止鲜卑同姓相婚，鼓励鲜卑贵族与汉人著姓通婚，推行均田制，三长制，颁行俸禄，实行新的赋役制度等。孝文帝等鲜卑统治者已充分汉化了，他们的观念和行为不再像一个游牧部落的酋长，而俨然是一个汉族的封建皇帝。

北魏统治者虽然进行了积极的汉化活动，但从农耕文明的角度看，野蛮落后的鲜卑族的汉化过程必然是血腥和曲折的。鲜卑拓跋氏成为中原地区的统治力量，必然会打破中原地区自身的发展历程。

汉武帝"罢黜百家，独尊儒术"，奠定了儒家思想在我国的统治地位。但汉末以后持续的动乱表明，儒家思想并不能保证社会的长治久安。在探索新的统治策略的过程中，魏晋时期，兴起了清谈玄学之风。汉朝的统治思想是在继承秦代法家的基础上，树起儒家思想的大旗。清谈玄学则是对道家经典《老子》、《庄子》等的研究与解说。清谈玄学之风的兴起，通过以道解儒或以儒解道，促进了儒家与道家的融合，从而丰富了我国隋唐及以后的统治思想。清谈玄学的兴起可以说是我国思想发展的自然历程。但由于鲜卑拓跋氏在北方地区的统治，这一自然历程被打乱了。从魏、西晋兴起的清谈玄学主要在东晋和南朝得到了继承和发展，而在文化积淀深厚的北方地区则基本消失了，在社会上没有多大的影响。例如，李兴业是北魏著名学者，《魏书·儒林传》称其"学术精微，当时莫及"。但在他出使萧梁时，梁武帝针对当时南方儒玄并立的状况，问他对于儒学和玄学的看法时，李兴业回答说，少时只读经典，不知玄学[1]。北方“硕学通儒，博闻多识”学人这样的一种回答，充分表明清谈玄学在北方没有市场。在文学上，南方多有创造。如发明了“永明体”，“骈体文”等，对文学形式上的美有很多探索。相比之下，北方的文学则显得萧条。范文澜先生评论说：“西晋太康时期昌盛的文学，经永嘉之乱，随着士族流迁到长江流域，在北方，文学几乎灭迹。”[2]东魏北齐时期，虽然出现了温子升、邢邵、魏收三个著名文人，但三人都模仿南朝人诗文，并无特色。

北魏统治者虽然“以经术为先”，提倡和鼓励儒学，但他们的任务是学习，而不是发挥和创造。因此，在鲜卑族的统治下，我国北方经学《易》、《书》、《诗》、《三礼》、《论语》、《孝经》用郑玄注，《左氏春秋》用服虔注，《公羊传》用何休注，虽然学习的人数众多，但完全遵守东汉经师旧说，不尚变通。不像南朝经学那样，多有所发挥。

如前所述，北方社会少受清谈玄学的影响。从事清谈玄学的人，既不忧丧乱之祸、战阵之急，又不关心耕稼之苦、劳役之累，只会夸夸其谈，标榜所谓豁达放纵。北方学术少受清谈玄学的影响，从而使北方社会质朴，讲究实际。这是北方在经学和玄学上虽然较少创造，但确能产生像《齐民要术》、《水经注》这类关乎社稷民生，与人们的生产和生活密切相关著作的原因。南方诗赋文章虽然辞藻华丽，形式优美，但言之无物，无病呻吟。北方文字则质朴，并言之有物。《齐民要术》“叮宁周至，言提其耳，每事指斥，不尚浮辞”的

① 《魏书》卷八十四《儒林传》。

② 范文澜，《中国通史》第二册，人民出版社，1978年版，第661页。

写作原则就是体现。

北魏统治者本是“淳朴为俗，简易为化”，“苟利所在，不知礼义”的少数民族，统治者的状况，可以进一步理解当时淳朴实际的社会风气。正是在这种崇尚实际的社会风气影响之下，人们对现实农业生产的看法也有了变化。人们不再把农业生产仅仅看成是“小人”的工作，而看成是读书人和官僚也值得关心的事。贵戚出生的刘仁之曾试为区田，贾思勰写作《齐民要术》可以为证。其他如冯伟虽然很有学问，并为朝廷所看重，但他“蚕而衣，耕而饭，箪食瓢饮，不改其乐”①。

二、庄园经济的发展和均田制的推行

以“家五亩宅，百亩田”为特征的小农生产，是秦汉时期社会的经济基础。由于小农生产抗风险能力弱和发展的不平衡性，由于地主阶级的兼并，小农经济在不断的破产，大的庄园经济在不断的形成，到了西汉中叶以后，土地占有不均的现象就严重起来了。虽然先后提出了“限民名田”、“王田制”、“占田制”等主张，但总的趋势是，大的庄园经济不断发展。农民或者破产沦为奴婢；或者投靠庄园主，沦为荫附、佃客。大土地所有者成为社会经济的主导力量。北魏统治者进入中原以后，要统治中原，就必须取得这些大土地所有者的支持。鲜卑拓跋氏在依靠强大的骑兵打击原来统治者的同时，对当地的士族地主采取争取和拉拢措施。在经济上，“魏初不立三长，故民多荫附。荫附者皆无官役，豪强征敛，倍于公赋”②，承认

① 《北史》卷八十一《冯伟传》。

② 《魏书》卷一百一十《食货志》。

士族地主广占土地，荫附人户的特权。在政治上，实行九品中正制，给士族提供仕进的机会，分享一部分政治权利[①]。孝文帝改制前，“富强者并兼山泽，贫弱者望绝一廛”[②]，“时民困饥流散，豪右多有占夺”[③]。地主庄园经济成为当时经济的重要形态。在庄园经济中，由于庄园主占有大量土地，因此在生产上表现为生产项目的多样化，几乎生产了统治者日常消费的各种产品。除了用大片土地栽种五谷外，往往还广种瓜果蔬菜，栽桑养蚕，饲牛喂鸡，酿酒造曲等。《齐民要术》在一定程度上，就反映了当时庄园经济的情况。

庄园经济的发展，一方面荫附了大量的人口，影响了国家的赋役来源；另一方面造成大量人口的流离，影响社会的稳定。为了缓解地主和农民的矛盾，并从庄园主那里争取编户农民，孝文帝进行田制改革，推行均田制。“诸男夫十五以上，受露田四十亩，妇人二十亩，奴婢依良。丁牛一头受田三十亩，限四牛。所受之田率倍之，三易之田再倍之，以供耕作及还受之盈缩。诸民年及课则受田，老免及身没则还田。奴婢、

① 九品中正制兴起于曹魏时期，其基本内容是，朝廷在各州、郡分别设大、小中正职务，由在朝廷任职的德才兼备的本地官员兼任该职；中正官依据当地士子的品行、才学、伦辈，定期写出“品状”评语，确定士子们分别为上上、上中、上下、中上、中中、中下、下上、下中、下下九品中的某一品级；小中正品第的人才上报大中正，大中正核实后送司徒，司徒再核实后送吏部尚书；中正定品，二年一更，根据士子的言行表现或升或降；朝廷根据士人品级，选择任用。九品中正制本意为兼顾德才选拔人才，但很快蜕变为一种既抛弃了才学标准，又抛弃了德的标准，仅按门第高低选官的仕进制度。

② 《魏书》卷七《高祖纪》。

③ 《魏书》卷五十三《李安世传》。

牛随有无以还受。诸桑田不在还受之限,但通入倍田分”①。均田制的推行,一方面照顾到了庄园主的既得利益,如规定奴婢、耕牛受田;但另一方面也满足了一部分破产农民对土地的要求,在一定程度上促进了封建小农经济的发展。东魏、北齐也都进行过均田。

均田制虽然促进了小农经济的发展,但对庄园经济的限制有限,均田制推行以后,土地兼并的现象还是时有发生。例如世宗宣武帝时,杨播“授安西将军、华州刺史。至州借民田,为御史王基所劾”,其弟杨椿在任太仆卿时,“招引细人,盗种牧田三百四十顷”②。如果说孝文帝在世的时候,均田制的实行还较好的话,孝文帝死后,随着政治的逐渐腐败,它的实行就越来越差了。因此,贾思勰所生活的北魏后期、东魏、北齐经济是一种庄园地主和小农并存的混合经济。

北魏自从建国以来,官吏长期没有俸禄。各级统治者在早期主要依靠战争掠夺生活。例如许谦从军攻刘卫辰部,受赏得僮隶三十户。大将长孙肥屡立战功,受赏得奴婢数百口,牲畜上千头。安同有功,受赏得妻妾及隶户三十,马二匹,羊五十口。张济有功,受赏得奴婢百口,马牛数百,羊二十余头③。鲜卑族统一北方以后,对外战争基本停止了,统治者不能再靠战争夺得多少财富,于是贪赃枉法,鱼肉百姓盛行。由于官吏没有俸禄,要维持他们的奢侈生活,各种不法行为是不

① 《魏书》卷一百一十《食货志》。

② 《魏书》卷五十八《杨播传》。

③ 范文澜,《中国通史》第二册,人民出版社,1978年版,第557页。

可避免的。例如西兖州刺史郑羲"政以贿成，性又啬吝，民有礼饷者，皆不与杯酒脔肉，西门受羊酒，东门酤卖之"①。广阳王渊为恒州刺史时，"在州多所受纳，政以贿成，私家有马千匹者必取百匹，以此为恒"②。孝文帝时，为缓和阶级矛盾，于公元484年(太和八年)始颁行俸禄，以期减少各级官吏的贪赃枉法行为，但效果有限。

鲜卑拓跋氏本为"苟利所在，不知礼义"的畜牧民族。他们成为北方地区的统治者以后，虽然标榜儒家思想，但并不遵从儒家"罕言利"的教导。例如，东晋安帝时，北魏皇帝"妃妾都住瓦屋，有婢女千余人，织绫锦，酤酒，养猪羊，牧牛马，种菜蔬，贩卖谋利"③。拓跋晃为太子时，"营立田园，以取其利"④。最高统治者如此，一般官吏当然也不会例外。赵柔任河内太守，"有人与柔铧数百枚者，柔与子善明，鬻之于市，有从柔买，索绢二十匹"⑤。由于自古以来，"用贫求富，农不如工，工不如商"⑥，在北魏的官员长期无禄的情况下，各级官吏经商谋利，是可以理解的。颁禄以后，虽然禄足代耕，但积习难改，屡禁不止，各级官吏还是较多的经商取利。例如咸阳王元禧，经营盐铁生意。大官僚李崇，"性好财货，贩肆聚敛，家资巨万，营求不息。子世哲为相州刺

---

① 《魏书》卷五十六《郑羲传》。
② 《魏书》卷四十八《高允传》。
③ 范文澜，《中国通史》第2册，人民出版社，1978年版，第579页。
④ 《魏书》卷四十八《高充传》。
⑤ 《魏书》卷五十二《赵柔传》。
⑥ 《史记・货殖列传》。

史，亦无清白状，邺洛市廛，收擅其利”①。阉官刘腾，“舟车之利，水陆无遗；山泽之饶，所在固护；剥削六镇，交通互市。岁入利息以巨万计”②。

北魏时期的士人和官僚，颇不同于先秦和两汉的儒家，他们并不耻于言利。高允谏太子拓跋晃的一段话，反映了当时社会风气中鲜卑习气和儒家观念相互混合的情况。允谏曰：“天地无私，故能覆载；王者无私，故能包养。昔之明王，以至公宰物，故藏金于山，藏珠于渊，示天下以无私，训天下以至俭。故美声盈溢，千载不衰。今殿下国之储贰，四海属心，言行举动，万方所则，而营立私田，畜养鸡犬，乃至贩酤市廛，与民争利，议声流布，不可追掩。夫天下者，殿下之天下，富有四海，何求而不获，何欲而弗从，而与贩夫贩妇竞此尺寸……愿殿下少察愚言，斥出佞邪，亲近忠良，所在田园，分给贫下，畜产贩卖，以时收散。”③但恭宗并不接受高允的劝谏。统治者的经商谋利活动，必然会对社会的许多方面产生影响。《齐民要术》所反映的生产活动，都考虑市场需要，经济收入，与当时的这一社会背景不无关系。

北魏时期是我国历史上的一个重要的民族大融合时期。这一融合表现在各少数民族政治制度封建化，经济活动农耕化，观念意识儒学化。北魏太宗拓跋嗣说：“衣食足，知荣辱。夫人饥寒切己，唯恐朝夕不济，所急者温饱而已，何暇及于仁义之事乎？王教之多违，盖由于此也。非夫耕妇织，内外相

① 《魏书》卷六十六《李崇传》。
② 《魏书》卷九十四《刘腾传》。
③ 《魏书》卷四十八《高允传》。

成，何以家给人足矣。”[1]世祖拓跋焘说：“朕承天子民，忧理万国，欲令百姓家给人足，兴于礼义。”[2]这完全是农耕文明中我国汉族皇帝的言行。

民族融合不仅表现为少数民族的汉化，也表现为汉民族受到少数民族很大的影响。一方面汉族文明自身发展的历程被打乱了；另一方面，少数民族的统治向汉族文明中输入了一股质朴粗野之气，从而改造了汉族文明。北朝民歌《木兰诗》等就是表现。时人颜之推在所著《颜氏家训》中描述到：“别易会难，古人所重，江南饯别，下泣言离。北间风俗，不屑此事，歧路言离，欢笑分首。”少数民族的统治还对人们的日常生活产生了影响，《齐民要术》中所载的做胡饼、胡饭的方法，以及作酪法、作乾酪法、作漉酪法、作马酪酵法……等就是反映。

由于民族融合，贾思勰所生活的时代表现出一种独特的社会面貌。一方面统治者提倡儒学，儒家思想是社会的正统思想；但另一方面，在文明冲突和选择的过程中，儒家思想的神圣性受到了影响。人们不再向两汉经学那样，仅仅从书本出发，而是会考虑到实际需要和实际效果。这一点在《齐民要术》一书中有充分的体现。例如《齐民要术》推崇汉儒所反对的桑弘羊之均输法为“益国利民，不朽之术”；引用嘲笑孔老夫子“四体不勤，五谷不分”的话，显示出对孔子的大不敬等。《齐民要术》一书本身就体现出民族融合时期的时代特点。

---

① 《魏书》卷三《太宗纪》。
② 《魏书》卷四《世祖纪》。

第二章 《齐民要术》简介

《齐民要术》是贾思勰惟一保存到今天的著作，是我们研究其思想和业绩的主要依据。为方便讨论，我们有必要对《齐民要术》作一个基本的介绍。

《齐民要术》规模巨大，体系完整，包括卷首的序，杂说和随后的十卷内容。序言是全书的灵魂，说明作者的写作目的、基本思想、论说对象和资料来源。在此拟对序言详作介绍。卷首杂说，非贾氏所作，留待后面讨论。十卷内容以技术性的东西为主，只简单介绍。

第一节 著述态度

在传统社会，知识分子写作多是为统治者提供治民之术，是为统治者服务的。贾思勰写书的目的则与此不同。“盖神农为耒耜，以利天下；尧命四子，敬授民时；舜命后稷，食为政首；禹制土田，万国作乂，殷周之盛，《诗》、《书》所述，要在安民，富而教之。”贾思勰以此作为序言的开篇，表明了他是从利民、食民、安民、富民、教民的角度来认识历代圣贤，来推崇圣贤们的业绩的。“李悝为魏文侯作尽地力之教，国以富强；秦孝公用商君急耕战之赏，倾夺邻国而雄诸侯”①。“耿寿昌之常平仓，桑弘羊之均输法，益国利民，不朽之术也”。商鞅、桑弘羊是汉代儒者所极力反对的，但却为贾思勰所推崇。贾氏虽有儒家思想，但并不受儒家思想的限制。贾氏所推崇的是利民富民。一切对百姓有好处，能使百姓生活富足的事，他都肯定。贾思勰要继承先贤利民富民的事业，而《齐民要术》则是他提供的利民、安民、富民之“要术”。

要使百姓富足，贾思勰认为最基本的是发展农业生产。“一农不耕，民有饥者；一女不织，民有寒者”。“仓廪实，知礼节；衣食足，知荣辱”。农业是温饱的基础，也是社会精神文明的基础。贾思勰进一步引前人的论述说，“圣王在上，而民不冻不饥者，非能耕而食之，织而衣之，为开其资财之道也……夫寒之于衣，不待轻暖；饥之于食，不待甘旨。饥寒至身，不顾廉耻。一日不再食则饥，终岁不制衣则寒。夫腹饥不得食，体寒不得衣，慈母不能保其子，君亦安能以有民……夫珠、玉、金、银，饥不可食，寒不可衣……粟、米、布、帛……一日不得而饥寒至。是故明君贵五谷而贱金玉”。这是我国传统的重农思想。“民可百年无货，不可一日有饥，故食为至急”。“寒者

① 本节引文未特别指明者皆引自《齐民要术·序》。

不贪尺玉而思短褐，饥者不愿千金而美一食。千金、尺玉至贵，而不若一食、短褐之恶者，物时有所急也”。贾思勰以此进一步强调粮食等农业生产的重要性。人们必须首先解决温饱问题。只有先解决了温饱，才能谈到其他方面的需要和发展。

我国社会从战国开始就人多地少，人口的增长已经导致按人口平均计算的经济收入下降，导致人们生活的贫困①。因此，在古代，温饱虽然是我国人民最起码的需要和合理的需要，但它的实现往往也是一种奢望。战国时期的魏国，“今一夫挟五口，治田百亩，岁收亩一石半，为粟百五十石，除十一之税十五石，余百三十五石。食，人月一石半，五人终岁为粟九十石，余有四十五石。石三十，为钱千三百五十，除社闾尝新、春秋之祠，用钱三百，余千五十。衣，人率用钱三百，五人终岁用千五百，不足四百五十。不幸疾病死丧之费，及上赋敛，又未与此”②。当时的五口之家，在耕种百亩的情况下，家庭经济有入不敷出的危险。孟子认为，有恒产者有恒心，只有老百姓都有一定的土地，“仰足以事父母，俯足以蓄妻子”，才会遵纪守法，接受统治者的统治。在孟子看来，这一起码的恒产就是家五亩宅，百亩田。但当时的实际情况是，“今也制民之产，仰不足以事父母，俯不足以蓄妻子；乐岁终身苦，凶年不免于死亡”③。表明当时的一个家庭并没有百亩土地可以耕种。“乐岁终身苦，凶年不免于死亡”，当是当时人民生活的基本情况。在这之后，我国社会在儒家思想的统治下，由于提倡和奉

① 严火其，《战国人多地少论》，《江海学刊》1999 年第 1 期。

② 《汉书·食货志》。

③ 《孟子·梁惠王上》。

行早婚多育，人口不断增长，我国社会长期在巨大的人口压力下发展。由于人多地少，温饱虽然是我国人民的基本需要，但也是我国历代人民需要付出巨大的心血，努力解决的头等重大的问题。贾思勰把发展农业作为利民富民的基本措施无疑是正确的，积极的。

怎样发展农业生产呢？贾思勰主张运用我们的体力，发挥我们的智慧，通过劳动来发展生产。“圣人不耻身之贱也，愧道之不行也；不忧命之长短，而忧百姓之穷。是故禹为治水，以身解于阳盱之河；汤由苦旱，以身祷于桑林之祭……神农憔悴，尧瘦癯，舜黎黑，禹胼胝。由此观之，则圣人之忧劳百姓亦甚矣。故自天子以下，至于庶人，四肢不勤，思虑不用，而事治求赡者，未之闻也”。古代圣贤不仅有为民谋利求富的愿望，而且有身体力行的行动。在贾思勰看来，古代圣人不是高高在上的统治者、说教者，而是带领百姓苦干的劳动者。“人生在勤，勤则不匮”。“力能胜贫，谨能胜祸”。只有劳动才能温饱，才能富足。“天为之时，而我不农，谷亦不可得而取之。青春至焉，时雨降焉，始之耕田，终之簠、簋，惰者釜之，勤者锺之。矧夫不为，而尚乎食也哉?”“朝发而夕异宿，勤则菜盈倾筐。且苟无羽毛，不织不衣；不能茹草饮水，不耕不食。安可以不自力哉?”人们不仅应劳动，而且还应勤于劳动，善于劳动。

我国儒家虽然主张百姓辛勤劳动，但他们自己却不愿参加劳动，并且还轻视和鄙视劳动。孟子曰：“或劳心，或劳力；劳心者治人，劳力者治于人；治于人者食人，治人者食于人，天下之通义也。”[①]统治者和知识分子是劳心者，他们不用劳动，

① 《孟子·滕文公上》。

天生就该由农民们劳动养活。“樊迟请学稼，子曰：‘吾不如老农。’请学为圃，曰：‘吾不如老圃。’樊迟出。子曰：‘小人哉，樊须也！上好礼，则民莫敢不敬；上好义，则民莫敢不服；上好信，则民莫敢不用情。夫如是，则四方之民襁负其子而至矣，焉用稼？’”①统治者是不用从事农业生产的。种稼为圃是小人的工作，樊须想学习种稼为圃，当然遭到了孔老夫子的咒骂。贾思勰对劳动的态度与孔孟不同。他推崇劳动，赞美劳动，不把劳动看成是小人们的鄙薄之事，而把劳动看成是“自天子以下，至于庶人”都应该积极从事的工作。贾思勰引《论语·微子》的话说，“丈人曰：‘四体不勤，五谷不分，孰为夫子？’”表明贾氏认为，知识分子，包括像孔子这样的圣人，都应该亲自参加劳动，并熟悉农业生产。他的这一劳动观，在我国以儒家思想占统治地位的传统社会，无疑有重要的进步意义。

劳动是一个在脑力的指导下运用体力的过程。劳动效率的高低，劳动成果的多少，不仅依赖于我们付出体力的多少，而且依赖于我们付出脑力的状况。在体力和脑力两个方面，贾思勰首先强调的是脑力的作用。“神农、仓颉，圣人者也；其于事也，有所不能矣。故赵过始为牛耕，实胜耒耜之利；蔡伦立意造纸，岂方缣、牍之烦？”牛耕比耒耜耕高效；写在纸上比写在竹、帛上方便便宜。社会是一个不断进步的历史过程，人们总是在原有的基础上有所发明，有所创造。用这些发明创造教导百姓，就能够改善劳动者的智慧，提高劳动效率和劳动效果。贾思勰举例说，“九真、庐江，不知牛耕，每致困乏。任延、王景，乃令铸作田器，教之垦辟，岁岁开广，百姓充给。教

① 《论语·子路》。

煌不晓作耧犁；及种，人牛功力既费，而收谷更少。皇甫隆乃教作耧犁，所省庸力过半，得谷加五。又敦煌俗，妇女作裙，挛缩如羊肠，用布一匹。隆又禁改之，所省复不赀。茨充为桂阳令，俗不种桑，无蚕织丝麻之利，类皆以麻枲头贮衣。民惰窳，少粗履，足多剖裂出血，盛冬皆然火燎炙。充教民益种桑、柘，养蚕，织履，复令种纻麻。数年之间，大赖其利，衣履温暖。今江南知桑蚕织履，皆充之教也。五原土宜麻枲，而俗不知织绩；民冬月无衣，积细草，卧其中，见吏则衣草而出。崔寔为作纺绩、织纴之具以教，民得以免寒苦。安在不教乎？”由此可见“教”的巨大作用。在贾思勰看来，即使是圣人，他们的知识也都是有限的，例如孔子不知耕稼，不知为圃，而何况是普通百姓呢？百姓知识少，教导百姓就是非常必要的。

我国传统儒家特别强调“教民”。不过他们要教给百姓的是礼义，是封建伦理道德。贾思勰强调教民，他要教给百姓的是生产生活技术，谋利求富技术。

在论述了教民以技术的重要性之后，贾氏认为，“庸人之性，率之则自力，纵之则惰窳耳”，因此统治者劝导和带领百姓积极劳动具有极大的必要性。“龚遂为渤海，劝民务农桑，令口种一树榆，百本䪥，五十本葱，一畦韭，家二母彘，五鸡。民有带持刀剑者，使卖剑买牛，卖刀买犊，曰：‘何为带牛佩犊？’春夏不得不趣田亩；秋冬课收敛，益蓄果实、菱、芡。吏民皆富实。召信臣为南阳，好为民兴利，务在富之。躬劝农耕，出入阡陌，止舍离乡亭，稀有安居。时行视郡中水泉，开通沟渎，起水门、提阏，凡数十处，以广溉灌。民得其利、蓄积有余。禁止嫁娶送终奢靡，务出于俭约。郡中莫不耕稼力田。吏民亲爱信臣，号曰‘召父’……王丹家累千金，好施与，周人之急。每岁时农收后，察其强力收多者，辄历载酒肴，从而劳之，便于田头树下，饮食劝勉之，因留其余肴而去；其惰赖者，独不见劳，各自耻不能致丹，其后无不力田者。聚落以至殷富”。贾氏认为，各级官吏和乡间有影响的人物，都应该像上面这些好官那样，出入于阡陌之间，指导和带领百姓发展生产。

“丛林之下，为仓庾之坻；鱼鳖之堀，为耕稼之场者，此君长所用心也。是以太公封而斥卤播嘉谷，郑、白成而关中无饥年。盖食鱼鳖而薮泽之形可见，观草木而肥墝之势可知”。除了各级官吏在一线直接指导农业生产外，最高统治者还应在全国的范围内，兴修水利，规划和指导农业生产。特别是像水利工程这样的事业，它对农业生产有重大作用，不是一时一地的人力物力所能承受，更需要最高统治者在全国的范围内规划考虑。“稼穑不修，桑果不茂，畜产不肥，鞭之可也；杝落不完，垣墙不牢，扫除不净，笞之可也。此督课之方也”。最高统治者不仅应在全国范围内规划农业生产，还应为劝课百姓生产制定有关的法律和制度。在贾思勰看来，为了促进百姓积极从事生产，甚至可以使用“鞭笞”之类的强制措施。当然，贾思勰没有忘记最高统治者还应该通过“天子亲耕，皇后亲蚕”的仪式，来劝导百姓生产。

对百姓来说，食为至急，人们主要为眼前的温饱从事生产。贾思勰提醒人们要注意兼顾眼前利益和长远利益。他引李衡和樊重的故事对此作了说明。三国时，“衡必欲治家，妻辄不听。后密遣客十人，于武陵龙阳汎洲上作宅，种甘橘千株。临死敕儿曰：‘汝母恶吾治家，故穷如是。然吾州里有千头木奴，不责汝衣食，岁上一匹绢，亦可足用耳。’……吴末，衡甘橘成,岁得绢数千匹,家道殷足。晋咸康中,其宅止枯树犹在"[1]。父亲种橘,子孙长久厚受其利。"樊重欲作器物,先种梓、漆,时人嗤之。然积以岁月,皆得其用,向之笑者,咸求假焉"。

我国社会长期人多地少,温饱并不容易。贾氏认为,节俭应该成为百姓生活的重要准则。"《孝经》曰:'用天之道,因地之利,谨身节用,以养父母'。《论语》曰:'百姓不足,君孰与足?'汉文帝曰:'朕为天下守财矣,安敢妄用哉!'""桀有天下而用不足,汤有七十二里而用有余"。家庭生活要节俭,国家的治理同样要贯彻节俭的原则。而当时的实际情况是,"饥者有过甚之愿,渴者有兼量之情。既饱而后轻食,既暖而后轻衣。或由年谷丰穰,而忽于蓄积;或由布帛优赡,而轻于施与"。贾思勰强调要改变这一状况,用之以节。

贾思勰有自己的治国主张,但当时的社会现实与之有巨大的差距。这使贾思勰对现实有强烈的不满情绪。"夫财货之生,既艰难矣,用之又无节;凡人之性,好懒惰矣,率之又不笃;加以政令失所,水旱为灾,一谷不登,胔腐相继。古今同患,所不能止也,嗟乎!"他不仅揭露了过去统治者的无能和黑暗,而且揭露了当朝统治者的无能和黑暗。由于人多地少,我国人民的生活不容易。在这样的条件下,非常需要统治者勤俭节约,带领人民发展生产。但历代的统治者总是奢侈无度,吏治腐败,政令失所。北魏社会中无疑潜伏着深刻的政治和社会危机。但在贾氏看来,当时的统治者和社会大众似乎麻木不仁,熟视无睹。"鲍鱼之肆,不自以气为臭;四夷之人,不

① 《三国志·吴志·孙休传》裴松之注文。

自以食为异;生习使之然也。居积习之中,见生然之事,夫孰自知非者也?斯何异蓼中之虫,而不知蓝之甘乎?"他们就像在腌鱼店工作的人,由于长期生活在有臭气的环境中,并不感到店里有臭气存在一样,并不感到当时的社会有什么毛病、当时的政治有什么问题。由于满足于现状,不思进取,他们就眼界狭隘,目光短浅,就像生活在有辣味的蓼中的虫子,不知道还有没有辣味的植物蓝一样。

贾思勰在序言中指出,统治者应以利民富民为己任;利民富民的基础在于发展农业生产;农业生产的发展离不开劳动,劳动应受尊重;组织人民生产,教导人民生产技术有重要的作用;当时的社会现实与自己的主张有重大的差距。通过这样的交待,贾思勰表明了自己写作《齐民要术》的目的和意义。由于教导人民生产和生活技术是利民富民的关键,因此,"今采捃经传,爰及歌谣,询之老成,验之行事。起自农耕,终于醯醢,资生之业,靡不毕书,号曰《齐民要术》。凡九十二篇,束为十卷"。为社会提供安民、利民、富民的"要术"。

"采捃经传"是对当时及以前各种古代文献的摘录和引用。例如仅序言就引用了《史记》、《周易》、《尚书》、《诗经》、《管子》、《淮南子》、《仲长子》、《谯子》、《汉书》、《论语》、《后汉书》、《孔丛子》、《三国志》、《孝经》等古籍。《齐民要术》全书引用"经传"180余种(采胡立初先生说)。社会的进步和科学技术的发展具有历史继承性,对各种古代文献的引用弘扬了我国传统的农业思想,继承了前人所创造的生产经验和农业技术。例如《氾胜之书》是我国汉代最重要的农书,代表了当时农业生产的最高水平,《齐民要术》对之有大量的引用。事实上,《氾胜之书》在宋代就失传了,只是由于《齐民要术》的引用，我们才知道《氾胜之书》的大致面貌。

“爰及歌谣”是对我国民间农谚的收集和整理。农谚是农民长期生产实践所得经验的概括。由于它直接来源于民间，因此非常生动形象，贴近当时的生产实际，又语言简短，便于记忆和传播。例如《种谷篇》引谚曰：“顷不比亩善。”短短5个字的一条谚语，既表现了在我国传统农业中精耕细作的基本主张，又表现了在当时人多地少的条件下，由于土地珍贵，小农从事农业生产不宜盲目扩大耕地面积的经济现实。在土地取得不易的条件下，小农在较少的土地上精耕细作比在较大的土地上相对粗放经营要有利一些[①]。又如《黍穄篇》引谚曰：“穄青喉，黍折头。”这条谚语告诉人们穄应早收，黍要晚收。穄的适宜收获时机是在穗与茎的接合部还保持青色的时候；而黍的适宜收获时机是在穗充分成熟到弯下来的时候。通过一条谚语，生动形象地告诉了人们两种作物的适宜收获时间。因此，谚语中有丰富的农业思想和大量的农业技术。《齐民要术》收录农谚达45条之多，除少数引自“经传”外，如“一年之计，莫如树谷；十年之计，莫如树木”引自《管子·权修》，大部分是贾思勰从民间收集得来的[②]。《齐民要术》中的谚语不是各种谚语的简单排列或堆砌，而是巧妙自然的插入在本身的论述之中，与其他的文字融为一体，显示贾思勰对谚语的思想和技术内容有透彻的理解。

“询之老成”是贾氏直接向老农请教，学习和总结他们的

① 严火其，《“宁可少好，不可多恶”——我国传统农业经营观念的现代诠释》，《江海学刊》2001年第3期。

② 倪根金，《〈齐民要术〉农谚研究》，《中国农史》，1998年第3期。

生产经验。例如各篇在解题的内容中,除引述“经传”资料描述论说对象的名称和形态外,有不少篇录有当时生产中使用的主要品种。如《水稻篇》录有黄瓮稻、黄陆稻、青稗稻、豫章青稻、尾紫稻、青杖稻、飞蜻稻、赤甲稻、乌陵稻、大香稻、小香稻、白地稻、菰灰稻,以及九格秫、雉目秫、大黄秫、棠秫、马牙秫、长江秫、惠成秫、黄般秫、方满秫、虎皮秫、荟柰秫等水稻品种。这些品种既不会都是贾思勰育成的,也不会都是贾思勰在生产中实际栽种过的。各篇中所收录的不同的品种,肯定是贾思勰从群众中收集整理得到的。前面曾引《种枣篇》说:“按青州有乐氏枣,丰肌细核,多膏肥美,为天下第一。父老相传云:乐毅破齐时,从燕赍来所种也。”这是贾思勰从群众中了解到齐郡乐氏枣来源问题的例子。《齐民要术》中的内容除来自“经传”、“歌谣”之外,更重要的来源在于群众的经验。《齐民要术》一书广泛涉及五谷、蔬菜、纤维作物、染料、果树林木、栽桑养蚕、家畜家禽、水产、食品制作、农产品加工等各个方面,内容十分丰富,这些知识的相当一部分当来自对群众生产经验的总结。

“验之行事”。贾思勰不仅是一个理论家,更是一个实践者。《齐民要术》显示,贾思勰对“经传”和群众经验的收集整理是建立在自己有丰富实践经验基础之上的。如果不是有丰富的经验,他就不会对“经传”资料和群众的经验有深刻的理解和恰当的取舍。《齐民要术》的内容非常丰富,当然不会都来自贾氏的亲自实践,但其中确有一些内容是贾氏的实践所得。例如《养羊篇》的一些内容无疑与他的养羊实践有关。如他对收贮青茭重要性的认识,对我国冬季漫长,饲草缺乏,导致羊群冬瘦春死规律性的认识等。

《齐民要术》中知识的来源有“经传”、“歌谣”、群众经验、个人创造等多种。对通过各种途径得来的知识，贾思勰不盲从，不迷信，强调要与事实相符合，要经得起实践的检验。例如《氾胜之书》指出：“凡种黍，覆土锄治，皆如禾法，欲疏于禾”，黍的种植密度应比粟稀一些。但贾思勰认为：“疏黍虽科，而米黄，又多减及空；今概，虽不科而米白，且均熟不减，更胜于疏者”，黍的种植适当密一些好[①]。又如《伐木篇》引《周礼·地官·山虞》说：“仲冬斩阳木，仲夏斩阴木。”郑司农云：“阳木，春夏生者；阴木，秋冬生者，松柏之属。”郑玄曰：“阳木生山南者，阴木生山北者。冬则斩阳，夏则斩阴，调坚輭也。”贾思勰对此评论说：“柏之性，不生虫蠹，四时皆得，无所选焉。山中杂木，自非七月、四月两时杀者，率多生虫，无山南山北之异。”贾思勰以实践为基础，批判了过去的牵强附会之说。贾思勰对待书本、权威和实践的态度，在今天都有现实的意义。

“舍本逐末，贤哲所非；日富岁贫，饥寒之渐，故商贾之事，阙而不录。花草之流，可以悦目，徒有春花，而无秋实，匹诸浮伪，盖不足存”。贾思勰继承了我国传统的崇本抑末思想，主张重农贵粟，限制工商业的发展。

《齐民要术》确实没有花草方面的内容，虽然我国历史上有大量的《百花谱》、《栽花法》、《洛阳牡丹记》、《陈州牡丹记》、《曹州牡丹谱》之类的花卉书（王毓瑚所编《中国农学书录》记有 130 多种花卉书）。但对于商贾之事，则并没有这样前后一致。在这里表示商贾之事，缺而不录，但在后面却有不少与商贾有关的内容；在这里表示日富岁贫，饥寒之渐，在《货殖第六

① 《齐民要术·黍穄》。

十二中又引《汉书》说："以贫求富，农不如工，工不如商，刺绣文不如倚市门。此言末业，贫者之资也。"《齐民要术》对商贾的态度，今人有不同的看法。由于这点对理解贾思勰的思想非常重要，我们将在后面作进一步的讨论。

"鄙意晓示家童，未敢闻之有识，故丁宁周至，言提其耳，每事指斥，不尚浮辞。览者无或嗤焉"。这是序言结尾的一段话。作者表示书是写给"家童"看的。对于家童的理解，或者认为是家内奴婢，如缪启愉先生；或者认为是贾家年青子弟，如石声汉先生。我们对此都不能同意。首先，《齐民要术》不是写给奴婢等家内依附劳动者看的。在北魏时期，书籍是比较珍贵的物件，尤其是像《齐民要术》这样的大型书籍尤其如此。一般奴婢或奴客是买不起书的，而贾氏也不大会把书借给或送给他们看。在当时三载芜菁叶换一奴，二十载芜菁根换一婢的条件下[①]，更是如此。并且由于奴客识字少，即使识字也不多，贾氏送书给他们看，他们也看不懂。贾氏花如此巨大的心血，为这样的一些依附劳动者写书，是不可想象的。其次，《齐民要术》也不是写给家内年轻子弟看的。贾氏是有见识的知识分子，他是为国家社稷，为实现其利民富民的理想而写书的。前面对序言的分析已经表明了这一点。《齐民要术》这一书名也直接地表现了这一点。"齐，无贵贱，故谓之齐民者，若今言平民也"。这是贾思勰对齐民的理解。而《齐民要术》则是贾思勰为社会大众所提供的生产和生活要术。在传统社会中，社会大众包括士、农、工、商等不同的成分，每一成分各有自己的生存状态和生活要求。贾思勰是为社会的主体

① 《齐民要术·芜菁》。

"士、农"写书的。这里的农包括地主、自耕农,也可以包括奴客等依附劳动者。他希望他的主张为统治者所采用,希望他的书为大众提供谋利求富的手段。由于社会大众中的许多人学识有限,因此,《齐民要术》在写作上不求词藻华丽,而是反复论说,详实具体,力求易读易懂。

第二节 内容简介

在详细讨论了序言中的观点之后,下面简单介绍一下后十卷的内容。《齐民要术》卷一包括耕田第一,收种第二,种谷第三稗附出等三篇。卷二包括黍穄第四,粱秫第五,大豆第六,小豆第七,种麻第八,种麻子第九,大小麦第十瞿麦附,水稻第十一,旱稻第十二,胡麻第十三,种瓜第十四茄子附,种瓠第十五,种芋第十六等十三篇。卷三有种葵第十七,蔓菁第十八菘、芦菔附出,种蒜第十九泽蒜附出,种䪥第二十,种葱第二十一,种韭第二十二,种蜀芥、芸薹、芥子第二十三,种胡荽第二十四,种兰香第二十五,荏、蓼第二十六,种姜第二十七,种蘘荷、芹、藘第二十八堇、胡葸附出,种苜蓿第二十九,杂说第三十等共十四篇。卷四有园篱第三十一,栽树第三十二,种枣第三十三诸法附出,种桃柰第三十四,种李第三十五,种梅杏第三十六杏李麨附出,插梨第三十七,种栗第三十八,柰、林檎第三十九,种柿第四十,安石榴第四十一,种木瓜第四十二,种椒第四十三,种茱萸第四十四等共十四篇。卷五包括种桑、柘第四十五养蚕附,种榆、白杨第四十六,种棠第四十七,种谷楮第四十八,漆第四十九,种槐、柳、楸、梓、梧、柞第五十,种竹第五十一,种红蓝花、栀子第五十二燕支、香泽、面脂、手药、紫粉、白粉附,种蓝第五十三,种紫草第五十四,伐木第五十五种地黄法附出等共十一篇。卷六包括养牛、马、驴、骡第五十六相牛、马及诸病方法，养羊第五十七毡及酥酪、干酪法，收驴马驹、羔、犊法，羊病诸方，并附，养猪第五十八，养鸡第五十九，养鹅、鸭第六十，养鱼第六十一种莼、藕、莲、芡、芰附等共六篇。卷七包括货殖第六十二，涂瓮第六十三，造神曲并酒第六十四，白醪曲第六十五，笨曲并酒第六十六，法酒第六十七等共六篇。卷八有黄衣、黄蒸及糵第六十八，常满盐、花盐第六十九，作酱等法第七十，作酢法第七十一，作豉法第七十二，八和齑第七十三，作鱼鲊第七十四，脯腊第七十五，羹臛法第七十六，蒸缹法第七十七，胚、腤、煎、消法第七十八，菹绿第七十九等共十二篇。卷九包括炙法第八十，作脺、奥、糟、苞第八十一，饼法第八十二，粽糉法第八十三，煮粿第八十四，醴酪第八十五，飧饭第八十六，素食第八十七，作菹、藏生菜法第八十八，饧餔第八十九，煮胶第九十，笔墨第九十一等共十二篇。卷十记录五谷、果蓏、菜茹非中国物产者。这里的中国指北魏政权统治下的我国北方地区。这一卷内容主要描述我国南方的植物资源，但没有栽种方法，是我国最早的南方植物志。

从上面的篇章结构看，《齐民要术》体系完整，包括谷类、蔬菜、麻类、果树林木、染料、食品制作、农产品加工等各个方面。《齐民要术》虽然内容庞杂，但在繁杂的内容中，却存在着合理的层次结构和先后次序。从大农业的观点看，作者先写农业，然后依次写林、牧、渔、副各业。在每一个部分中又分总论和各论，并且是先总论后各论。例如耕田、收种是农业的总论，种谷等是各论。在各论中，又是先主要后次要。例如在大田作物中先论述谷子，然后再依次论述黍穄、粱秫、大豆、小豆、种麻、种麻子、大小麦、水稻、旱稻等。在果树生产中，先论述枣,然后再依次论述桃、李、梅、杏、梨、栗等。对每一个具体的论说对象,作者往往是先解题,以双行小字的形式对论说对象的名称,形态,历史沿革,过去和当时的作物品种等作出说明。接着是正文,以大字的形式表述贾思勰所总结的有关论说对象生产、加工、经营方面的知识和技术。最后引录前人文献对论说对象的描述和记载。

综合起来看,《齐民要术》十卷内容前一卷半论述大田以粮食为主的农业生产;卷二的后半部分和卷三全部,论述蔬菜作物;卷四、卷五论述果树林木,包括染料作物和栽桑养蚕;卷六为动物养殖;卷七、卷八、卷九讨论制酒做酱和食品加工;卷十描述五谷、果蓏、菜茹非中国物产者。从各种内容所占的篇幅看,作者显然高度重视农产品加工问题。食品加工不仅独占了七、八、九三卷,而且在其他各卷中,在讨论各种论说对象时,也有不少的内容。例如种瞿麦法说:“以伏为时,亩收十石。浑蒸,曝干,舂去皮,米全不碎。炊作飧,甚滑。细磨,下绢簁,作饼,亦滑美。”《蔓菁篇》有蒸干芜菁根法:“作汤净洗芜菁根,漉著一斛瓮子中,以苇荻塞瓮里以蔽口,合著釜上,系甑带;以干牛粪燃火,竟夜蒸之。粗细均熟,谨谨著牙,真类鹿尾。”《种枣篇》载作干枣法:“新菰蒋,露于庭,以枣著上,厚三寸,复以新姜覆之。凡三日三夜,撤覆露之,毕日曝,取干,内屋中。率一石,以酒一升,漱著器中,密泥之。经数年不败也。”作酸枣麨法:“多收红软者,箔上日曝令干。大釜中煮之,水仅自淹。一沸即漉出,盆研之。生布绞取浓汁,涂盘上或盆中。盛暑,日曝使干,渐以手摩挲,散为末。以方寸匕,投一碗水中,酸甜味足,即成好浆。远行用和米麨,饥渴俱当也。”《种梅杏篇》有作白梅法:“梅子酸,核初成时摘取,夜以盐汁渍之,昼则日曝。凡作十宿、十浸、十曝,便成矣。调鼎和齑,所在多入也。”还有作乌梅法,蜀中藏梅法,作杏李麨法,作乌梅欲令不蠹法。《柰、林檎》有作林檎麨法:“林檎亦熟时,擘破,去子、心、蒂,日晒令干。或磨或捣,下细绢筛;粗者更磨捣,以细尽为限。以方寸匕投于碗中,即成美浆。不去蒂则大苦,合子则不度夏,留心则大酸。若干啖者,以林檎麨一升,和米麨二升,味正调适。”还有作柰麨法,作柰脯法。

第三节 几个有争议的问题

在讨论了《齐民要术》的基本内容之后,对《齐民要术》中有争议的几个问题,也在此作一个简单的说明。

《齐民要术》在序言和十卷内容之间有一篇杂说,它在行文风格,用语习惯,生产技术等方面都与后十卷内容不同。“只如稼穑之力,虽未逮于老农;规划之间,窃自同于后稷。所为之术,条列于后”。卷首杂说的作者比较自负,所写内容像是在扼要总结当地农业生产,自成体系,与后面的内容无结构上或逻辑上的联系。贾思勰则是比较谦逊的,序言表示“鄙意晓示家童,未敢闻之有识”,其所写内容凡九十二篇,束为十卷[①],体系完整,内中自有杂说一篇,列为第三十。在文中方言和技术措施上,两者也颇多差别。例如对于耕后整地,卷首杂说中的用语是“盖磨”,后面内容中用“耙劳”;卷首杂说中一再提到荞麦,显示荞麦比较重要,但在后面的十卷内容中根本

① 万国鼎,《论“齐民要术”——我国现存最早的完整农书》,《历史研究》1956 年第1期。

没有提到荞麦；卷首称芝麻为油麻，后十卷内容中称芝麻为胡麻；卷首杂说中说“谷小亩一升下子，则稀概得所”，而《种谷篇》则说“良地一亩，用子五升，薄地三升”；卷首杂说主张“葱四月种”，《种葱篇》说“七月纳种”；关于小麦的适宜播期，卷首杂说认为在秋社后，《大小麦篇》认为在秋社前。方言习语和农业技术措施的巨大不同，显示两者不是同一地点同一时期的人所写①。卷首杂说显然是他人的作品，而掺入到《齐民要术》中来的。

《杂说》不到一千二百字，“收了”、“耕了”等的习语出现四处。缪启愉先生引南京大学中文系柳士镇先生的意见说，“‘了’字的用作动作完成的过去词是隋唐以后才开始通行起来的，以前是很少用的”。又由于《杂说》在《齐民要术》最早的北宋崇文院刻本中已赫然在目，因此认为它很可能是唐朝人的“冒牌私货”②。我们同意缪先生的这一意见。《杂说》虽不是贾思勰所作，但它对于我们研究宋以前的农业生产仍具有一定的参考价值。

《齐民要术》一书除序言外，十卷内容共有 111800 字。这十一万多字有两种形态。其一是字体大一些的大字，有约 69450 字，是正文；其二是字体小一些的小字，约 42350 字，是注文③。注文字数如此之多，或夹在正文中间，或置于每篇篇首，占全书字数的三分之一以上。有人认为小字注文非贾思勰所作，如《四库总目提要》、《郑堂读书记》、《四部丛刊书录》

① 李长年，《齐民要术研究》，农业出版社 1959 年版第 25～28 页。

② 缪启愉，《齐民要术导读》，巴蜀书社，1988 年第 29 页。

③ 天野元之助著，彭世奖等译，《中国古农书考》，农业出版社，1992 年第 28 页。

等;有人认为确为贾氏所作,如董谷《碧里杂存·论解》、胡立初《齐民要术引用书目考证》等。今人如缪启愉、梁家勉等认为,注文内容复杂,大部分为贾氏所作,但要具体分析。

首先,王仲荦先生指出,南北朝隋唐时期的学术界不仅自己写书,而且还替别人的书作注。如裴松之作《三国志》注,刘孝标作《世说新语》注,郦道元作《水经》注等。这些书注内容丰富,成为保存史料的宝库,搜集异说的渊薮。其次,"除了替别人的书作注以外,当时学术界还有一种新的风气,即自己在写书的时候,有些内容插不进正文里去或插进去会妨碍正文的完整性和系统性的,于是就由自己写成小字注文,附在正文的下面,开创了一种自注的体例"①。例如北魏时期郦道元作《水经注》,杨衒之《洛阳伽蓝记》等都是如此。但《水经注》和《洛阳伽蓝记》的注文,因不是夹行写出的,在传录过程中,和正文混淆在一起了。《齐民要术》中的注文,因用双行小字写出,在流传的过程中得以大致保存其原貌。但要指出的是,《齐民要术》中也有注文和正文混淆的现象。如《种瓜篇》治瓜笼法,《种梅杏篇》作白梅法、作乌梅法、蜀中藏梅法等标题下的文字全为双行小字,没有正文大字,这是将正文混为注文的情况。相反的例子也有,例如每篇开头的解题部分,一般以小字注文形式出现,但有时也有以大字正文出现的情况,这是将注文混为正文的例子。

从自注体的写作体例说,《齐民要术》注文中的大多数确为贾思勰所写。例如在《种谷篇》中先以注文形式解题,指出:"谷,稷也,名粟。谷者,五谷之总名,非止谓粟也。然今人专

① 王仲荦,《有关〈齐民要术〉的几个问题》,《文史哲》,1961 年第 3 期。

以稷为谷，望俗名之耳。”然后引《尔雅》、《说文》、郭义恭《广志》、郭璞注《尔雅》等作进一步的说明。接着注说：“按今世粟名，多以人姓字为名目，亦有观形立名，亦有会义为称”，讨论了品种命名问题，并登录了朱谷等早熟、耐旱、免虫的品种十四个；今堕车等有毛、耐风、免雀暴的品种24个；竹叶青等晚熟、耐水，但不耐虫的品种10个等共86个。这段注文详细说明了谷的有关称谓和当时的品种情况。这些文字应是整篇内容的必要组成部分，是下面内容的基础。这些注文应该是贾思勰所写。

《种谷篇》解题后的一段文字是：“凡谷成熟有早晚，苗秆有高下，收实有多少，质性有强弱，米味有美恶，粒实有息耗。早熟者苗短而收多，晚熟者苗长而收少。强苗者短，黄谷之属是也；弱苗者长，青、白、黑是也。收少者美而耗，收多者恶而息也。地势有良薄，良田宜种晚，薄田宜种早。良地非独宜晚，早也无害；薄地宜早，晚必不成实也。山、泽有异宜。山田种强苗，以避风霜；泽田种弱苗，以求华实也。顺天时，量地利，则用力少而成功多。任情返道，劳而无获。人泉伐木，登山求鱼，手必虚；迎风散水，逆坂走丸，其势难。”这段文字中的大字为正文，小字为注文。从这段文字可以清楚看出，如果去掉了注文，则正文显得单薄，苍白。显然，这样的注文是正文的必要补充，与正文融为一体，不是作者本人是写不出来的。在《齐民要术》四万多字的注文中，属于这种类型的占绝大多数。

当然在《齐民要术》众多的注文中，也确有一些非贾氏所写，是由后人加进去的。梁家勉先生把《齐民要术》中的注文分为四种类型[1]。第一类属训诂性质，专释音义，或释字音，或释字义。如《耕田篇》"楱"字下注"俎候反"，《种谷篇》"菩"字下注"音倍"、"音勃"；《水稻篇》"薅"字下注"拔草曰薅"，《作酢法篇》"酢"字下注"今醋也"。这类音义解释不仅释正文，而且也释注文。如《种谷篇》注文"镞"字下注"初角反"。还有一些是"采捃经传"时，随古书原文附入的原注，如引《周礼》或《礼记》附郑玄注，引《孟子》附赵岐注，引《吕氏春秋》或《淮南子》附高诱注，引《汉书》附颜师古注等。第二类属于校雠性质，专校勘文字。如《养牛马驴骡篇》"挟"字下注"一作扶"，《种桃柰篇》注文"零叠"二字下注"一作摘取"。第三类注文数量最多，是对正文内容的补足、引申或具体证明。如《耕田篇》"初耕欲深，转地欲浅"句下注："耕不深，地不熟；转不浅，动生土也。"《种谷篇》"纵横杷而劳之"句下注："杷法令人坐上，数以手断去草，草塞齿则伤苗。如此令地熟软易锄省力，中锋止。"第四类是正文仅列标题，其说明文字该以双行小字的形式出现。如《种瓜篇》正文有"治瓜笼法"标题，《种梅杏篇》正文有"作白梅法"、"作乌梅法"标题等，其下都没有任何正文，而只有注文。

按这样的分类方法处理后，第四类注文实际上就是正文，应为贾思勰所作。第三类注文是正文的必要补充，肯定也是贾思勰的作品。第一、二类注文则是后人在学习和研究《齐民要术》的过程中加进去的。

《文献通考·经籍考》曾引李巽岩（李焘）孙氏齐民要术音

---

① 梁家勉，《有关〈齐民要术〉若干问题的再探讨》，《农史研究》，第二辑，农业出版社 1982 年。

义解释序说："贾思勰著此书，专主民事，又旁摭异闻，多可观。在农家最峣然出其类。奇字错见，往往艰读。今运使秘丞孙公为之音义解释略备。"梁家勉等人据此认为，《齐民要术》中音义解释之类的注文，甚或校雠之类的注文，都是孙氏所为。但李巽岩为南宋初人，从序言"今运使秘丞孙公"知孙氏亦为南宋时人，而《齐民要术》音义解释之类的注文在北宋天圣崇文院刻本中就有，这是一个不易解释的问题。梁氏认为，作音义解释的孙氏，在年代上远较李焘为早。孙氏的后人为表彰"先德"，在一百多年以后，才找李焘写序。我们认为这种解释有些牵强，说服力不够。我们赞同余嘉锡先生的意见，认为孙氏之音义解释和今本《齐民要术》之音义解释是另外的不同的东西[①]。梁家勉先生说，"如果说孙氏与南宋李焘同时，今本这部分注文，在孙氏以前就有，那么，孙氏何必多此一举，又另作'音义解释'呢?"原因很简单，崇文院刻本印数太少，"非朝廷要人不可得"，李焘、孙氏等人都无缘识见。他们所看到的《齐民要术》非崇文院刻本，在不知道的情况下，从而为之作音义解释。

① 余嘉锡，《四库提要辨证》卷十一，科学出版社，1958年10月。

第三章 农学思想

第一节 农业哲学思想

贾思勰在哲学思想方面，继承了传统哲学的许多哲学思想，如三才、元气、阴阳、五行、尚中等。这些哲学思想，在《齐民要术》中都有所体现。

一、“三才论”与天地人物的和谐与统一

贾思勰很推崇春秋战国乃至秦汉以来的“三才论”。他在《齐民要术·序》中就曾经引用《孝经》中的“用天之道，因地之利”来说明在农业生产中做到“天地人物”的和谐与统一，是非常重要的。他在《齐民要术·种谷篇》中又引用《淮南子·修务训》中的话阐述了在农业生产中做到“天地人物”

的和谐与统一的必要性："地势水东流，人必事焉，然后水潦得谷行；禾稼春生，人必加功焉，故五谷遂长。听其自流，待其自生，大禹之功不立，而后稷之智不用。禹决江疏河以为天下兴利，不能使水西流；后稷辟土垦草以为百姓力农，然而不能使禾冬生，岂其人事不至哉，其势不可也。"中国大陆的地势是西高东低，因此，水是沿着重力规律，自西往东流的。但是，人们必须采取疏导的办法，使其顺畅的沿着河道通行。庄稼春天发芽生长，而人们必须采取耕耨耘锄等措施加强管理，才能使它茁壮的生长。如果人们不采取疏导的办法，使河水顺畅的通行；不采取耕耨锄耘的措施，使庄稼茁壮的生长。而是"听其自流"和"待其自长"，那么大禹"平治水土"之功就不能成立，后稷创始农业的智慧也就无从说起。大禹决江疏河是为天下人兴修水利，但是他不能使水西流；后稷辟土垦草是为百姓发展农业服务，但是他不能使庄稼在冬天生长。这不是人们不努力，而是人们不能违背自然规律。贾思勰在引文之后，加上这样的双行小注："春生、夏长、秋收、冬藏，四时不可易也。"也就是说，自然规律和农作物生长发育的规律，是不能违背的。接下来他还引用《淮南子·主术训》中的话，告诫统治者说："食者民之本，民者国之本，国者君之本，是故人君上因天时，下尽地利，中用人力，是以群生遂长，五谷蕃殖。"统治者也必须遵循天地人物和谐与统一的哲学思想，才能巩固其统治地位。贾思勰在继承前人有关"天地人"和谐与统一的哲学思想的基础上，对"天地人物"和谐与统一的哲学思想进行了新的概括。他在《齐民要术·种谷篇》中说："凡谷，成熟有早晚，苗秆有高下，收实有多少，质性有强弱，米味有美恶，粒实有息耗，地势有良薄，山泽有异宜，顺天时，量地利，则用力少而成功多，任情返道，劳而无获。”贾思勰在有关农业生产的“天地人物”的和谐与统一中，将“物性”提高到重要地位。所谓“成熟有早晚，苗秆有高下，收实有多少，质性有强弱，米味有美恶，粒实有息耗”等，都指的是谷子的品种有不同的遗传特性，也就是古人所说的“物性”。不同的作物和品种有不同的“物性”，它们对天时和地利的条件有不同的要求，人们在农业生产中所采取的各种农业技术措施，都是为了协调生物有机体同外界环境(天和地)的关系。因为，“地势有良薄，山泽有异宜”，而不同作物和品种又各有其不同的物性，所以要想获得农业的高产丰收，就必须“顺天时，量地利”，并且要符合“物性”的要求，从而实现“天地人物”的和谐与统一目标。

从《齐民要术》对农业生产技术的总结来看，贾思勰具有十分鲜明的农业生产系统观念或整体观念。他将天地人物的和谐与统一看作是农业生产追求的目标，他将协调生物有机体和环境条件的关系视为农业生产的中心任务。在协调作物与天时的关系方面，他将各种农作物春播期的选定，划分了上时、中时和下时的界限。例如，谷的播种期是：二月上旬为上时，三月上旬为中时，四月上旬为下时。春大豆是：二月上旬为上时，三月上旬为中时，四月上旬为下时。冬小麦是：八月上戊社前为上时，中戊前为中时，下戊前为下时。黍穄是：三月上旬为上时，四月上旬为中时，五月上旬为下时。水稻是：三月为上时，四月上旬为中时，四月中旬为下时。现将《齐民要术》中主要作物的播种期列表如下：

《齐民要术》中主要作物播种期上中下时表

作 物	上 时	中 时	下 时
谷	二月上旬	三月上旬	四月上旬
黍穄	三月上旬	四月上旬	五月上旬
春大豆	二月中旬	三月上旬	四月上旬
小豆	夏至后十日	初伏断手①	中伏断手①
麻	夏至前十日	夏至	夏至后十日
麻子	三月	四月	五月
大麦	八月中戊社前②	下戊前②	八月末九月初
小麦	八月上戊社前	中戊前	下戊前
水稻	三月	四月上旬	四月中旬
旱稻	三月半	三月	四月
胡麻	二三月	四月上旬	五月上旬
瓜	二月上旬	三月上旬	四月上旬

由于"春生,夏长,秋收,冬藏,四时不可易也"。所以贾思勰还为夏锄规定了:"凡五谷,惟小锄为良"的时宜。为秋收规定了:"穄欲熟,收欲速"的时宜。

在协调作物与地宜的关系方面,贾思勰所关注的是地宜和前作(底)的选定。例如,谷,良田薄田均宜,其前作则是:"绿豆、小豆底为上,麻、黍、胡麻次之,芜菁、大豆为下。"黍稷,"新开荒为上,大豆底次之,谷底为下"③。大豆,"地不求熟"。小豆,"大率用麦底,然恐小晚,有地者常须兼留去岁谷下以拟

① 夏至后第三个"庚"日为初伏,第四个"庚"日为中伏,立秋后第一个"庚"日为末伏。"断手"犹言"断止",指初伏或中伏终止前要播种完毕。

② "社"这里指秋社,在立秋后第五个"戊"日。所谓"中戊"或"下戊"前就是要赶在社前播种。

③ 贾思勰在《齐民要术》中,所谓大豆底、谷底、麦底等,其中的"底"指的是前作或前茬。

之”。麻，“欲得良田，不用故墟。地薄者粪之(粪宜熟，无熟粪者，用小豆底亦得)”。现将《齐民要术》中主要作物的地宜和前作列表如下：

《齐民要术》中主要作物的地宜和前作表

作物	地宜	前作		
		上	中	下
谷	良田薄田均可	(1)绿豆 (2)小豆 (3)瓜	(1)麻 (2)黍 (3)胡麻	(1)芜菁 (2)大豆
黍穄	熟地	新开荒地	大豆	谷(粟)
大豆	地不求熟	麦		
小豆		(1)麦 (2)谷		
麻	良田	小豆		
麦	下田	黍		
瓜		(1)小豆 (2)晚禾	黍	
蔓菁	好地	(1)蔓菁 (2)大小麦		
葵	良田	葵		
胡荽	黑软青沙好地	(1)新开荒地 (2)麦		
粱秫	薄地			
旱稻	下田黑土			

《齐民要术》中主要作物不论是“天时和物性的和谐与统一”还是“地利和物性的和谐与统一”，都是在农业生产者的“人事”干预下实现的。因此，它所体现的是“天地人物的和谐与统一”。

《齐民要术》所总结的农业技术，不仅在粮食作物和蔬菜作物的栽培技术方面，体现了“天地人物的和谐与统一”，而且在果树栽培和林木栽培方面，也充分体现了“天地人物和谐与统一”的精神。现将《齐民要术》中有关果树栽培和林木栽培中所体现的“天地人物和谐与统一”的哲学思想的情况列表如下：

《齐民要术》林木栽培中的天地人物相统一

树种	天时	地利	物性	人事
榆	正月二月移栽	白土、薄地不宜五谷者惟宜榆	榆性扇地其阴下五谷不植榆性软、久无不曲	秋耕令熟、漫散犁细埒之；先耕地作垄散荚、稀密得中
白杨	正月二月插枝	以犁作垄	性甚劲直	秋耕令熟，一垄之中，顺逆各一到，又以锹掘底一坑作小堑。
柳	正月二月取弱柳枝插枝	下田停水处不得五谷者可以种柳	较耐水湿	八九月水尽，燥湿得所时，急耕则漏楱之。明年四月又耕熟，即作墒垄
梓	秋末冬初取子漫散后年正月移栽	秋耕令熟耕地作垄	此树须大不得密栽两步一树	秋末冬初取子，明春拔草勿荒没
梧桐	二三月作畦下水如葵法。明年三月移栽	熟粪和土	此木宜湿	作一步圆畦种之浇令润泽。至冬竖草于树间令满外复以草围之

《齐民要术》果树栽培中体现的天地人物的和谐与统一

果树	天时	地利	物性	人事
枣	主晚栽 早则坚生迟	地不耕也 地坚饶实	性硬、坚强	常选好味者留栽，枣叶始生而移之
桃	春天移栽	若离本土率多死	桃性早实 易种难栽 桃性皮急	以锹合土掘移之 四年以上宜以刀竖劙其皮
李	正月一日或十五日嫁李	不用耕垦 耕肥无实	李性耐久 三十年老	嫁李法：以砖石著李树歧中令实繁
栗	春二月芽生出而种	埋著湿土 埋必须深	种而不栽 不裹则死	栗初熟出壳即埋 三年内每到十月常须草裹二月解
椒	四月畦种夏连雨时可移之	合土移之 筛土覆之 熟粪盖土 合土移之	性不耐寒 习以性成	熟时收取黑子，方三寸一子，土覆令厚寸，旱则浇之；冬须草裹

中国传统哲学中的“三才论”，又被称作“天地人宇宙系统论”，它是整个中华民族共同具有的思想观念和思维方式，它显示出东方独具的系统精神。几千年来，中华民族一直把天地人宇宙系统的和谐与统一，作为思考的中心和追求的目标。“天地人”既是中国古代对宇宙系统的基本概括，又是人们考察一切事物的理论框架，人们不论研究什么对象，总是从“天地人”这三个方面对对象的属性加以界定，寻找它们与“天地人”三者的关系，确认它们在天地人宇宙系统中的位置。在我们的祖先看来，只有将具体事物置于这个囊括一切的宇宙大

系统中，才能真正懂得它们，才能发现它们的真谛[①]。中国古代的农学家在将农业生产的主要对象——生物有机体，放在“天地人宇宙系统”中加以考察时，产生了“天地人物和谐与统一”的农业生产系统观念，并且确认在“天地人物”的农业生产系统中，人们的中心任务就是在认识和掌握自然（天地）规律和生物生长发育规律（物性）的基础上，采取各种农业技术措施，协调生物有机体同环境条件（天和地）的关系，使其生长发育良好，获得高产丰收为目标。贾思勰在《齐民要术》中所总结的各项农业技术措施，虽然在表面上看起来都是很具体的，但是，其中却贯穿着“天地人物”和谐与统一这条红线。换句话说，贾思勰在《齐民要术》中所总结的一切农业技术措施，都以“天地人物”和谐与统一为依归。这一点，从各种作物播种期的选定，到各种作物“地宜”和“前茬”的选定，都是以天时和物性的和谐与统一，地宜和物性的和谐与统一为依归的。在林木和果树栽培上，更加体现了“天地人物”和谐与统一的精神。

二、元气阴阳五行与农学原理

贾思勰在《齐民要术》中的不少地方，应用中国传统哲学中的气论、阴阳、五行等概念和范畴来阐释农学原理。兹分别论述如下：

贾思勰在哲学思想方面，继承了《礼记·月令》、《氾胜之书》和《四民月令》中的“气论”，并且在畜牧兽医方面发展了“气论”。贾思勰在《齐民要术·耕田篇》中引用了《月令》中的天气、地气等概念，如孟春之月的“天气下降，地气上腾”；孟冬之

① 刘长林，《中国系统思维》，中国社会科学出版社，1990 年版，第 440 页。

月的“天气上腾，地气下降”①。《氾胜之书》中有关耕田时宜方面气论的内容，正是由于贾思勰在《齐民要术》中的引用才得以保存下来。主要内容有：“春冻解，地气始通，土一和解；夏至天气始暑，阴气始盛，土复解；夏至后九十日，昼夜分，天地气和，以此时耕田，一而当五，名曰膏泽，皆得时功。”②其中的地气始通，天气始暑，阴气始盛，天地气和，都是适宜耕田的指标。所谓“地气始通”，指的是春季天气变暖，冻土开始解冻，地上地下的空气开始通达之时，此时正是春耕的适宜时期。所谓“天气始暑，阴气始盛”，指的是夏至以后天气变热，降水增多，墒情旺盛的情况，此时正是夏耕的适宜时期。所谓夏至后九十日，昼夜分，“天地气和”，指的是“秋分”时，昼夜的长短相等，天气和地气，温度和湿度，都处于最佳(气和)状态，此时正是秋耕的适宜时期。由此可见，这里有关天气、地气、阴气、和气等“气”的概念，乃是当时人们对气温、地温、降水、墒情等状况的概括。贾思勰在《齐民要术》耕田和卷中杂说中，引用《四民月令》中有关“气论”的内容，主要有正月的“地气上腾”；二月的“顺阳习射”；三月的“顺阳布德”；五月的“阳气始亏”，“阴慝将萌”，“暖气始盛”；十一月的“阴阳争”③。这里的气论，主要有地气、阳气、暖气、阴气等概念。表示人们要根据天气的寒暖，地气的变化，合理安排其农事活动和其他活动。

贾思勰不仅继承了前人的气论，而且在总结畜牧兽医

① 《礼记·月令》。

② 西汉《氾胜之书·耕田》。

③ 东汉崔寔《四民月令》。

技术时，还发展了气论。他在《齐民要术·养牛马驴骡篇》中就是用气论来阐发相畜术的原理的。他说："良多赤，血气也；驽多青，肝气也；走多黄，肠气也；材知多白，骨气也；材多黑，肾气也。"这是说，良马的眼中多红色，是血气旺盛；驽马眼中多青色，是肝气旺盛；快马的眼中多黄色，是肠气旺盛；智慧的马眼中多白色，是骨气旺盛；有力的马眼中多黑色，是肾气旺盛。贾思勰在相畜术中还总结了"相口色"看多气或少气来判断马匹的材力好坏，气势旺衰，寿命长短。"口中色，欲得红白如火光，为善材，多气，良，且寿。即黑，不鲜明，上盘不通明，为恶材，少气，不寿。"马匹口中的颜色，像火光一样，有红有白的，才是材力好的马，它气势旺，而且长寿。靠黑色，不鲜明，上颚纹理盘曲不通的，是材力不好的马，它气势不旺，不长寿。

贾思勰在《齐民要术》中也运用阴阳说来阐发农学理论和原理。贾思勰在《耕田》《种谷》《黍穄》《大豆》《小豆》《种麻子》《大小麦》《水稻》等八篇中都引用过《杂阴阳书》中的材料，来阐发农作物的生长发育过程。说明农作物的生长发育是同阴阳二气的盛衰、消长、升降、进退相关联的。贾思勰在阐述耕田的适宜时期时，主要引用了《氾胜之书》中有关天气、地气、阴气、和气、土气等概念，其中天气属于"阳气"范畴；地气、土气、阴气属于阴气范畴；而和气则指的是"阴阳调和"的状态。这里还是用阳阴二气的盛衰消长来阐释耕田时宜的努力。贾思勰在《卷中杂说》中引用《四民月令》中有关天气、地气、阴气、阳气、暖气、寒气等概念来阐述一年中各月应当进行的农事活动。正像《春秋繁露》中所说的："阳，天气也；阴，地气也"（《人副天数》），"阳气暖而阴气寒”,“阳气生而阴气杀”(《王道通三》)[①],所以人们在农业生产中必须根据阴阳二气盛衰消长和农作物生长发育的规律来合理安排各项农事活动,这对夺取农业的高产丰收是至关重要的。贾思勰在《卷中杂说》中还引用《越绝书》中的材料来论证阴阳二气的变化和谷物贵贱的关系。“越王又问曰:寡人已闻阴阳之事,谷之贵贱可得闻乎?答曰:阳主贵,阴主贱。故当寒不寒,谷暴贵;当温不温,谷暴贱。”阴阳二气的变化不正常,也会影响谷物的贵贱。因为,气候不正常,会影响到农作物的丰歉。贾思勰虽然运用阴阳说来阐释农学原理,但是,他在《种谷篇》中告诫人们:“阴阳之家,拘而多忌,止可知其梗概,不可委曲从之。谚曰:以时及泽为上策也!”

贾思勰在阐释农学理论与原理时,不仅运用了阴阳说,而且也应用了五行说。据统计,他在《齐民要术》的《小豆》、《种枣》、《种椒》、《种桑柘》、《种槐柳楸梓梧柞》、《养猪》等篇中曾经 8 次引用《杂五行书》中的材料,阐释农学原理。同时,他还引用《杂阴阳书》中的五行说来阐释豆、麦等作物的“生、长、壮、老、死”与 12 地支和月份的对应关系。如“豆,生于申,壮于子,长于壬,老于丑,死于寅”;“麦,生于亥,壮于卯,长于辰,老于巳,死于午”。农作物在一个生命周期中,都要经历“生、长、壮、老、死”这五个生长发育阶段的。这五个生长发育阶段,由于不同作物遗传特性的差异,它们同十二地支和十二月的对应是并不一致的。贾思勰为了深入阐发作物生长发育的原理,又引用了《说文》中的五行相生相胜说。《说文》曰:“禾,

① 汉代董仲舒《春秋繁露·人副天数·王道通三》。

嘉谷也。以二月始生，八月而熟，得之中和，故谓之禾。禾，木也，木王而生，金王而死。”又引《说文》曰：“麦，芒谷，秋种厚埋，故谓之麦。麦，金王而生，火王而死。”王者旺也。禾，木旺而生，金旺而死。木者春也，金者秋也。这是说，禾，是春生秋死的。麦，金旺而生，火旺而死，火者夏也[①]。这是说，麦是秋种夏收的。为了更清楚地说明五行同五季的对应关系与农作物生长发育的关联，特拟下表：

五行	五季	禾	麦
木	春	生	
火	夏		死
土	季夏		
金	秋	死	生
水	冬		

贾思勰在《齐民要术》“卷中杂说”中还引用《越绝书》五行生胜说来阐发预测谷物贵贱之法：“范子曰：水之势胜金，阴气蓄积大盛，水据金而死，故金中有水，如此者岁大败，八谷皆贵。金之势胜木，阳气蓄积大盛，金据木而死，故木中有火，如此者岁大美，八谷皆贱。”[②]《越绝书》非一人一时之作，一般认为，它是战国人所作，汉代人有所附益，东汉时由袁康、吴平二人写成定本传世，成于建武年间。这是在阴阳说和五行说结合后，用阴阳五行说预测谷物贵贱的实例。

三、圜道观念和尚中思想与农学原理

中国传统思维方式中的圜道观念和尚中思想，对贾思勰

① 汉代许慎《说文》。
② 汉代袁康《越绝书》。

有深刻影响。他在总结农业生产经验或阐释农学原理时，往往运用圜道观念和尚中思想。

中国传统思维方式中的循环论或圜道观，是很古老的思维方式。《周易》最早阐发了循环论。《易经》中64卦的设置，就是对宇宙中万事万物运动变化范式的模拟。循环论体现在所有64卦之中，首先是表示事物对立属性的阴阳二爻，是相互循环转化的；其次是有56卦以自身中点为轴心，做循环运动，相邻成对；第三是其余8卦因六爻阴阳属性相反而两两为双；第四是64卦处于整体大循环之中①。《易传·系辞下》中所说的："日往则月来，月往则日来，日月相推而明生焉；寒往则暑来，暑往则寒来，寒暑相推而岁成焉。"②正是对昼夜和寒暑循环往复的阐发。《吕氏春秋·圜道篇》将《周易》中阐发的循环论概括为圜道观，并对天体的运动变化，生物的生长化收藏，社会上政令运作循环往复的运动，作了全面系统地阐述。此后循环论或圜道观就成为影响深远的传统思维方式。贾思勰作为农学家，运用循环论或圜道观的思维模式，对农业生产中的许多周期性的变化做了细致地观察和探索，推进了作物循环，耕作循环，用养循环和物能循环。

在作物循环(作物轮作)方面，贾思勰在《齐民要术》中引用了《氾胜之书》中"田有六道，麦为首种"的话，也就是说，在农田之中有六种作物参与循环种植之道，在这六种作物之中，只有"麦"是秋种夏收的，所以称它为"首种"的作物。按照贾思勰对各种作物适宜前作(底)的研究结果，后魏时代的作物

① 刘长林，《中国系统思维》，中国社会科学出版社，1990年版，第16～18页。
② 《易传·系辞下》。

轮作(作物循环)大体上有以下各种轮作复种方式:

(一)麦——豆——谷(黍穄)

(二)绿豆(小豆、瓜、麻、黍、胡麻、芜菁或大豆)——黍穄(小豆或瓜)

(三)大豆(或谷)—黍穄—谷(瓜或麦)

(四)小豆—麻—谷

(五)麦(或谷)—小豆—谷(麻或瓜)

(六)小豆(晚谷或黍)—瓜—谷

(七)黍—麦—大豆(小豆、蔓菁或胡荽)

(八)蔓菁(大小麦)—蔓菁—谷

(九)麦—胡荽

实行作物的合理轮作,对消灭杂草,防治病虫害,提高产量都有重要意义。正像贾思勰所说的:"谷田必须岁易",否则连作时,就会"莠多而收薄"(杂草多,产量低);"麻,欲得良田,不用故墟",否则连作时,就会有"点叶夭折之患"(病虫害严重);"稻,无所缘,惟岁易为良",否则连作时,就会"草稗俱生,芟亦不死"(杂草很难清除)。

在耕作循环(土壤轮耕)方面,贾思勰总结了和"麦豆秋杂(谷黍稷)"轮作复种二年三熟制相适应的土壤轮耕制。贾思勰在《齐民要术》"种谷"和"种大小麦"中,总结了土壤翻耕的经验;但在"大豆"篇中,贾思勰却提出:"地不求熟(秋锋之地即稿种,地过熟者,苗茂而实少)"的要求。他所说的"稿种"法,据《广韵》的解释是:"不耕而种曰稿",也就是免耕播种的方法。因此,其轮作和轮耕的方式,可用下式表示:

{ 作物轮作方式:小麦——大豆——秋杂(谷黍稷)
{ 土壤轮耕方式:翻耕——免耕——翻耕(翻耕与免耕结合)

从上列作物轮作和土壤轮耕方式中可以看出，由于不同作物的遗传特性（物性）不同，在土壤耕作上也要相应地采用不同的耕作方法。由于大豆对土壤的要求是："地不求熟"，所以可以采用免耕播种的方法。如果对大豆也采用翻耕的方法，就会导致"地过熟者，苗茂而实少"的恶果①，也就是贪青徒长，茎叶繁茂而结实很少的结果。这是贾思勰在精心研究各种作物遗传特性的基础上，所采取的耕作循环的对应措施。所谓耕作循环或土壤轮耕，在这里指的是翻耕和免耕的结合，耕与不耕的结合。这也是在循环论或圜道观的启示下所采取的因作物特性的不同而采取的变通方法。

在用养循环（用养结合）方面，贾思勰总结了在土地连种的情况下，实现用地和养地循环往复的方法。归纳起来，主要有以下三种方法：

（一）豆谷轮作：贾思勰对多种作物前后作关系的研究和探索表明：豆类作物是谷类作物的良好前作，如大豆、小豆（底）是大小麦、谷、黍、稷等多种谷类作物的良好前作。豆类作物之所以成为谷类作物的良好前作，用氾胜之和贾思勰的话来说，就是"豆有膏"，而"膏"则是油润的意思，也可作肥沃来理解。豆茬之所以能成为谷类作物的肥茬，用现代科学来解释，是因为豆类作物的根瘤菌能固定空气中的游离氮素，丰富土壤中的氮素营养，而谷类作物又是需要氮素较多的作物，因此，豆茬成为谷类作物的良好前茬。反过来说，谷类作物则是豆类作物的良好前作。如大小豆的良好前茬是谷和麦。由于谷和麦都是适于密植的作物，加上多次中耕除草，谷类作物

① 《齐民要术·大豆篇》。

前茬杂草较少,适于豆类作物的生长发育。因此,豆类作物和谷类作物循环种植,用地作物(谷类作物)和养地作物(豆类作物)的合理轮作,则是用养循环或用养结合的重要体现之一。

(二)粮肥轮作:粮食作物和绿肥作物的循环种植或合理轮作,是贾思勰在《齐民要术》中总结的用养循环或用养结合的重要方式之二。利用土地种植粮食作物,当然是用地的主要方式,而利用土地种植绿肥,则是养地的重要途径。正像贾思勰在《齐民要术·耕田篇》中所说的:"美田之法,绿豆为上,小豆、胡麻次之,悉皆五六月中穊种,七月、八月犁掩杀之,为春谷田则亩收十石,其美与蚕矢熟粪同。"贾思勰将粮肥轮作称作"美田之法",并说:"其美与蚕矢熟粪同。"①认为用翻压绿肥的地种春谷,可以获得"亩产十石"的高额产量。

(三)多粪肥田:种地是用地的过程,而施肥则是养地的过程,用地是养地的目的,养地是用地的基础。用地和养地是辩证统一的关系。因此,在用地的同时,给土地增施粪肥,是实现用养循环或用养结合的重要途径。

在物能循环方面,贾思勰总结了扩大植物生产,发展动物生产,重视土壤培肥的全面系统的经验。农业生产的实质是能量生产,是将太阳光能变为化学潜能的生产。这个生产首先是由植物生产来实现的。绿色植物通过光合作用把太阳光能变为化学潜能,生产出有机物,其中包括粮食的子粒和茎秆、秸棵、糠麸等物,和蔬菜、棉花、水果、木材等,这是第一性生产。人们将能够利用的粮食、棉花、蔬菜、水果等物拿去做衣食之用消费了。这些物质只占有机物的百分之二十,其余

① 《齐民要术·耕田篇》。

的有机物，包括茎秆、糠麸等物占整个有机物的百分之八十。只有利用这些剩余的有机物去发展动物生产，才能将这些有机物转化为肉、乳、蛋、皮、毛等动物产品丰富人们的物质生活。人们只有将植物生产和动物生产的废弃物，包括枯枝落叶、动物残骸、人畜粪便等，返还土壤，培肥地力，才能使这些有机废物再转化为植物生产的营养物质。这就是我们在这里所说的“物能循环”。贾思勰在当时虽然还不可能明确地认识到“物能循环”的道理，但是，他在《齐民要术》中确实是全面系统的总结了植物生产、动物生产和土壤培肥的经验，这是循环论或圜道观给他的启示。

在扩大植物生产方面，贾思勰总结了在土地连续利用的基础上，扩大植物生产的经验。这就是：轮作复种，间作套种。在轮作复种方面，贾思勰总结了麦—豆—秋杂（谷黍稷）轮作复种的二年三熟制的经验，从而将土地利用率提高到百分之一百五十，光能利用率也有相应地提高。在间作套种方面，贾思勰在《齐民要术》中所总结的间作套种的方式有：桑间种植禾豆（绿豆、小豆），桑间种植芜菁，麻子间作芜菁，大豆与谷子间作，葱与胡荽间作等多种形式。正像贾思勰在《齐民要术·种桑柘篇》中所说的：实行间作套种，是“不失地利，田又调熟”的措施；并且认为，桑间种植小绿豆，是“二豆良美，润泽益桑”的合理组合。推行轮作复种，间作套种，是在时间上和空间上充分利用地力和光能，增加有机物生产的有效措施。

在发展动物生产方面，贾思勰主张充分利用农副产品养猪、鸡、鸭、鹅。他在《齐民要术·养猪篇》中说：猪“春夏中生，随时放牧；糟糠之属，当日别与。八九十月，放而不饲。所有糟糠，则留待穷冬春初。”这是放牧和舍饲相结合的养猪方法，在春夏秋季有野生青草的时候,采用放牧的方法;在穷冬春初,采用舍饲的方法,以糟糠舍饲。但是,对初产幼猪,则"宜煮谷饲之"。他在《齐民要术·养鸡篇》中说:鸡"常多收秕、稗、胡豆之类以养之"。他在《齐民要术·养鹅鸭篇》中说:"鹅鸭……常足五谷饲之,生子多;不足者,生子少。"又说:"鹅,惟食五谷、稗子及草菜,不食生虫……鸭,靡不食矣,水稗实成时,尤是所便。"除了利用农副产品饲养畜禽以外,贾思勰还提倡种植青贮饲料。他在《齐民要术·养羊篇》中说:"羊,一千口者,三四月中,种大豆一顷,杂谷并草留之,不须锄治,八九月中,刈作青茭。"这里所说的"青茭"就是青贮饲料。

在重视土壤培肥方面,贾思勰在《齐民要术》中反复强调土壤培肥的重要。在《耕田篇》中提出了"美田之法",也就是绿肥轮作的方法。在《种谷篇》中引用《氾胜之书》"区田,以粪气为美,非必须良田也"的话。在《大豆篇》中说:"区种大豆……其坎成,取美粪一升,合坎中土搅和。"在《种麻篇》中说:"地薄者,粪之,粪宜熟。"在《种麻子篇》中说:"树高一尺,以蚕矢粪之,无蚕矢,以溷中熟粪粪之亦善。"在《水稻篇》中则引《礼记·月令》云:"季夏,大雨时行,乃烧薙行水,利以杀草,如以热汤,可以粪田畴,可以美土疆"句,意在提倡利用野生绿肥粪田。在《种瓜篇》中说:"区种瓜……以粪五升覆之。"在《种瓠篇》中说:"区,种四实,蚕矢一斗,与土粪合。"在《种葵篇》中说:"地不厌良,故墟弥善,薄即粪之……春必畦种水浇……深掘,以熟粪对半和土覆其上,令厚一寸……下葵子,又以熟粪和土覆其上,令厚一寸余。"在《蔓菁篇》中说:"种不求多,唯须良地,故墟新粪坏墙垣乃佳(若无故墟粪者,以灰为粪,令厚一寸)。"在《种韭篇》中说:"治畦、下水、粪覆,悉与葵同。"如此等等,可见贾思勰对培肥土壤的高度重视。贾思勰之所以如此重视土壤培肥,是因为它是“物能循环”中的重要环节之一。在植物生产中,光热气和土肥水几大要素是同等重要的,光热气,来源于天,是取之不尽,用之不竭的,只要采取轮作复种,间作套种,多熟种植等措施,充分有效的利用就可以了。然而土肥水等几大要素,在自然界中却是极其有限的,特别是植物生产中特别需要的碳、氧、氮、磷、钾等营养元素,是很有限的。如果不将构成植物有机体的残留物或动物的排泄物,归还土壤,使其在土壤微生物的作用下分解为植物可以吸收利用的无机盐,那么,植物生产就会由于缺少这些营养元素而中断,也就是物能循环将中止。

按照现代农业生态系统的理论,植物生产是第一性生产,它的任务是把太阳光能变成贮藏在绿色植物中的化学潜能,它处于“生产者”的地位;动物生产是第二性生产,它的任务是利用农副产品或植物产品生产肉、乳、蛋、皮、毛等产品,对植物产品或能量转移来说,动物生产处于“消费者”的地位。而对于归还给土壤的植物生产的残留物或动物的排泄物来说,土壤微生物则处于“分解者”的地位。生产者(植物)、消费者(动物)、分解者(微生物)这三者,构成了农业生态系统的整体,只有这三者齐备,物能循环才能顺利进行①。贾思勰虽然在当时还不可能具有现代农业生态系统的观念,但是,他却在农业生产实践中,深刻地体验到植物生产、动物生

① 郭文韬,《中国耕作制度史研究》,河海大学出版社,1994 年第 362～363 页。

产、土壤培肥之间极为密切的关系。因此，他才在《齐民要术》中，对植物生产、动物生产和土壤培肥都作了深入细致地论述。

贾思勰在总结农业经验时，极力推崇尚中思想。所谓尚中思想，也就是儒家的“执其两端而用其中”的思想。贾思勰在《齐民要术》《大小麦》、《种谷》、《种葵》、《种榆白杨》等篇中都有尚中思想的流露。他的尚中思想归纳起来主要有三种表现方式：其一是中作或中为。也就是可以作，可以为之意。例如《大小麦》中在谈到“劁麦”(一种割倒麦子，薄铺于地面，顺风放火，火着之后，随即用扫帚扑灭的方法)的好处和局限性时说：“如此者，夏虫不生焉，惟种作麦饭及面用耳！”也就是说，“劁麦”的好处是夏天不生虫子，但是，劁过的麦子，只适于做麦饭和面用，有其局限性。贾思勰在《种葵》中又说：“附地剪春葵……仍供常食，美于秋菜。”但是，不剪“留之亦中为榜簇”。也就是说，贴地面剪春葵菜，供人常食，优于秋葵菜。留下的干葵茎也可作为晾干葵的支架(榜簇)。总之，“中作”和“中为”，都是可作，可为之意。其二是不中。也就是不可以之意。贾思勰在《种谷》中说：“春若遇旱，秋耕之地，得仰垄待雨”但是“春耕者，不中也”。在《胡麻》中说：“虑浥者，不中为种子，然于油无损也。”胡麻收获后，在堆积中如潮湿悒郁，其子实就不宜再作种子，但是，用于榨油则没有损失。在《大小麦》中又说：“小麦忌戌，大麦忌子，除日不中种。”小麦忌讳戌日，大麦忌讳子日，在日建逢除的日子，都不可以种。在《种葵》中说：“其不剪早生者，虽高数尺，柯叶坚硬，全不中食。”不剪的葵菜，虽然可茎高数尺，但是，由于茎叶坚硬，全都不能食用。其三是“得中”。就是排除了“太过”和“不及”这两个极端之后,而取得“中点”。这个“中点”也就是最佳点。贾思勰在《种榆白杨》中说:“先耕地作垄,然后散榆荚”,因为“垄者好看,料理又易,五寸一荚,稀概得中”。种榆和白杨,以垄作为好,因为垄作就可条播,再加上“五寸一荚”,就能实现纵横成行,稀密合理的目标。这就叫作“稀概得中”达到了最佳状态。由此可见,贾思勰在总结农业技术经验时,是极力推崇“尚中思想”的。他在“中”与“不中”中,极力追求“得中”。

第二节 农业经济思想

一、农本与求利

《齐民要术》一书有明确的农本思想,同时又有鲜明的求利精神,这两者都是贾思勰的思想吗?如果都是贾思勰的思想,那么,这两者之间的关系又怎样呢?

首先,《齐民要术》有明确的农本思想。农本思想就是以农业作为国家治理的基础,尽量增加农业生产,控制和限制工商业发展的主张。贾思勰在序言中说:“盖神农为耒耜,以利天下;尧命四子,敬授民时;舜命后稷,食为政首;禹制土田,万国作乂;殷周之盛,诗书所述,要在安民,富而教之。”这里“神农为耒耜”,“敬授民时”,“食为政首”,“禹制土田”等都是在强调农业生产的重要性,表彰先贤以农业为基础治理国家的业绩。“一农不耕,民有饥者;一女不织,民有寒者”。社会中的成员,都应尽可能的从事农业生产。“仓廪实,知礼节;衣食足,知荣辱”。只有在丰衣足食的基础上,才能建立高度的社会精神文明。

“晁错曰:‘圣王在上,而民不冻不饥者,非能耕而食之,织而衣之，为开其资财之道也……夫寒之于衣，不待轻暖；饥之于食，不待甘旨。饥寒至身，不顾廉耻。一日不再食则饥，终岁不制衣则寒。夫腹饥不得食，体寒不得衣，慈母不能保其子，君亦安能以有民……夫珠、玉、金、银，饥不可食，寒不可衣。粟、米、布、帛……一日不得而饥寒至。是故明君贵五谷而贱金玉。'刘陶曰：'民可百年无货，不可一朝有饥，故食为至急。'陈思王曰：'寒者不贪尺玉而思短褐，饥者不愿千金而美一食。千金、尺玉至贵，而不若一食、短褐之恶者，物时有所急也。'诚哉言乎！"这里虽然主要是引用晁错等人的观点，但贾思勰显然是同意和赞赏这些说法的。表明贾思勰主张，农业生产的重点在于粮食生产，在于解决人民的温饱问题；农业生产不应以逐利为依归，而应以温饱为目标。"舍本逐末，贤哲所非，日富岁贫，饥寒之渐，故商贾之事，阙而不录。"①明确表达了重视农业，歧视工商业的思想。《齐民要术》无疑具有典型的农本思想。

除有农本思想之外，《齐民要术》还有鲜明的求利精神。《杂说第三十》、《货殖第六十二》、以及种葵、芜菁、胡荽、种桑柘、种榆白杨、种棠、种谷楮、种槐柳楸梓梧柞、种红蓝花及栀子、种蓝等篇章有具体的表现。《杂说第三十》引崔寔《四民月令》说：二月"可粜粟、黍、大小豆、麻、麦子等。收薪炭"。三月"可粜黍。买布"。四月"可籴麺及大麦。收弊絮"。五月"可粜大、小豆、胡麻。籴穬、大、小麦。收弊絮及布帛。至后粜麸䴵"。六月"命女工织缣帛。可烧灰，染青、绀杂色"。七月"粜大、小豆。籴麦。收缣练"。八月"粜种麦。籴黍"。十月"卖

① 此段和上一段的引文皆见《齐民要术》作者序言。

缣帛、弊絮。籴粟、大小豆、麻子”。十一月“籴杭稻、粟米、小豆、麻子”。这里有大量的关于农产品买卖的资料，这些农产品买卖活动是以赢利为目的的，各月买进卖出的安排是从有利于获取尽可能多的回报考虑的。“凡籴五谷、菜子，皆须初熟日籴，将种时粜，收利必倍。凡冬籴豆、谷，至夏秋初雨潦之时粜之，价亦倍矣。盖自然之数”。值得注意的是，这段话不是对“经传”资料的引用，而是贾思勰自己的发挥和总结。因此，这种“初熟日籴，将种时粜”，囤积居奇的买卖活动，生动地体现了贾思勰的求利精神。贾思勰不仅写了商贾之事，而且还讨论了“商贾经”。除此之外，《杂说第三十》还引用了《师旷占》、《越绝书》、《盐铁论》、《物理论》、《史记·天官书》预测生产年成，谷物贵贱的资料。显然，这些资料是为经营农产品，谋利致富服务的。

《齐民要术》有《货殖第六十二》一篇。“货”是有价值的物件，包括实在物质的“货物”与代表价值的“货币”，“殖”是增大增多。货殖两字连用，是说有价值的物件的增多，即财富的累积①。因此《货殖》一篇的基本内容都是讨论如何发财致富的问题。在贾思勰看来，致富的途径非常多样，如可以牧马、养牛、养羊、养鱼，可以种枣、种栗、种橘、种楸、种漆、种竹，可以栽桑种麻，种栀、茜，种姜、韭等，可以酤酒贩醋，可以从事五谷、车船、木材、布帛、水果、皮革、猪、牛、羊、铜器、铁器、筋、角、丹砂等产品的买卖。在这里，贾氏对于工商业生产等所谓“末作”没有丝毫否定鄙视之意，相反却有欣赏推崇之嫌。在贾氏的眼里，这些通过各种途径致富的人，“皆与千户侯等”。

① 石声汉《齐民要术今释》，科学出版社，1958 年第 433 页。

这里通篇对“货殖”的讨论，集中体现了贾思勰的求利精神。

《齐民要术》的求利精神并不是仅体现在《杂说第三十》和《货殖第六十二》之中，而是还贯穿在其他的许多篇章中。《种葵篇》说：“近州郡都邑有市之处，负郭良田三十亩，九月收菜后即耕，至十月半，令得三遍……十月末，地将冻，漫散子，惟概为佳……三月初，叶大如钱，逐概处拔大者卖之。一升葵，还得一升米。日日常拔，看稀稠得所乃止。有草拔却，不得用锄。一亩得葵三载，合收米九十车。车准二十斛，为米一千八百石。自四月八日以后，日日剪卖……至八月社日止，留作秋菜。九月，指地卖，两亩得绢一匹。收讫，即急耕，依去年法，胜作十顷谷田。”这种近州郡都邑有市之处，“日日剪卖”，“指地卖”，年复一年进行的大面积蔬菜生产，显然不是为了家庭消费，也不是主要为了家庭消费，而是为了市场，为了逐利。《蔓菁篇》说：“近市良田一顷，七月初种之。拟卖者，纯种“九英。”一顷取叶三十载。正月、二月，卖作釀菹，三载得一奴。收根依畤法，一顷收三百载。二十载得一婢。一顷收子二百石，输与压油家，三量成米，此为收粟米六百石，亦胜谷田十顷。”《种榆篇》：“地须近市(卖柴、荚、叶，省功也。)梜榆、刺榆、凡榆：三种色，别种之，勿令和杂(梜榆，荚、叶味苦；凡榆，荚味甘，甘者春时将煮卖，是以须别也)……三年春，可将荚、叶卖之。五年之后，便堪作椽。不梜者，即可斫卖(一根十文)。梜者镟作独乐及盏(一个三文)。十年之后，魁、碗、瓶、榼，器皿，无所不任(一碗七文，一魁二十，瓶、榼各直一百文也)。十五年后，中为车毂及蒲桃瓨(瓨一口，直三百。车毂一具，直绢三匹)。其岁岁料简剥治之功，指柴雇人——十束雇一人——无业之人，争来就作。卖柴之利，已自无赀(岁也万束，一束三文，则三十贯；荚叶在外也）；况诸器物，其利十倍（于柴十倍，岁收三十万）。斫后复生，不劳更种，所谓一劳永逸。能种一顷，岁收千匹。惟须一人守护、指挥、处分，既无牛、犁、种子、人功之费，不虑水、旱、风、虫之灾，比之谷田，劳逸万倍。”①体现贾氏是一个精明的农业经营者。除此之外，种白杨、种谷楮、种红蓝花、种薤、种胡荽、种柘、种杨柳、种楸、种蓝等，无不体现出对赢利的追逐。这样看来，贾思勰要教给人们的不仅是生产技术，而且还有逐利技术。

《养羊篇》载有“凡驴马牛羊收犊子、驹、羔法”：“常于市上伺候，见含重垂欲生者，辄买取。驹、犊一百五十日，羊羔六十日，皆能自活，不复藉乳。乳母好，堪为种产者，因留之以为种，恶者还卖，不失本价，坐赢驹犊。还更买怀孕者。一岁之中，牛马驴得两番，羊得四倍。”这种到市场上收买农民将产仔的母畜，坐收羔、驹、犊的办法，在现实大概是有效的，不失为取利的方法，但却是不道德的，是对贫苦农民的巧取和掠夺。贾思勰把这样的方法推荐给读者，不仅生动地表明了他的求利精神，而且表明其对利益的追求几乎到了不择手段的地步。

贾思勰有农本思想，同时也有求利精神。农本和求利显然是有矛盾的。序言中明确表示“商贾之事，阙而不录”，但后面的内容中却有大量的商贾之事。同一部著作怎么会存在相互矛盾的思想呢？序言和正文能够协调一致吗？李长年先生说：“序文和正文部分的精神不相符合，其所以如此的，或许有两种可能：一是序文在早期写作，商贾买卖的资料在后期补入的，在补充资料过程中，却又疏忽了修正序文的工作，再不然，

① 《齐民要术·种榆、白杨》。

商贾买卖资料是由后人补入的，后人为保存要术的本来面目，对序文未加修改。"[①]我们对此不能同意。

序言说："今采捃经传……凡九十二篇，束为十卷。卷首皆有目录，于文虽烦，寻览差易。""卷首皆有目录"，或者各卷的内容是在写之前就深思熟虑计划好的，如果是这样，各卷写好后就不会有大量的补充；或者目录是在各卷的内容写好之后重新整理时加进去的。从全书来说，"凡九十二篇，束为十卷"，则或者表明全书是计划周详，深思熟虑的；或者表明《齐民要术》写成后，贾思勰对全书作了整理，序言是在整理全书的时候写的或修改过的。不管是哪一种情况，全书都是一个有机的整体，序言和正文是统一的。如果说"序文是在早期写作，商贾买卖的资料在后期补入"，则贾思勰在补入这些资料后是修改过序言的。理由很简单，集中体现求利精神的《货殖第六十二》占整整一篇的篇幅，如果这篇资料是后期补入的，而补入后又没有修改序文，则全书应为九十一篇。今序文明说九十二篇，并且卷七目录中也有《货殖篇》，则要么《货殖篇》是原来就有的，不是后补入的，要么补入后，修改过序言。再者，商贾资料和求利活动并不是仅仅出现在后十卷的内容中，而是在序言中也有。例如序言中说："猗顿，鲁穷士，闻陶朱公富，问术焉。告之曰：'欲速富，畜五牸'。乃畜牛羊，子息万计。"又说："颜斐为京兆，乃令整阡陌，树桑果；又课以闲月取材，使得转相教匠作车；又课民无牛者，令畜猪，投贵时卖，以买牛。"同样的理由，可作为说明这些商贾资料不是后人补入的根据。并且，体现求利精神的并不只是《货殖》一篇，而是体

① 李长年，《齐民要术研究》，农业出版社，1959年第24页。

现在如前所述的许多篇目之中，要说这许多内容都是后人加入的，而“后人为保存要术的本来面目，对序文未加修改”是不可思议的。这些内容在北宋崇文院刻本中就有，此后就一直以这种面目出现，它被后人加入的机会并不多。这些内容在用语习惯，行文风格等方面，与其他内容相一致，与其他内容的衔接方面也没有生硬的地方，因此不能认为是后人加入的。

缪启愉先生认为，有关农产品买卖逐利的内容是《齐民要术》原来有的，序言中“商贾之事，阙而不录”中的商贾是指脱离生产，专门以经商买卖为业的人，贾思勰反对的是这种脱离生产的买卖活动，对以生产为基础的买卖活动并不反对。因此《齐民要术》的思想是前后一致的①。对此，我们也不能同意。首先，序言中的农本思想，并不是仅仅反对所谓的行商坐贾。农本思想的核心是主张尽量提高农产品产量，反对逐利，所谓“贵五谷而贱金玉”。农本思想中限制工商业发展的主张，其根本原因在于工商业的发展对农业和产量的提高有不利的影响。显然，《齐民要术》中有大量的逐利内容，序言中的农本思想与后面的求利精神是有矛盾的。其次以农业生产为基础的买卖活动和脱离农业生产的买卖活动之间，并没有绝对的界限。例如《杂说第三十》说：“凡籴五谷、菜子，皆须初熟日籴，将种时粜，收利必倍。”初熟日籴显然不是买进自己所生产的谷子等，将种时粜也不是仅仅出卖自己生产的产品，因此这种初熟日籴，将种时粜的买卖活动与坐贾行商的活动并没有区别。《作豉法第七十二》载：“三间屋，得作百石豆。二十

① 缪启愉《齐民要术导读》，巴蜀出版社，1988 年第 31、32 页；《齐民要术校释》第二版，1998 年，农业出版社第 468 页。

石为一聚。常作者,番次相续,恒有热气,春秋冬夏,皆不须穰覆。作少者,惟须冬月乃穰覆豆耳。极少者,犹须十石为一聚;若三五石,不自暖,难得所,故须以十石为率。"这种少则十石,多则百石,番次相续,常年进行的豆豉生产,也有工商末作的嫌疑。所用豆子,恐怕也非豆豉生产者自己所产。不能和农民"自产自销"相提并论。贾思勰确实没有做到"商贾之事,阙而不录"。

我们认为,农本思想和求利精神都是贾思勰的基本思想,《齐民要术》中存在着这两者之间的矛盾,我们对此不能否定,不应回避。在我们看来,《齐民要术》中的这种矛盾是不可避免的,贾思勰官僚知识分子和经营地主的双重身份决定了这种矛盾的存在。

农本思想是我国传统的治国主张。还在西周时代,虢文公就说:"夫民之大事在农,上帝之粢盛于是乎出,民之蕃庶于是乎生,事之供给于是乎在,和协辑睦于是乎兴,财用蕃殖于是乎始,敦庞纯固于是乎成。"①高度重视农业在社会和国家中的作用。重农的核心在于贵粟,在于增加粮食生产。"民事农则田垦,田垦则粟多,粟多则国富,国富者兵强,兵强者战胜,战胜者地广。是以先王知众民、强兵、广地、富国之必生于粟也"。"粟也者,民之所归也;粟也者,财之所归也;粟也者,地之所归也"②。

人类社会"待农而食之,虞而出之,工而成之,商而通之"。四者缺一不可。"农不出则乏其食,工不出而乏其事,商不出

① 《国语·周语上》。
② 《管子·治国》。

则三宝绝，虞不出则财匮少”①。但农业和工商业之间是有矛盾的。“农之用力最苦，而赢利少，不如商贾技巧之人”②。“今为末作奇巧者，一日作而五日食。农夫终岁之作，不足以自食也”③。在现实利益的诱导下，工商业生产的发展影响农民的生产积极性，有使农民脱离农业转营工商业的危险。因此，我国传统的统治者总是采取重农抑商的政策，在舆论上贬损工商业者，在经济上剥夺工商业者，在政治上歧视工商业者，以限制工商业的发展。

在我国传统社会中，农本思想是一种重要的统治思想，是一种统治策略。“夫富国多粟生于农，故先王贵之。凡为国之急者，必先禁末作文巧”④。“古先圣王之所以导其民者，先务于农。民农非徒为地利也，贵其志也。民农则朴，朴则易用，易用则边境安，主位尊……民舍本而事末则其产约，其产约则轻迁徙，轻迁徙则国家有患，皆有远志，无有居心。民舍本而事末则好智，好智则多诈，多诈则巧法令，以是为非，以非为是”⑤。农本思想集中体现了统治者的利益和需要。

我国传统的知识分子以修身、齐家、治国、平天下为己任，为人生目标。他们以“学好文武艺，货卖帝王家”作为自己实现目标的途径。他们的思想和观念在很大程度上是为统治者的利益和需要服务的。贾思勰作为传统的知识分子，并且作过太守，他具有农本思想不仅是正常的，而且是必然的。在阶

① 《史记·货殖列传》。
② 《商君书·外内》。
③ 《管子·治国》。
④ 《管子·治国》。
⑤ 《吕氏春秋·上农》。

级社会中,统治阶级在经济和政治上的统治地位,决定其意识形态成为当时社会占统治地位的意识形态。社会中的一般成员,其观念都要打上农本思想的烙印,而何况贾思勰呢?

"富者,人之情性,所不学而俱欲者也"①。"夫凡人之情,见利莫能勿就,见害莫能勿避"②。"民之从利也,如水之走下,于四方无择也"③。人都有致富的愿望。从个人来说,他总是会趋利避害。家庭是社会的细胞。在传统社会中,家庭既是基本的组织单位,也是基本的生产单位和经济单位。为了家庭的温饱和富裕,家庭的生产活动必然要考虑投入产出等经济效益问题。从家庭和个人的角度考察,要人们在生产活动中不计效益,忽视利益问题,是不可思议的。

在我国长期人多地少的情况下,温饱不容易。为了解决温饱,我国的农民们高度重视农业特别是粮食生产。从这个意义上讲,我国统治者提倡农本思想是有一定的群众基础的。但正如荀子所说:"虽尧舜不能去民之欲利。"④我国人民在生产活动中是有良好的经营头脑和经济常识的。从个体的角度考察,我国人民的生产活动是具有求利精神的。

贾思勰除了是一个官僚知识分子之外,他还是一个地主,经营着大片的土地。作为地主,他当然要考虑土地的投入产出,考虑土地的经营效果。也即作为地主的贾思勰与作为官僚知识分子的贾思勰不同,作为经营地主的贾思勰是具有求

① 《史记·货殖列传》。
② 《管子·禁藏》。
③ 《管子·形势解》。
④ 《荀子·大略》。

利精神的。对《齐民要术》的进一步考察表明，在《齐民要术》中，当它从宏观角度出发考虑社会治理时，表现出农本思想；当它从个别或局部出发讨论农业经营时，表现出求利精神。

综上所述，作为官僚知识分子的贾思勰具有农本思想；作为经营地主的贾思勰具有求利精神。农本思想和求利精神都是贾思勰的基本思想。它们看起来相互矛盾，但事实上并不构成实质性的矛盾。因为，农本思想是从国家治理的宏观角度考虑的，求利精神是从"齐民"经营的个体角度出发的。农本思想和求利精神是一种互补的关系，共同构成了贾思勰的农业经营思想。

二、农林牧综合经营

我国早在春秋战国时代，就有了农林牧畜多种农业经营方式。如《周礼·天官·大宰》的职文中就有："以九职任万民"之说，在九职之中的前四职是："一曰三农生九谷；二曰园圃毓草木；三曰虞衡作山泽之材；四曰薮牧养蕃鸟兽。"[①]《周礼·地官·大司徒》的职文中有："颁职事十有二于邦国都鄙，使以登万民"之说，其中的前四职是："一曰稼穑；二曰树艺；三曰作材；四曰阜蕃。"[②]郑注云："稼穑，谓三农生九谷也；树艺，谓园圃毓草木；作材，谓虞衡作山泽之材；阜蕃，谓薮牧养蕃鸟兽。"《周礼·地官·闾师》的职文中有："凡任民：任农以耕事，贡九谷；任圃以树事，贡草木……任牧以畜事，贡鸟兽；任嫔以女事，贡布帛；任衡以山事，贡其物；任虞以泽事，贡其物。凡无职者，出夫布。凡庶民，不畜者，祭无牲；不耕者，祭无盛；不

① 《周礼·天官·大宰》。
② 《周礼·地官·大司徒》。

树者，无椁；不蚕者，不帛；不绩者，不衰。”[①]间接地表达了多种经营方式的存在。《孟子·梁惠王上》中说：“五亩之宅，树之以桑，五十者可以衣帛矣。鸡豚狗彘之畜，无失其时，七十者可以食肉矣。百亩之田，勿夺其时，数口之家可以无饥矣。”[②]可见，孟子所向往的小农经济，也是耕、桑、树、畜多种经营的。《管子·山权数》中说：“民之能明于农事者，置之黄金一斤，直食八石；民之能蕃育六畜者，置之黄金一斤，直食八石；民之能树艺者，置之黄金一斤，直食八石；民之能树瓜瓠荤菜百果蕃裕者，置之黄金一斤，直食八石……谨听其言而藏之官，使师旅之事无所与，此国策之大者也。”[③]管子建议齐桓公要给予精通农林牧的能手以重金的奖励，以促进多种经济的发展。春秋战国时期，既有奖励多种经营的措施，又有惩罚不耕、不树、不畜、不蚕、不绩的办法。汉代继承了春秋战国时期耕、桑、树、畜多种经营的优良传统，也倡导耕、桑、树、畜的多种经营。正像《汉书·食货志》中所说的：“种谷必杂五种，以备灾害。田中不得有树，用妨五谷。力耕数耘，收获如寇盗之至。环庐树桑，菜茹有畦，瓜瓠果蓏殖于疆场，鸡豚狗彘毋失其时，女修蚕织，则五十可以衣帛，七十可以食肉。”[④]到了后魏时期，贾思勰则是第一位农学家将耕、桑、树、畜多种经营写进他的《齐民要术》一书的。《齐民要术》共十卷，其中卷一和卷二，以粮食作物为主；卷三是蔬菜；卷四是果树；卷五是桑柘

① 《周礼·地官·闾师》。
② 《孟子·梁惠王上》。
③ 《管子·山权数》。
④ 《汉书·食货志》。

和材木；卷六是畜牧和兽医附养鱼；卷七、八、九是酿造和烹调；卷十是农作物以外有用的植物，多数是岭南的植物。贾思勰不仅在《齐民要术》的篇章结构上勾勒出耕、桑、树、畜多种经营的构思，而且在《齐民要术》中，还论述了多种经营的重要意义。他在《齐民要术·序》中就曾经指出："稼穑不修，桑果不茂，畜产不肥，鞭之可也。"并且引用谚语说："谚曰：一年之计，莫如种谷；十年之计，莫如树木。"他在《种谷篇》中引用《淮南子·主术训》中的话告诫统治者："上因天时，下尽地利，中用人力，是以群生遂长，五谷蕃殖，教民养育六畜，以时种树，务修田畴，滋殖桑麻，肥硗高下，各因其宜，邱陵阪险不生五谷者，以树竹木，春伐枯槁，夏取果蓏，秋蓄蔬食，冬伐薪蒸以为民资，是故生无乏用，死无转尸。"[①]他还引用《汉书·食货志》中提倡耕、桑、树、畜多种经营思想，来强调多种经营的重要。

三、人生在勤，勤则不匮

贾思勰在经济思想上还极力提倡"勤"和"俭"，认为"人生在勤，勤则不匮"，又说："力能胜贫，谨能胜祸，盖言勤力可以不贫，谨身可以避祸。"他以"李悝为魏文侯作尽地利之教，国以富强；秦孝公用商君，急耕战之赏，倾夺邻国而雄诸侯"作为例证来说明勤于尽地利，急于耕战的统治者，才能够使国家富强，并雄据诸侯统一六国。贾思勰说："自天子以下至于庶人，四肢不勤，思虑不用，而事治求赡者，未之闻也！"上至天子，下至庶人，四肢不勤，思虑不用，要想办好事情，求得富足，是从来没有听说过的。"故田者不强，囷仓不盈；将相不强，功烈不成。"种田的人不勤于耕作，他的仓廪就不可能充实；作为一国

① 《淮南子·主术训》。

的将相，若是不勤于工作，就不能成就功名。“仲长统曰：天为之时，而我不农，谷亦不可得而取之。青春至焉，时雨降焉，始之耕田，终之甫簋，惰者釜之，勤者钟之。”仲长统说，大自然给我们提供了农时，然而我却不努力去从事农业，你就收获不到粮食。春天到了，时雨下了，只有及时耕种的人，才能将丰盛的食物盛在食器之中。懒惰的人一亩地只能收获六斗四升(釜)，勤劳的人一亩地却能收获六石四斗(钟)。若是不勤劳，还能有得吃么[①]？

贾思勰还极力提倡节俭，他认为召信臣是个好官，因为他不仅为民兴利，还提倡节俭。在“民得其利，蓄积有余”的情况下，他禁止群众在办红白喜事时铺张浪费，努力俭省节约。贾思勰认为：“财货之生既艰难矣，用之又无节”是不对的。他认为：“饥者有过甚之愿，渴者有兼量之情。既饱而后轻食，既暖而后轻衣”的陋习。“或由年丰而忽于蓄积，或由布帛优赡而轻于施与，穷窘之来所由有渐。故管子曰：桀有天下而用不足，汤有七十里而用有余。非独为汤雨菽粟也，盖言用之以节。”

第三节 农业科学思想

贾思勰是我国古代最著名的农学家，他的科学思想为我国的传统农学奠定了坚实的基础。他的科学思想在《齐民要术》中都有所体现。归纳起来，主要有：生态农学思想，精耕细作思想，良种繁育思想，用地养地思想，遗传变异思想等。由

① 本节引文均出自《齐民要术·序》。

于生态农业思想，已在哲学思想中作了研究和探讨，所以在这里将着重研究和探讨其精耕细作，良种繁育，用地养地，遗传变异等思想。

一、精耕细作思想

中国的传统农业向来就有精耕细作的优良传统，早在战国时代，《孟子》中就有“深耕易耨”之说[①]；《庄子》中则提倡：“深耕疾耰”[②]；《韩非子》中则主张：“耕者且深，耨者熟耘”[③]；《吕氏春秋》中则主张：“五耕五耨，必审以尽。”[④]贾思勰继承和发展了精耕细作思想，他在《齐民要术·种谷》中引用《庄子·则阳》中的话说：“长梧封人……曰：昔予为禾，耕而卤莽之，则其实亦卤莽而报予，芸而灭裂之，其实亦灭裂而报予，予来年变齐，深其耕而熟耰之，其禾繁以滋，予终年厌飧。”长梧，地名；封人，守边疆的人，他说，我过去种庄稼，耕地的时候，浅耕粗作，结果我收获的粮食就不多；我在耘田的时候，毛草伤苗，结果我收获的粮食就更少。我来年改变了做法，我深耕细作，仔细耘耨，我的庄稼就长得繁茂滋盛，收获的粮食很多，我一年到头都吃不完。这说明，贾思勰是主张继承早在战国时代就形成的“深耕易耨”的优良传统的；同时，他也认为，应当根据战国、秦汉、魏晋以来生产力和技术水平的提高，发展精耕细作的优良传统。从《齐民要术》所总结的新经验来看，贾思勰主要在以下几方面发展了精耕细作的优良传统：

① 《孟子·梁惠王上》。
② 《庄子·则阳》。
③ 《韩非子·外储说左上》。
④ 《吕氏春秋·任地》。

（一）为农作物的合理轮作奠定了理论和技术基础。贾思勰认为，多数作物需要合理轮作，如“谷田必须岁易”①；“麻欲得良田，不用故墟”②；“稻无所缘，唯岁易为良”③。谷子需要轮作，是因为它在连作时“莠多而收薄”，就是杂草多而产量少；麻，连作时有“点叶夭折之患”，有病虫害严重的患害；水稻连作时，有“草稗俱生，芟亦不死”，就是杂草难于防除。总之，实行合理轮作，是防除杂草，减轻病虫害，提高产量的有效措施。这样就为我国实行农作物的合理轮作奠定了理论基础。

（二）为我国的合理轮作确立了“豆谷轮作”的格局。贾思勰在《齐民要术》中对多种作物的前后作关系作了深入细致地研究。其中所谓“底”就指的是“前作”。他认为总的来看，谷、黍、穄、麻、瓜等作物的“底”，均以绿豆、小豆、大豆等豆类作物为好；反过来说，豆类作物的“底”，又以谷、麦等禾谷类作物为好。这样，就在农作物的合理轮作中确立了豆类作物与谷类作物合理轮作的原则。采用豆谷轮作方式，对加强生物养地作用，是一大推动。因为，豆类作物能利用根瘤菌的固氮作用丰富土壤的氮素营养。虽然当时人们尚未认清根瘤菌的固氮作用，但是，他们在长期的农业生产实践中，已经认识到“豆有膏”（汉《氾胜之书》），而所谓“膏”就已经具有了油润肥沃之意。

（三）创始了绿肥轮作的理论和技术。贾思勰在《齐民要术》中将绿肥轮作称作“美田之法”，也就是培肥土壤的方法。

① 《齐民要术·种谷》。
② 《齐民要术·种麻》。
③ 《齐民要术·水稻》。

他认为：绿肥轮作，“其美与蚕矢、熟粪同”①，也就是说，绿肥的肥效可与蚕屎和腐熟的人畜粪尿的肥效相媲美。他说，用翻压绿肥的地种谷子，可以获得“亩产十石”的高产。实行绿肥轮作，还有“又省功力”的优点。因为，积攒粪肥需要功力，运送粪肥也需功力，而绿肥就地翻压要节省许多功力。贾思勰在《齐民要术》中总结的绿肥轮作方式，已经多达八种。主要有苕草→水稻；绿豆→谷；小豆→谷；胡麻→谷；绿豆→葵；绿豆→葱；绿豆→瓜；小豆→麻。当时的绿肥轮作，主要是用夏闲地复种短期绿肥，五六月种，七八月翻压。贾思勰对绿肥轮作的总结，为我国的绿肥轮作奠定了理论和技术的基础，给我国的生物养地增加了新内容，影响十分深远。

（四）总结了间作套种的新经验。中国早在汉代就创始了间作套种的种植方式，汉《氾胜之书》中就载有“区种瓜”时间作套种薤和小豆的经验。贾思勰则总结了汉魏晋至北朝时期间作套种的新经验，为我国的间作套种奠定了理论和技术的基础。其一是间作套种的目的是“不失地利，田又调熟”。他在《齐民要术》中说：桑间种植的目的是：“不失地利，田又调熟”②，也就是间作套种有利于充分利用地利，又有利于熟化土壤。在桑间种植芜菁时，能产生“其地柔润，有胜耕者”的效果。其二是间作套种的原则是趋利避害，扬长避短。因为，间作套种是两种以上作物种在一起的复合作物群体，所以在间作套种中，必须正确处理作物种间的关系。在正确处理种间关系时，必须遵循“趋利避害，扬长避

① 《齐民要术·耕田》。

② 《齐民要术·种桑柘》。

短”的原则。贾思勰认为，桑间种植小豆绿豆，就能取得“二豆良美，润泽益桑”的效果。这就是“趋利”；反之，如果间作套种的组合不恰当，就会导致不良后果。例如，在大豆地中混种麻子，就会造成“扇地两损，而收并薄”的恶果①。贾思勰在《齐民要术》中总结的间作套种方式，已有五种之多，如桑间种植芜菁，桑间种植禾豆，麻子与芜菁间作，葱与胡荽间作，大豆与谷子间作等。

（五）继承和发展了垄作与平作结合，翻耕和免耕结合的轮耕体系，为北方旱地的抗旱保墒和抗蚀保土奠定了坚实基础。我国北方旱地早在西周至春秋战国时期就普遍采行“畎亩法”，《诗经》中的“我疆我理，南东其亩”②，就是西周时代在井田中实行“畎亩法”的真实写照。及至春秋战国时期，随着井田制的崩溃，畎亩法也就从井田制中分离出来，成为独立存在的实体。由于这一时期“畎亩”是农田土壤的突出特征，所以当时的许多重要文献都把“畎亩”当作农业的代名词来使用，如《国语》就将当时的农民称作“畎亩之人”③；《国语》称牛耕为“畎亩之勤”④；《孟子》称在农田中耕田的人为在“畎亩之中”⑤。西周至春秋战国时期的“畎亩法”，也就是垄作法。正像《国语》韦昭注中所说的“下曰畎，高曰亩。亩，垄也。”《庄子》司马彪疏中说：“垄上曰亩，垄中曰畎”。可见，“畎亩法”就是垄作法。西周至春秋战国时期的垄作法，由于耕具的落后，

① 《齐民要术·大豆》。
② 《诗经·小雅·信南山》。
③ 《国语·周语》。
④ 《国语·晋语》。
⑤ 《孟子·梁惠王上》。

垄作的质量也是粗放的。用《荀子·富国》中的话来说,就是“掩地表亩”式的垄作法。所谓“掩地表亩”,就是无论是人力耦耕,还是畜力犁耕,都不是全面耕起的,而是将耕起的土壤掩埋在邻近的未耕地上而表现出垄形的。到了汉代,由于耕犁的改进,特别是犁壁的发明和使用,耕地质量才有所提高,于是又产生了翻耕法,汉代的翻耕法,耕后只有耱,因此,其整地质量仍然不好。及至魏晋北朝时代,随着铁齿耙的发明,翻耕法才形成了耕后有耙,耙后有耱,耕耙耱三位一体的耕作体系。垄作法才有了耕地作垄,耧耩作垄,犁埒作垄的配套垄作体系。贾思勰是将秦汉以来北方旱地抗旱保墒理论和技术作了全面系统总结的第一人。他不仅总结了垄作法和翻耕法相结合的技术,而且创始了翻耕法和免耕法相结合的技术。《齐民要术》《耕田》《大豆》《小豆》等篇中,都有“稿种法”的记载,所谓“稿种法”也就是“不耕而种”(《广韵》“不耕而种曰稿)的免耕法。《耕田》中说:“若牛力少者,但九月、十月一劳之,至春稿种亦得。”《大豆》中说:“春大豆……地不求熟(秋锋之地,即稿种。地过熟者,苗茂而实少。)”《小豆》中说:“牛力若少,得待春耕,亦得稿种。”将翻耕法和稿种法配合起来使用,就形成了翻耕和免耕的合理配合,这就是合理轮耕制的创始,贾思勰在这方面的建树是功不可没的。从贾思勰对免耕法应用条件的界定来看,有三种情况:其一是“牛力不足”;其二是“秋锋之地”也就是浅耕灭茬之地;其三是大豆等“地不求熟”之作物,都可应用“稿种法”。

(六)免耕和耨耕的结合或加强中耕管理,在精耕细作优良传统中占有重要地位。我国自古以来就有重视中耕作业的优良传统,《诗经》中的“或耘或耔,黍稷嶷嶷”[①];“其博斯赵,以薅荼蓼”[②],说明我国早在西周时代就重视中耕除草。及至春秋战国时期,已经形成了耕耨结合的耕作体系。战国时期有许多文献都是“耕耨”连称,或“耕耰”连称。如《孟子》中的“深耕易耨”[③];《国语》中的“深耕而疾耰”[④];《韩非子》中的“耕者且深,耨者熟耘”[⑤];《吕氏春秋》中的“五耕五耨,必审以尽”等[⑥],都证明此期耕耨结合耕作体系的形成。耕耨结合的耕作体系,对气候变化的季节性和作物生长发育的阶段性,有较强的适应性。从气候变化的季节性来说,北方旱地,春季干旱多风,少动土有利于保墒抗旱,夏季高温多雨,深中耕有利于蓄水保墒。从作物生长发育的阶段性来说,春季处于播种出苗阶段,需要为种子创造“种土相亲”和给禾苗提供“根土相着”的条件;而在夏季作物拔节孕穗阶段,需要为作物创造“不稂不莠”和疏松柔和的土壤条件。耕耨结合的耕作体系,为春旱时期少动土,夏湿时期深松土创造条件。贾思勰继承和发展了耕耨结合的优良传统。全面系统地总结了耕耨结合的新经验。他在《齐民要术》中对中耕管理经验的总结,可归纳如下几点:其一是强调“锄早锄小”。《种谷篇》中说:“苗生如马耳,则簇锄。谚曰:欲得谷,马耳锄。”“凡五谷,唯小锄为良”。因为,“小锄者,非直省工,谷亦倍胜;大锄者,草根繁茂,用工

① 《诗经·小雅·甫田》。
② 《诗经·周颂·良耜》。
③ 《孟子·梁惠王上》。
④ 《国语·齐语》。
⑤ 《韩非子·外储说左上》。
⑥ 《吕氏春秋·任地》。

多而收益少”。其二是“深锄勤锄”。《种谷篇》中说：“苗出垄则深锄，锄不厌数，周而复始，勿以无草而暂停。”因为，“锄者，非止除草，乃地熟而实多，糠薄米息，锄得十遍，便得八米也”。其三是“浅深浅”锄地法。《卷端杂说》中说：“务欲深细。第一遍锄，未可全深；第二遍唯深是求；第三遍较浅于第二遍；第四遍，较浅。”总的要求是深锄细锄，但是，各遍的深度应当不同，最好是采用“浅深浅”锄地法。其四是苗期耙地。《种谷篇》中说：“苗即出垄，每一经雨，白背时，辄以铁齿漏楱纵横耙而劳之。”这是我国文献上首见“苗期耙地”的记载。

总之，贾思勰在科学思想方面，继承和发展了精耕细作的思想，西周至春秋战国时期，精耕细作，主要体现在“深耕易耨”或“深耕疾耰”方面，并且主要采行“畎亩法”(垄作法)；秦汉时期，由于耕犁的改进，犁壁的发明和使用，创始了翻耕法(平作法)，但是，当时只有耕后耱地，耕整地质量还较粗放；魏晋时期，发明了铁齿耙，于是才初步形成了耕后有耙，耙后有耱的耕作体系。北魏时期，贾思勰对翻耕法“耕、耙、耱”三位一体的耕作体系，作了全面系统地总结。对垄作法，耕地作垄、耧耩作垄、犁埒作垄的体系作了全面总结。同时总结了垄平作结合，翻耕和免耕结合，耕耨结合的经验。加上贾思勰又总结了作物合理轮作，豆谷轮作，绿肥轮作，间作套种等新经验，丰富和发展了精耕细作的优良传统，从而使贾思勰精耕细作的思想，具有了许多新的内涵。

二、用地养地思想

贾思勰在用地和养地问题上，是主张充分用地，积极养地，用养结合的。从《齐民要术》的用地和养地体系上看，他的用地体系是由连年用地，轮作复种，间作套种等环节组成的。

它体现了充分用地的精神。一是连年用地。指的是在一般情况下，土地是连年利用，而不休闲的，这同西欧中世纪的“二田制”或“三田制”是不同的。其土地利用率为百分之百，而西欧的“二田制”，其土地利用率仅为百分之五十，“三田制”，其土地利用率为百分之六十六。二是轮作复种，指的是，在一般情况下，实行农作物的合理轮作，并且有部分土地实行复种。我国最迟在春秋战国时期就已创始了轮作复种制，《管子·治国》中的“四种而五获”；《荀子·富国》中的“一岁而再获”就已经是复种制，及至汉代，官府推广冬麦种植，为黄河流域以南地区实行复种创造了良好条件。《氾胜之书》中的“区种麦，禾收区种”就是冬麦和谷子的轮作复种。东汉的经学家郑玄在为《周礼》作注时所说的：“今时谓麦下为夷下麦，言芟刈其禾，于下种麦也。”[①]“今俗间谓麦下为夷下，言芟刈其麦，以其下种禾豆也。”[②]这是麦豆秋杂轮作复种的二年三熟。贾思勰在《齐民要术》中对各种作物的前作（贾称其为“底”）作了全面系统的研究，从他的研究结果来看，其中也包括：冬麦→夏豆→秋谷（或黍稷）的二年三熟。而二年三熟制的土地利用率则是百分之一百五十。三是间作套种。指的是大豆和谷子混作，麻子地套种芜菁，桑间种植绿豆、小豆、芜菁之类的种植方式，这是利用植物层片结构（高棵对矮棵，尖叶对圆叶，深根对浅根）的特点和植物群落的演替规律，充分利用空间和时间，提高土地利用率和光能利用率的措施。

贾思勰在《齐民要术》中所总结的积极养地的措施，由生

---

① 《周礼·遂人》郑注。

② 《周礼·薙氏》郑注。

物养地，物理养地，化学或生物化学养地等三个环节所组成。一是生物养地，包括豆谷轮作和绿肥轮作。贾思勰对各种作物前作（底）的研究结果表明，豆类作物是谷类作物的良好前作。因为，豆类作物根上长有根瘤，根瘤中有根瘤菌，它能固定空气中的游离氮素，丰富土壤中的氮素营养，所以古人认为“豆有膏”。这是利用生物的固氮作用养地的有效措施。绿肥轮作也是生物养地的重要内容，因为，绿肥作物多为豆科作物和深根作物，翻压绿肥作物于土壤中，不仅能为土壤增加氮素营养，而且能给土壤增加大量有机质。因此，贾思勰才将绿肥轮作称作“美田之法”，并且说：“其美与蚕矢、熟粪同”①，也就是绿肥的肥效可以同优质粪肥相媲美。二是物理养地，主要指的是在土壤耕作上，实行深耕细作和合理轮耕。因为，土壤肥力的高低，不仅表现在有机质和营养成分的多少上，而且也要看土壤结构状况的好坏及其水肥气热状态是否协调。而深耕细作和合理轮耕则是改善土壤结构和协调耕层土壤水肥气热状态的重要手段。因此，它也是物理养地的重要措施。三是化学或生物化学养地，它主要指的是，增施粪肥和合理施肥的养地作用。我国自古以来就重视粪肥的养地作用。《孟子》中有“百亩之粪，上农夫食九人”之说②；《老子》中有“走马以粪”之说③；《荀子》中有“多粪肥田，农夫众庶之事”之说。贾思勰不仅重视施肥，而且还注重合理施肥，改进施肥技术。他在《齐民要术·卷端杂说》中说：“凡田地中，有良有薄者，即须

① 《齐民要术·耕田》。
② 《孟子·万章下》。
③ 《老子·四十六章》。

加粪粪之。"在《种谷》中引《氾胜之书》区田法说:"上农夫区,方深各六寸,间相去九寸,一亩三千七百区……区种粟二十粒,美粪一升,合土和之。"这是区田法的条施肥或穴施肥。《大豆篇》中说:"区种大豆……一亩用种一升,用粪十六石八斗。"①施肥量很多。《种麻》中说:"地薄者粪之,粪宜熟。"要用腐熟的粪。《种麻子》中说:"九尺一树,树高一尺,以蚕矢粪之,树三升,无蚕矢以溷中熟粪粪之亦善,树一升。天旱,以流水浇之,树五升。"这是在麻子生育期间施用追肥,并且强调在天旱时还要浇水,使肥水交融以充分发挥肥效。在蔬菜栽培中,贾思勰将"粪大水勤"做为一条重要原则加以贯彻。他在《齐民要术·种葵篇》中说:"地不厌良……薄即粪之……畦种水浇。畦长两步,广一步,深掘以熟粪对半和土,覆其上,令厚一寸……下葵子,又以熟粪和土覆其上,令厚一寸。"这是多次分层施肥,并且浇水,充分体现了"粪大水勤"的精神。《种韭篇》"治畦下水,粪覆悉与葵同"。《种桃篇》"桃……熟时合肉全埋粪地中,至春既生,移栽实地"。《种梨篇》"梨熟时全埋之,经年至春地释,分栽之,多著熟粪及水"。《种槐柳楸梓梧柘篇》"梧桐……治畦下水,一如葵法,五寸下一子,少与熟粪和土覆之,生后数浇令润泽"。由此可见,贾思勰所总结的增施粪肥和合理施肥的经验是十分丰富的。将生物养地、物理养地和化学或生物化学养地三者密切配合,充分体现了积极养地的精神。养地是用地的基础,用地是养地的目的。只用地,不养地,就使用地丧失了基础;只养地,不用地,养地就失去了目的。因此,用地和养地是辩证统一的关系。用地是消

① 《荀子·富国》。

耗土壤肥力的过程，养地是积累土壤肥力的过程，只消耗，不积累，土壤肥力就会消耗殆尽，土壤就会丧失利用价值；只积累，不消耗，积累也就失去意义。贾思勰用地养地思想大概就来自对用地养地辩证关系的认识吧！

三、遗传变异思想

所谓“遗传性”，指的是农业生物亲代的性状能够传给子代，使子代和亲代之间具有相似性。所谓“变异性”，指的是子代与亲代之间，以及子代的个体之间所具有的差异性。农业生物的遗传性所反映的是它的“同一性”这一面；而农业生物的变异性则反映的是它的“差异性”的一面。这就是它们互相对立的一面。但是，它们也有其统一的一面。因为，遗传性的产生和发展，是变异在自然选择和人工选择条件下的积累，是新的遗传结构的形成，它的物质基础具有相对的稳定性。而变异性则是旧的遗传结构的失衡和破坏，是遗传物质在体内外条件影响下发生变异的结果。在这一点上，遗传和变异两者又统一了起来。这就是遗传和变异的对立和统一。选育农业生物的优良品种，既需要优良品种的优良品质得以保存，又要使劣质品种的低劣品质得以改良。前者需要农业生物的遗传性才能实现；而后者又必须变异性才能实现。这就是遗传和变异的对立和统一。

《齐民要术》是古农书中论述遗传性与变异性较早和较多的著作。该书中所说的“性”或者“天性”，大都相当于现代遗传性的概念。如粱秫“收刈欲晚”是因为“性不零落，早刈损实”；荏蓼要“候实成，速收之”是因为“性易凋零，晚则落尽”；大豆“必须耧下”是因为“豆性强，苗深则及泽”；大豆收后之所以要“速耕”是因为“大豆性温，秋不耕则无泽”；葡萄“蔓延性缘,不能自举”所以要“作架以承之”;“李性耐久,树得三十年,老虽枝枯,子亦不细”;“榆性扇地,其阴下五谷不植”;“白杨,性甚劲直,堪为屋材”;紫草“性不耐水,必须高田”;《齐民要术·种谷篇》在讲到谷子品种分类时,曾说:“凡谷,成熟有早晚,苗秆有高下,收实有多少,质性有强弱,米味有美恶,粒实有息耗”;“早熟者,苗短而收多;晚熟者,苗长而收少”;“收少者,美而耗;收多者,恶而息也”。都是对农作物遗传性的描述。《齐民要术·养牛马骡驴篇》在说到牛马等大牲畜的遗传性时则说:“服牛乘马,量其力能;寒温饮饲,适其天性。”

《齐民要术》中对农作物的变异性也多有描述。如《种蒜篇》中说:“并州无大蒜,朝歌取种,一岁之后,还成百子蒜……芜菁根,其大如碗口,引种他州,子一年亦变。大蒜瓣变小,芜菁根变大,二事相反,其理难推……并州豌豆度井陉已东,山东谷子入壶关、上党,苗而无实。皆余目所亲见,非信传疑。盖土地之异者也。”山西并州的大蒜种是从河南朝歌买的,种过一年以后,蒜瓣就变小了;而并州的芜菁,虽然从别处买来,种一年以后,芜菁的根却变大了。并州的豌豆品种拿到河北井陉以东去种植,山东的谷子品种拿到山西壶关、上党去种植,都只能徒长,而不开花结实。这些农作物发生变异的事情,都是贾思勰亲眼目睹的事实。他虽然开始时有些迷惑不解,可是后来他却悟出了“盖土地之异者也”的道理。贾思勰还从“花椒”的遗传特性发生变异的现象中悟出了“习以性成”的道理。他在《种椒篇》中说:“此物性不耐寒,阳中之树,冬须草裹(不裹即死)。其生小阴中者,少禀寒气,则不用裹(所谓‘习以性成’)。一木之性,寒暑异容,若朱蓝之染,能不易质?”花椒的遗传特性是不耐寒的,因此,生长在阳光充足地方的花椒，冬天必须用草包裹起来以防寒，否则就要冻死。然而生长在背阴之处的花椒，由于经过了寒冷的锻炼，即使不用草裹也冻不死。这就是所谓“习以性成”。也就是说，花椒的本性虽然是不耐寒的，但是，由于生活条件的改变，它的遗传性是会逐渐改变的。并且这种习惯已成自然（习以性成）特性也会遗传下去的。花椒这种植物对寒暑两种条件适应性的改变，就如同碰上红土和蓝靛就会染上色泽一样，其遗传特性是可以改变的。

四、良种繁育思想

贾思勰对选用良种和良种繁育工作十分重视，因此，后魏时期在品种命名，品种分类，良种选用，良种繁育等方面都有很大的进步。从汉代的《汜胜之书》有关选种技术的记载来看，当时主要采用田间穗选的选种方法，尚未涉及良种繁育问题。及至后魏时代贾思勰对选用良种和良种繁育技术进行了全面系统地总结。在品种分类方面，贾思勰提出了明确的分类标准。这就是：“凡谷，成熟有早晚，苗秆有高下，收实有多少，质性有强弱，米味有美恶，粒实有息耗。”[①]这说明当时已经能够从成熟早晚，植株高矮，产量高低，品质好坏等方面全面评价品种了。贾思勰还根据群众的经验，将当时的86个谷子品种分为四大类。如朱谷等14种属于早熟、耐旱、免虫之类；今堕车等24种属于穗上有芒，耐风，免雀暴之类；宝珠等38种属于中熟大谷之类；竹叶青等10种属于晚熟耐水之类。在品种命名方面，贾思勰说：“按今世粟名，多以人姓字为名目，亦有观形立名，亦有会意为称。”在以人的姓名命名的粟

① 《齐民要术·种谷》。

中，就有刘猪獬、耿虎黄、孙延黄等。观形立名，主要是根据品种的形态特性命名，如竹叶青、冲天棒、悬蛇、赤尾等。会意为称，主要是按生育期、耐水、耐旱等特性命名，如百日粮、麦争场、水黑谷等①。从选用良种上看，西晋时期的《广志》仅载有粟的品种 11 个，稻的品种 13 个，后魏时期粟的品种已达 86 个，稻的品种已达 24 个（其中糯的品种就有 11 个）。可见当时对选用良种的重视。

贾思勰在良种繁育方面的重要建树，就是将良种选育方法从汉代的“穗选法”，推进到混合选种和建立“留种田”，繁育良种的新阶段。他在《齐民要术·收种篇》中说：“粟、黍、穄、粱、秫，常岁岁别收，选好穗纯色者，劁刈，高悬之。至春，治取别种，以拟明年种子”，“其别种种子，常须加锄。先治而别埋，还以所治草蔽窖”。贾思勰所总结和创立的良种繁育技术，归纳起来，主要有以下几个要点：(一)穗选留种田的种子，妥善保存；(二)春天脱粒，将这些种子种在留种田中，将留种田中所产种子，种在大田中；(三)留种田的庄稼，要比普通大田加强田间管理；(四)对留种田所收获的种子，要先脱粒，单独贮藏；(五)为了防止种子混杂，要用留种田所产秸秆遮蔽贮藏种子的窖口。这既是繁育良种的好方法，又是选用良种的有效方法。这是对生物有机体和环境条件相统一的基本原理的运用，也就是说，只有给留种田的庄稼创造良好的生活条件，才能生产出优良的种子，用优良的种子种出的大田作物，才能长出茁壮的庄稼，获得高产丰收。在贾思勰总结的良种繁育技术中，特别注意防杂保纯问题，这是保持良种优良性状的重要

① 《齐民要术·种谷》。

条件。否则良种一经混杂,就会导致良种的退化。

贾思勰对苗秆和产量以及产量和品质之间的关联,有深入细致的观察与研究,他在《齐民要术·种谷篇》中就曾经敏锐地指出:"早熟者,苗短而收多;晚熟者,苗长而收少。""收少者,美而耗;收多者,恶而息也。"在一般人的心目中,晚熟的高秆品种才能高产,而贾思勰却认为,早熟而棵矮的品种产量高;晚熟而高棵的品种产量低。这是一个非常超前的认识,20世纪50至60年代在墨西哥和印度兴起的"绿色革命",由诺曼·布劳格培育的"奇迹麦"和由斯瓦明纳森培育的"奇迹米"(水稻),都是由矮秆小麦和矮秆水稻培育成功的。美国科学家唐·帕尔伯格所著《走向丰衣足食的世界》[①]一书,对"奇迹麦"和"奇迹米"的情况,有较为详细的报导。"矮秆小麦具有增产潜力,这不仅是因为它具有不倒伏的特性,而且是因为它分蘖数多,穗多粒多,籽粒饱满。"墨西哥由于种植"奇迹麦"全国每英亩产量从1943年到1957年几乎翻了一番。有的农民获得每英亩105蒲式耳的高产。印度由于种植"奇迹米",其大米产量由1966年的四千六百万吨,增加到1980年的八千万吨。矮秆小麦和水稻之所以具有较大的增产潜力,不仅是因为它们具有抗倒伏的能力,而且是因为他们具有分蘖多,穗多粒大,籽粒饱满的特点。它们之所以能穗多粒大,籽粒饱满,除了其遗传特性所具有的内在增产潜力以外,也还有高肥水等外在的因素在内。而在高肥水的条件下,又必须抗倒伏、耐肥水的矮秆品种相配合不可[①]。贾思勰之所以能具有这种

① 〔美〕唐·帕尔伯格著,王应云译,中国农业科技出版社,1990年版,第116～133页。

超前的认识,可能同他的“验之行事”有密切的关系,他经营着相当规模的农庄,他有着比较雄厚的经济实力,他有条件作高肥水,抗倒伏,矮秆种的高产栽培试验,因此,他才能具有这种超前的认识。

贾思勰对产量和品质的关系,也有敏锐的认识。他认为,产量高的品种,品质差;产量低的品种,品质好。换句话说,产量和品质是矛盾的。要想培育产量高和品质好兼备的良种是相当困难的。这个问题至今仍然困扰着育种工作者。这说明,早在 1400 多年前就能观察得如此精细,是非常难能可贵的。

第四章　研究与影响

第一节　国内对《齐民要术》的研究

一、对《齐民要术》研究历史的回顾

石声汉在《从〈齐民要术〉看中国古代的农业科学知识》一书中①，曾经以"过去对于《齐民要术》的研究"为题，对公元九世纪至中华人民共和国建国初期研究《齐民要术》的历史作了回顾。现节录如下：

第一期，假定是从公元九世纪初，至十八世纪中叶，即韩谔采辑《氾胜之书》、《四民月令》和《齐民要术》编成《四时纂要》

① 石声汉，《从〈齐民要术〉看中国古代的农业科学知识》，科学出版社，1957年版。

起,到乾隆二年至七年(1737～1742),编纂《授时通考》的这段时间。在这一段时间中,《齐民要术》曾经多次以农学专书的资格,受到一些"重农"的人重视,作为材料,采入后起的农书中。最重要的有:公元1273年前后的《农桑辑要》(司农司编),1313年的《王祯农书》,1630年以前成书的徐光启《农政全书》等。这些编农书的人虽然也很重视《齐民要术》,但都只将它作为"材料来源之一"从书中摘录一些章节,而没有对内容作过考订,更不必谈分析与整理,所以严格说来,并不是真正的研究,而是利用《齐民要术》。不过,利用的起点,究竟还是从农业生产方面出发,《要术》仍然发挥了它的农书方面的作用。

第二期,假定是从公元十八世纪中叶,到本世纪初这一段。乾隆(1736)以后,考据学开始抬头,到了嘉庆(1796以后)初,连《齐民要术》也成了供给考据材料的重要典籍。我们无法确定《要术》之成为考据材料,究竟起于何时,因此只好大约地估定它是《授时通考》成书的那一年,即乾隆(1742年)以后。在贾思勰的时代,书籍全靠手抄,十分难得。他个人大概收藏着有好些书(由《要术》卷三"杂说30"中关于写书、治书、补书、改书、藏书、晒书……等,对书的制作和保护叙述很详,可知他很注意藏书读书)。著《齐民要术》时,他便随时引用了许多古代和当代的书籍。《要术》自序中,叙述材料来源时,有一项"采捃经传",也就是"引用成书"。据胡立初先生的统计,《齐民要术》引用的书,一共有180种以上(这个数字,稍微有点过高,因为有些征引,并不能肯定出于某"书",而据胡先生自己在他的文章末了的计算,是:经部30种,史部65种,子部41种,集部19种,合计也只有155种。我们重新检查后,如同一书不同的各家注本,都分别计算,共164种,如不同各家注本,归入本书,不重复计算,则是 157 种)。这百多种书,经过了千多年,有许多种已经完全散佚,幸亏有了《要术》的征引,才保存了它们的“吉光片羽”。《氾胜之书》就是这样一例。因此,在供给考据材料一点上,《齐民要术》确有极重大的意义。正因为《要术》所引古书既多,而且还保存着许多与现行本字句不同的地方,供给着极好的考证材料,所以乾嘉两代的朴学家,如戴震、江声、阮元、段玉裁、王念孙、王引之父子、郝懿行、毕沅……都曾下过工夫读《要术》,用《要术》来考订其他书中的字句,有了不少“发明”。不过他们并不注意《要术》在农学上的意义。

第三期,是“五四”以后到解放以前。由于五四运动所唤起的觉醒,科学技术知识的重视渐渐加强。涵芬楼(商务印书馆)1922 年所印行的《四部丛刊》为《要术》供给了一个善本,对于后来研究《要术》上,贡献很大。陆费执 1927 年在《中国农书提要》中,首先提到了《齐民要术》;万国鼎 1928 年发表了《〈齐民要术〉解题》,这是中国从新的方向来研究《要术》的起点。日本学者小出满二,1929 年作过一篇《〈齐民要术〉版本考》,1934 年齐鲁大学的《国学汇编》上,出现了栾调甫和胡立初两位先生的两篇重要文章,对于《要术》的版本,所引用的书,以及贾思勰本人的事迹和他著书的年代,都作了极精详的考订。此后两年北京大学《国学季刊》上曾发表过一篇《要术》内容的分析。另外,1940 年,有渡边幸三的考证。1940 年以后,日本的西山武一,在当时的北京大学附设农村经济研究所,研究华北旱农时,对于《齐民要术》推崇到了极点,除收集了一切版本之外,据说曾经去山东临淄(贾思勰作官的旧高阳所在地)去访问过。1944 年,他发表了和刘春麟合作的“校合

《齐民要术》卷一”,对“贾学”(西山武一认为《齐民要术》的研究,应当和《说文解字》之为“许学”《水经注》之为“郦学”一样地发展)之未能发展,表示莫大的遗憾。最后他促成了影印“金泽文库本”的事业,而且还在 1950 年,将影印本寄赠北京农业大学和南京农学院。

第四期,是解放以后,在党的正确领导下,科学研究事业得到空前的重视与奖励,科学工作者感到无比的兴奋,整理祖国遗产的工作,在党的号召下,也迅速的开展着、生长着。《齐民要术》这一部重要的农书,到这时才真正得到了正确的重视,着手研究的,也渐渐多起来。发表较完整的专篇论文的有叶笃壮的《从几部古书看中国的农业科学》(载《中国农业科学通讯》1951),万国鼎的《论〈齐民要术〉》、《〈齐民要术〉所记我国一千四百多年前的农业技术水平》、《贾思勰与〈齐民要术〉》、《论〈齐民要术〉——我国现存最早的完整农书》;梁家勉的《〈齐民要术〉的撰者注者和撰期》。此外,在关于祖国农业遗产的报告中,介绍《要术》的还有王毓瑚、梁家勉、陈俊愉、游修龄等。1955 年中央农业部农业宣传总局,邀请了各方面专家学者,座谈整理祖国农业遗产工作,对《齐民要术》的整理,作了一个初步决定;由南京农学院万国鼎教授和西北农学院石声汉教授分工合作。分别校释后,互相校审,然后整理,得出一个比较易读易懂的注释本。万先生曾预计在 1955 年 10 月可以完成校释工作。西北农学院的整理工作,从 1955 年 1 月起,进行了 9 个月,仅仅作完了全部校勘和作成了 6 卷的注释,还剩有四卷,希望能在 1956 年完成。目前的报告,是根据二十多年来断续的阅读研究,和最近校勘整理中,体会所得,关于农业技术知识方面的一个初步总结。

二、建国后对《齐民要术》深入系统地研究

建国后对《齐民要求》的深入系统研究，主要由西北农学院石声汉教授；南京农学院万国鼎教授、缪启愉教授、李长年教授；华南农学院梁家勉教授进行。石声汉教授在50年代有《齐民要术今释》四册问世，并在1957年出版了"整理《齐民要术》的初步总结"——《从〈齐民要术〉看中国古代的农业科学知识》一书[①]；万国鼎教授于1956年发表了《论〈齐民要术〉—我国现存最早的完整农书》的长文[②]；李长年教授于1959年出版了《〈齐民要术〉研究》一书[③]；缪启愉于1982年出版了《〈齐民要术〉校释》一书[④]，于1988年由巴蜀书社出版了《〈齐民要术〉导读》一书[⑤]；梁家勉教授于1957年发表了《〈齐民要术〉的撰者注者和撰期》[⑥]一文，于1982年在《农史研究》第2辑上又发表了《有关〈齐民要术〉若干问题的再探讨》一文[⑦]。这些论著代表了建国后《齐民要术》研究的主流，因此，我们在此以这些论著为主，来研究和探讨国内《齐民要术》研究的主要成果。

第一，关于《齐民要术》的作者问题

关于《齐民要术》的作者问题，研究者都认为系后魏贾思勰所作，但是，对《卷端杂说》和"小字夹注"的作者，却另当别

① 石声汉，《从〈齐民要术〉看中国古代的农业科学知识》，科学出版社，1957年版。
② 万国鼎，《论〈齐民要术〉——我国现存最早的完整农书》，载《历史研究》，1956年1期。
③ 李长年，《〈齐民要术〉研究》，农业出版社，1959年版。
④ 缪启愉，《〈齐民要术〉校释》，农业出版社，1982年版。
⑤ 缪启愉，《〈齐民要术〉导读》，巴蜀出版社，1988年版。
⑥ 梁家勉，《〈齐民要术〉的撰者注者和撰期》，载《华南农业科学》，1957年第3期。
⑦ 梁家勉，《有关〈齐民要术〉若干问题的再探讨》，载《农史研究》第2辑，农业出版社，1982年。

论，因为，其中有不少疑点。我们在这里将对研究者对《齐民要术》序和正文的作者，以及《卷端杂说》和“小字夹注”的作者问题，分别述之如下：

（一）关于《齐民要术》序和正文的作者　《齐民要术》的编写体例是：开头有“序”，序后有“卷端杂说”，然后才是“正文”，正文是用大字刻的，在正文中间夹杂着“双行小字”注释。对《齐民要术》的“序”和“正文”，研究者一致认为是贾思勰所作。如万国鼎在《论〈齐民要术〉——我国现存最早的完整农书》一文中所说：“《齐民要术》的著者是后魏贾思勰。”但是，对书中注释则认为“有后人加入的”；对《卷端杂说》则认为“不像是贾思勰写的”。梁家勉在《〈齐民要术〉的撰者注者和撰期》一文中说：“《齐民要术》撰者姓名，《隋志》首先著录作贾思勰。”但《旧唐志》却作贾勰，《新唐志》又作贾思协。一脱“思”字，一别“勰”字。他认为“应以《隋志》所著录为最可信”。

（二）关于《卷端杂说》问题　石声汉先生在《〈齐民要术〉今释》“卷端杂说”的注解中说：“《齐民要术》前面的这一篇‘杂说’自从清代以来，不断地有人怀疑它不是贾思勰原著中的一部分，我们也有同样的怀疑。”又说：“七月六日，十四日，这两个日期，定得非常奇特。推想起来，可能为第二天有节日，都市里需要消费较多的蔬菜：七月初七，称为瓜果节，这天女孩们要供上瓜果，向天孙（织女）‘乞巧’。七月十五是‘中元’，佛教的‘盂兰盆会’要在这天举行，也需要许多蔬菜作佛事。盂兰盆会，在隋唐以后才渐渐盛行，由这一点，也可猜测这篇‘杂说’的时代。”万国鼎先生在《论〈齐民要术〉——我国现存最早的完整农书》（载《历史研究》1956 年第 1 期）一文中认为，当时山东、河南一带还没有荞麦，而是在后人引进荞麦后写的。

而荞麦最早见于唐初孙思邈的《千金要方》和白居易、温庭筠等唐代诗人的诗句之中，也就是说，卷端杂说是唐代人后加进去的(因为北宋刊本中已有卷端杂说)。日本学者西山武一也认为是唐代人后加的。

李长年在《〈齐民要术〉研究》一书中，有“关于卷端的杂说部分”一节，其中说：“《要术》里有两篇杂说，正文第三十篇有一篇，序文之后正文之前，又是一篇。两篇在体裁上内容上都极不相同。正文第三十篇的杂说的绝大部分是摘录别人资料，卷端的杂说却是写作。又在内容上，正文里杂说所述的，属于农业经济范围，卷端的杂说，则是专门讨论农业生产技术。经过对正文和杂说的比较之后，感觉到其间不仅存在着提法不同的问题，在生产技术上，还显示地域上不同和时间上先后等问题。如(甲)荞麦的名词，最早见在《大广益会玉篇》‘荞，麦也’。《玉篇》是梁大同九年(543)顾野王撰的，后来又经唐宋人增补。是否梁时就有荞麦，不能断定。但《要术》正文里没有荞麦，是事实；卷端的杂说里，却相当重视荞麦，也是事实。(乙)谷子的中耕除草，在正文里要求‘锄不厌数’，就是次数愈多愈好。但在卷端杂说里却肯定下四遍合适，每遍的深度不一样。和正文相比，这在技术上已是大大提高了一步。(丙)同是耕后耙细工作，却所用术语不同。杂说用的是‘盖𫐐’；正文用的是‘耢’。说明地区上有差异，方言上才会不同。(丁)作物的播种时期有差别。如种小麦，一是秋社前，一是秋社后；种黍，一是以三月上旬为上时，另一是四月间种。如此看来，我们怀疑卷端杂说的作者不是贾氏，是另外一个人，不是没有理由的。”

李长年还指出：虽然卷端杂说和正文部分，有些差异的地方，但是，并不影响我们的分析研究工作。因为：(甲)卷端杂说的作者和贾氏所站的立场观点，都是一样的。他们都是较大的经营地主；(乙)从卷端杂说里所述的生产技术看来，所述地区都是北方，所谈的粮食作物是粟、黍、大豆、油麻、小麦等，也以粟为主。在耕地上同样要求“干湿得所”的情况下进行。总之，在技术上和正文是一样的。

(三) 关于“小字夹注”问题　《齐民要术》全书约 11 万字，其中小字夹注约 4 万多字。这 4 万字小注的作者是谁，确实是值得研究和探讨的问题。当代国内农史学者如万国鼎、梁家勉、李长年等都作过研究，现将其研究结果归纳如下：

1. 万国鼎在《论〈齐民要术〉——我国现存最早的完整农书》(载《历史研究》1956 年第 1 期)一文中，对《齐民要术》的注释说：“书中注释，就其内容以及对于正文的语气看来，显然是贾思勰自己写的。不过也间有后人加入的。例如卷一“种谷篇”引《汉书·食货志》，在这一段下面小注中有不少“师古曰……”，颜师古是唐朝人，他注《汉书》后于贾思勰著《齐民要术》一百年左右，这些师古注，显然不可能是贾氏自己辑入的。又如卷一《耕田篇》“穖”字下的小注，今本多作“美懿反，漫掩也”(惟《学津讨源》本作“羹懿反，漫种也”)，但《金泽文库》本只有“美懿反”三字，《四部丛刊》影印明抄本虽兼有“漫掩也”三字，而三字挤写在一个字的位置内，可见宋本原来只有“美懿反”三字，而“漫掩也”三字是后人加入的。

有人以为注释不是贾氏自己写的，并且根据《文献通考》所载李焘“孙氏《齐民要术》音义解释”序，推定为孙氏所作(见《四库全书总目》及《郑堂读书记》)。这种推论是错误的。因为李焘和南宋刊本序的作者葛佑之同时，也就是葛佑之和孙氏是同时人，如果注释是孙氏写的，葛序不会不提到孙氏。况且现存北宋刊本已经有注，和今本相同，决不可能南宋人所作注释，已经刻在一百多年以前的北宋刊本上了。另一方面，《离骚草木疏》卷二“茶”字条下说：“孙氏《齐民要术》音义”云：“苣，今叶皱而圆者谓之苦荬，叶长而光者谓之生菜，畦种之，甜绝胜野生者。”此文又不见于现存各种版本的《齐民要术》。可见，今本注释与孙氏《音义》完全是两回事。

再看李焘序中说：“盍并刻焉”，可见作序时并未刻版；《宋史·艺文志》没有著录，其他书目或记载也没有提到过，大概孙氏的《音义解释》始终没有刊版，除后于孙氏数十年的吴仁杰（吴氏的《离骚草木疏》作于宋庆元三年，即公元1197年）能够看到而保存下来上述一点滴外，原书可能就在宋元之交失传了。这是很可惜的。

2. 梁家勉在《〈齐民要术〉的撰者注者和撰期》（载《华南农业科学》1957年3期）和《有关〈齐民要术〉若干问题的再探讨》（载《农史研究》第二辑1982年）两文中，也探讨了《齐民要术》小字夹注问题。梁先生将《齐民要术》小字夹注分为四种类型，分别对四种类型的作者作了探讨。这四种类型是：

（1）属于训诂性质的类型：即专释音义，字音，字义者。如《耕田篇》“劉”字下注“乌更反”；“楱”字下注“俎候反”。《种谷篇》“棓”字下注“音倍”、“音勃”等；引《汉书》附颜师古注，引《周礼》附郑玄注，引《孟子》附赵岐注；《水稻篇》“薅”字下注“拔草曰薅”，《作酢法篇》“酢”字下注“今醋也”等。这类注可能是孙氏《音义解释》之作。

（2）属于校雠性质类型：即专用于校刊文字的。如《种桃柰篇》中注文“零叠”二字下注“一作摘取”；《养牛马驴骡篇》“挟”字下注“一作扶”；《俎藏生菜法篇》“荇”字下注“杏”等，也非贾氏所作，可能出自孙氏之手。

（3）属于补足或引申类型：如《耕田篇》“初耕欲深，转地欲浅”句下注：“耕不深，地不熟；转不浅，动生土也。”《种谷篇》“纵横耙而劳之”句下注：“耙法令人坐上，数以手断去草，草塞齿则伤苗。如此令地熟软易锄省力，中锋止。”《黍穄篇》“刈穄欲早，刈黍欲晚”句下注：“穄晚多零落，黍早米不成。谚曰：穄青喉，黍折头。”《大豆篇》播种的“上时”句下注：“一亩用子八升”，“中时”句下注：“用子一斗”，“下时”句下注：“用子一斗二升”等。这些注文与正文关系密切，互相呼应，互相发明，补正文之不足。此类注文应是贾氏所作。

（4）属于正文仅列标题者：如《种瓜篇》正文有“治瓜笼法”标题；《种枣篇》正文有“种软枣法”标题；《种梅杏篇》正文有“作白梅法”“作乌梅法”等标题。其下都没有任何正文，而只有注文。此种类型的注文，也应是贾氏原注。

3. 李长年在《齐民要术研究》一书中说：“《要术》正文部分夹用双行小注很多，在全书十一二万字中，双行小字的附注，就占了四万多字，在比重上不能算少。它们在正文里，有的排在每篇开头，也有夹在大字当中。仔细翻阅，有些是随同引用资料一起录来的，有些是作者的写作，还有兼有这两者的情况。它们在书里起的作用是：(甲)对技术措施作补充说明；(乙)对书中的“古奥文词”作注音解释；(丙)对历史事实和当时情况作说明；(丁)其他。在上述的几种不同形式的小注中，特别以注音解释的部分，引起人们怀疑，作者写作《要术》，一定是用当时语言文字，绝少需要为自己的文字作注音解释的。而感觉到文词古奥难懂，必须要注音和解释，乃是后人的事。因此，我们怀疑这一部分，很可能不是作者的手笔。在元代的

《文献通考》里，曾经载有李焘的孙氏《〈齐民要术〉音义解释》“序”，从序文里看，这位孙氏和李焘，是同时期的人物，李焘是南宋时代绍兴年间的进士，和《要术》南宋刊本序的作者葛佑之差不多同时，但在葛序里，并没有提到过孙氏的音义解释工作，就连《宋史·艺文志》里，也寻不到一点痕迹，或许它并没有刊刻出来。今天所看到的《齐民要术》的最早版本是北宋崇文院本(天禧四年(1020)开始刊刻，天圣中完成)，里面就已有了音义解释的小注，断然不可能北宋本上采用南宋人的注释。由此可以想到，《要术》里的音义解释的小注，可能在北宋以前就有了。在《要术》的小注当中，还发见在《汉书·食货志》的引用资料下，附了师古的小注，颜师古是唐朝人。也断然不可能后魏人的写作，引用一百多年以后的资料。这充分说明《要术》里的小注，并不完全出于贾氏一人之手。”

第二，关于《齐民要术》的版本问题

万国鼎在《论〈齐民要术〉——我国现存最早的完整农书》(《历史研究》1956 年第 1 期)一文中；缪启愉在《〈齐民要术〉校释》一书中，对《齐民要术》的版本作了比较详细的考察，现将其版本考察归纳在下列两表中：

万国鼎的版本考 表 1

系统	版本	备注
北宋本系统	(1)北宋崇文院刻本	天禧四年(1020)，诏刻，天圣中刊成。现在只有日本京都博物馆藏有此刊本的五、八两卷。
	(2)日本金泽文库本	现藏日本东京“蓬左文库”，卷末有日本仁安元年(1166)，宝治二年(1248)，建治二年(1276)题记。1948 年影印。北农和南农各藏一部。

续　表

系　统	版　本	备　注
南宋本系统	(3)龙舒本 (4)影印明钞本 (5)万有文库本	绍兴十四年(1144)张辚刻于龙舒。据葛佑之序,此刊本系根据北宋崇文院本重刻的。原本已久佚。所存只有校宋本。由陆心源辑入"群书校补"中。 商务印书馆于1922年将此本辑入"四部丛刊"中。此明钞本之祖本,可能是龙舒本的重刻本。 商务印书馆于1930年据"四部丛刊"本排印,间有校改。此本又编入"国学基本丛书"中。
元刊本系统	(6)元刊本	据莫友芝"郘亭知见传本书目"说,此刊本每页20行,每行大字18字。
湖湘本系统	(7)湖湘本 (8)竹东书舍本 (9)秘册汇函本 (10)津逮秘书本 (11)日译本 (12)日本文政本 (13)百子全书本 (14)百子全书本	明嘉靖三年(1524)马直卿刻于湖湘治所。每页20行,行17字。 华亭沈氏刊刻 明万历三十一年(1603),胡震亨校刊。 崇祯三年(1630),上海博古斋影印。 日本延亨元年(1744),山田好之译,平安向荣堂刊,款式依胡震亨刊本。 日本文政九年(1826)刊本。 光绪元年(1875),湖北崇文书局刊本。 民国四年(1915),上海扫叶山房据崇文本另写石印。
以明刊本据校宋本参校	(15)学津讨原本 (16)浙西村舍本 (17)观象庐本 (18)龙溪精舍本 (19)四部备要本 (20)丛书集成本	清嘉庆九年(1804),参校《农桑辑要》,有商务印书馆影印本。 清光绪二十二年(1896)刊本。 清光绪中刊行。 民国六年(1917)刊本。 民国十五年(1926),中华书局据学津讨原本排印。 民国二十八年(1939),商务印书馆据"浙西村舍本"排印。
节删本	(21)说郛本 (22)五朝小说本 (23)居家必备本 (24)山林经济本 以上四种都是明刊本。	

缪启愉的版本考　**表** 2

时代	版本、抄本或校本	简称	出版或抄校年	备　注
北宋	崇文院刻本 日本金泽文库抄本 日本猪饲彦博校宋本	院刻 金抄	1026—1031 1274 1761—1845	仅存第五、第八两卷 缺第三卷
南宋	张辚的龙舒刻本 (1)黄荛圃校宋本 (2)劳季言校宋本	龙舒本	1144	原本已佚，有黄、劳二种校宋残本。 第七卷中卷以下缺。 第五卷第五页以下缺。
	明抄南宋本	明抄	1922影印	四部丛刊影印。
元	农桑辑要的引录	辑要	1286	对后来影响很大。
明	马直卿湖湘刻本 胡震亨秘册汇函刻本 毛晋津逮秘书刻本	湖湘本 秘册本 津逮本	1524 1603 1630	
清	日本山田罗谷刻本	山田本	1744	刻于清乾隆九年
	吾点校的稿本 袁昶渐西村舍刻本 丁国均校稿本 丁国均汇录校勘本 黄麓森校仿北宋本	 渐西本	1821左右 1896 1901 1901 1911	
	张海鹏学津讨原本 黄廷鉴校本 张定均校本 张步瀛校本	学津本	1804 1825 1848前后 1848	
近年	石声汉今释本 日本西山熊代合译	今释 日译本	1957—1958 1957—1959	 第十卷未译

第三，关于贾思勰思想的研究

石声汉在《从〈齐民要术〉看中国古代的农业科学知识》一书的“总结”中，着重研究和探讨了贾思勰和《齐民要术》的哲学思想。他说：任何人读完《齐民要术》之后，对于我们祖国古代农业科学造诣之高，发明发现之多，材料之丰富，不能不由衷地惊叹欢呼。为什么我们祖国古代的劳动人民，能有这样伟大创造呢？回答是：有中国的哲学作为基础。我们祖国古代的人，从朴素的宇宙观出发，认为一切自然物，都有它们的本性，有它们自然的道理，是自然体系中不可分割的一部分，对一切自然的人为的事物，都要探本溯源，讲究它们之间的联系，从来不肯孤立地片面地看问题。作为农业生产对象的植物，在古人朴素的宇宙观中，是生活的有机体，是大自然体系中不可分割的一部分。它们所表现的对时间空间的本性要求，正是它们自然的道理。"物各有时"，"地各有利"，只有"不违农时"，"相地之宜"，才可以保证农业上的丰产。向自然作斗争，扩大农业生产时，便得从"因时制宜"，"因地制宜"上着手，而且，时地两个因素，还是互相联系不可分割的。前面我们引用过《要术》中两句话，说明时间空间因素的重要性。现在我们重复再提出来，总结中国农业生产所依据的哲学基础，也总结贾思勰个人写作《要术》时贯串着的中心思想："顺天时，量地利，则用力少而成功多。"要减少劳动强度，增加劳动效率，农业生产就必需在"顺天时，量地利"的原则指导下去进行。因此，讲究耕作方法，讲究保墒，轮作，套作，处理种子，施肥……都是在"顺天时，量地利"的条件中来尽人力，按植物的要求，为植物的生长准备最优良的条件，让植物在最适当的时地配合中发展。正因为植物体是自然体系的不可分割的一部分，所以植物体与环境的统一，在中国古代人思想中，是当然，是必然，谁也不怀疑。遗传与环境的关系，从来是必然相关的，不是彼此相对彼此孤立的，既不是不可知，也更不是不可改变。《要术》中引用"习以性成"的古语，同时却强调选种的重要，这里面，只是相得益彰，相互为用，并无矛盾。以这样的哲学为基础，再加上我们祖国人民历来爱好和平，重视勤劳的好习惯，所以大家便有十足的信心，尽自己的努力，顺从自然法则，来与自然作斗争，以“人和”来配合“天时”“地利”，取得农业生产上的胜利。从这里，建立了中国农业生物学的优良传统，培育了许多优良的谷物、蔬菜、果树……创造了许多优良的耕作方法、经营方法。1400 多年前的农书，《齐民要术》所总结的当时知识，就证实了中国农业科学的先进情况。

梁家勉在《有关〈齐民要术〉若干问题的再探讨》(载《农史研究》第 2 辑 1982)一文中，对《齐民要术》中所反映的贾思勰的思想观点，作了简括的探讨。(1)唯物观：一是强调人定胜天；二是强调实事求是；三是强调客观规律。(2)辩证观：《要术》所总结的各项技术措施，都贯穿着因时、因地、因物、因具体情况不同而有所变化的思想。(3)实践观：贾思勰在著述《要术》时所遵循的原则，除了“采捃经传”以外，“爰及歌谣，询之老成，验之行事”，这种采集农谚，请教老农，进行实验的精神，都是实践精神的体现。(4)劳动观：贾思勰在《齐民要术·序》中，对“四体不勤，五谷不分”的人进行了批判，他引用“一农不耕，民有为之饥者；一女不织，民有为之寒者”(《管子·揆度》)的话，也是针对那些不耕不织的人而言。由此可见，他对农业劳动的重视。(5)生产观：贾思勰祖述《管子》“富国多粟生于农”，“以耕则多粟”等思想，以及引述李悝、商鞅、晁错、仲长统等的言行，阐述农业生产的重要。(6)历史观：贾思勰相信人类的历史总是不断发展的，因此，他反对守旧，注重创新，这是他能在《齐民要术》中总结出许多新经验、新技术的重要原因。

李长年在《〈齐民要术〉研究》一书中，有“农业思想”一章，主要研究和探讨了贾思勰的政治思想和经济思想。(1)政治思想：贾思勰做过高阳太守，是后魏政府的官僚，按照后魏“均田制”的规定，太守有十顷的“职分田”，《要术》中说他养过二百头羊。这说明他还是一个相当大的经营地主。正因为贾思勰具备官僚和地主的双重身份，所以他在政治思想方面，必然为后魏统治阶级效忠，维护经营地主的阶级利益。《齐民要术·序》中说：“殷周之盛，诗书所述，要在安民，富而教之。”殷周时代之所以兴隆昌盛，从诗书里的记载来看，主要是做好安民的工作，先让他们富裕起来，然后教育他们。从他的口气上来看，他是站在统治者的立场上说话的。贾思勰还引用仲长子(汉代人)的话说：“稼穑不修，桑果不茂，畜产不肥，鞭之可也。杝落不完，垣墙不牢，扫除不净，笞之可也。此督课之方也。”这又很像地主监督佃农的样子，或者是官僚督促人民的模样。由此可见，贾思勰的政治思想是为统治阶级服务的。(2)经济思想：贾思勰在经营农业上的指导思想：一是充分利用土地，追求产量和效益的增加。强调各种作物应当栽培在适宜的土壤上，使土地得到充分地利用，选用适宜的品种，以充分挖掘土地的增产潜力，通过栽培绿肥，实行轮作以提高地力。不能够用于粮食生产的土地，诸如山地、河旁，甚至池沼之类，则可以从事其他生产，如白土薄地可种榆柳，下田积水处可以种柳，涧谷之间可以种楮，山坳里可以种柞，池沼里可以发展莲、藕、芡、芰等生产。甚至在已经利用的土地上，仍然可以通过间作套种的办法，充分利用土地。二是农业经营的集约化。《要术·种谷》中有：“谚曰：顷不比亩善，谓多恶不如少善也。”这同《卷端杂说》中所说的：“凡人家营田，须量己力，宁可少好，不可多恶。”是相同的指导思想。就是在农业经营上，主张精耕细作，反对广种薄收。三是生产上多种多样化。这种多样化的经营，可以增加收益。并且生产多样化，可以减少风险，保证收益。从《要术》所涉及的内容来看，就包括了：粮食、蔬菜、果树、树木等的经营，还有牧畜的饲养，以及加工酿造……等等。

缪启愉在《〈齐民要术〉导读》（巴蜀书社 1988）一书中有“《齐民要术》的思想体系”一节，主要研究和探讨了以下思想：(1)农本思想：《齐民要术·序》中围绕“农本”问题，引用许多古人重农裕民的言论，反复说明“饿着肚子没有吃的，冻着身体没有穿的，慈母尚且不能保证儿子，君王又怎能保证民众不叛离”。强调发展生产才是根本大计。强调“治国之本，务在安民，安民之本，在于足用”。没有动摇了根本，枝叶还能保持安静的。尽管贾思勰的“农本”思想，有为封建统治阶级效劳的一面，但他着眼于发展农业生产，为农民疾苦而呼吁，肯定属于进步一面，也具有人民性。(2)革新观点：贾思勰主张革新前进，反对落后保守，在《要术》中有鲜明的反映。贾思勰对赵过“始为牛耕”，蔡伦改良造纸方法，耿寿昌建议设置“常平仓”，桑弘羊建议实行“均输法”等改革创新的措施，都给以充分的肯定。在后胜于前的事项方面，《要术》中都予以赞扬。对齐郡的“蔚犁”，赵过的“代田”，刘仁之试种的“区田法”等新鲜事物，都予以肯定。(3)朴素的辩证观：农业生产无时无刻不在和土、水、光、热打交道，情况千变万化，因此，在农业生产中，遵循因时、因地、因物制宜的原则，具体情况，具体分析，具体对待。(4)尊重自然规律：农业生产不能违背天时、地利的客观条件，必须按照自然规律办事。《要术》中概括成一条千真万确的自然法则：“顺天时，量地利，则用力少而成功多；任情反道，劳而无获。”(5)发挥人的主观能动作用：贾思勰世界观的可贵之处，就在于他在尊重自然规律的同时，没有忘记发挥人的主观能动作用。(6)强调实践,强调积极劳动:《要术·序》中指出:“智如禹汤,不如尝更。”意思是说,即使聪明像禹汤那样,终不如亲身实践得来的知识高明。强调了实践的重要性。他举例说,孔子的弟子请教他如何种庄稼,孔子答道:“我不如老农。”当时有人讥诮孔子说:“四体不勤,五谷不分,孰为夫子?”基于这些认识,贾思勰在撰写《齐民要术》时,才会有:“爰及歌谣,询之老成,验之行事”这种以实践为标准的要求。贾思勰也强调积极劳动。他认为“人生在勤”,“勤则不匮”,他说“四体不勤,思虑不用”要想得到衣食的满足是从来没有的。(7)强调节俭备荒。

第四,关于《齐民要术》所载农业科技的研究

中华人民共和国建国以后,农学界特别是农史学界,对《齐民要术》中所载的农业科技的方方面面都作了较为深入地研究,取得了很大成绩。建国后研究贾思勰和《齐民要术》的主要学者,有:西北农学院的石声汉教授,他著有《从〈齐民要术〉看中国古代的农业科学知识》一书(科学出版社 1957 年出版);中国农业科学院、南京农学院、中国农业遗产研究室的万国鼎教授,他写有《论〈齐民要术〉——我国现存最早的完整农书》长文(载《历史研究》1956 年 1 期);李长年教授,著有《〈齐民要术〉研究》一书(农业出版社 1959);缪启愉教授,著有《〈齐民要术〉导读》一书(巴蜀书社 1988)。郭文韬教授在《北方旱地农业》一书以及有关论著中,对《齐民要术》中所载北方旱地“抗旱耕法”等问题作了深入的探讨。

(一)关于北方旱地抗旱耕作问题 《齐民要术》所总结的农业科技,其地区适应范围为:山东的东南部,河北的中南部,河南的黄河北岸和山东。即黄河中下游地区。这一地区的气候特点是:“春若遇旱”(种谷篇);“春既多风”(耕田篇);“春多风旱”(种葵篇);“春雨难期,必须借泽”(种胡荽篇);“四月亢旱”(种葵篇)……总之是:春雨很少,气候干旱,并且多风。因此,《齐民要术》十分重视旱地保墒问题。

1. 关于翻耕法和垄作法问题:郭文韬认为《齐民要术》中所总结的抗旱耕作的经验,既包括翻耕法的经验,又包括垄作法的经验。

在翻耕法方面,是在汉代创始有壁犁之后,才采用的耕作方法。采用翻耕法以后,如何平整地面,破碎土块,保墒防旱,则是一个新问题。汉代,解决问题的方法,是在翻耕后,用“耱”耱平地面,耱碎土块,以保墒防旱。但是,在翻耕后,只靠“耱”还不足以整平地面,耱碎土块,因此,保墒防旱的作用还很差。经过一段较长时间的探索,大约到了魏晋时期才发明并推广了铁齿耙,在翻耕之后,先用铁齿耙耙地,然后再用“耱”耱地,才能整平摩细地面,搞好保墒防旱。我们在甘肃嘉峪关魏晋墓室出土的画像砖上,可以看到耕地、耙地、耱地的图像。而文字记载却始于《齐民要术》如《耕田篇》中所说的:“耕荒毕,以铁齿鳊楱再遍耙之,漫掷黍穄,耢亦再遍。”《旱稻篇》中则说:“下田……速耕、耙、耢,频烦令熟……高田……亦秋耕、耙、耢令熟。”这是贾思勰对翻耕法“耕、耙、耢”三位一体耕作体系的初步总结①。

在垄作法方面,我国有悠久的历史,早在西周至春秋战国时期,我国就采用“掩地表亩”式的垄作法。到了后魏时代,北

① 郭文韬主编《北方旱地农业》,中国农业科技出版社 1986 年版,其中第一章“抗旱耕作”为郭文韬所撰写。

方旱地的垄作法也有了长足的发展。《齐民要术》对此作了详细的总结。

首先是垄作耕法丰富多彩。(1)耕地作垄。贾思勰在《种杨柳篇》中说:"燥湿得所时,急耕则鍽楱之,至明年四月又耕熟,勿令有块,即作堷垄,一亩三垄,一垄之中逆顺各一到,堷中宽狭,正似葱垄。"这里所说的就是耕地作垄的方法。(2)耧耩作垄。"无壁而耕曰耩"(王祯《农书》)。贾思勰在《种柘法》中所说的:"耕地令熟,耧耩作垄……先重耧耧地,垄燥,培而种之。"在《种苜蓿》中说:"重耧耩地,使垄深阔,窍瓠下子"等,都属于耧耩作垄之列。(3)犁埒作垄。大体上是在垄作迹地上,破旧垄,合新垄的作业。贾思勰在《种大小麦篇》中所说的:"先埒,逐犁掩种者,佳。"就属于犁埒作垄之类。

其次是垄作耕法的广泛应用。从《齐民要术》中可以看出,当时对垄作法的应用极为广泛。既包括粮食作物,如大小麦、旱稻,又包括蔬菜作物,如薤、葱、姜、胡荽等,另外,还有苗木,如杨柳、梓、柘、榆、杨等。

再次是垄作耕法也发生了质的变化。(1)有部分垄作法已经有了翻耕的基础,彻底改变了"掩地表亩"的粗放状况;(2)即使当年没有翻耕基础,也由于翻耕法和垄作法的轮换使用而改变了其耕作基础。

2. 关于因作物耕作问题:郭文韬认为,各种作物对土壤的不同要求,是采用不同耕法的基础。贾思勰在《齐民要术》中对不同作物对土壤的不同要求,作了如下表述:黍穄是"地必欲熟";大豆是"地不求熟";麻是"耕不厌熟"。由于不同作物对土壤有不同的要求,所以在土壤耕作上也就有不同的要求,如黍穄是"再转乃佳";麻是"耕五六遍,培盖之";大豆是

“秋锋”就行了(即浅耕灭茬)。各种蔬菜对土壤也有不同要求,如蒜要“宜良软地”;葵要“地不厌良”;蔓菁“唯须良地”;姜“宜白沙地”。在土壤耕作上,蒜要求“三遍熟”;葵要求“畦种”;蔓菁要求“耕地欲熟”;姜要求“熟耕如麻地”。各种苗木对土壤的要求也不相同,因此,其耕作方法也应有所区别。如柘是“耕地令熟”;榆和白杨是“秋耕令熟”。在耕作方法上是:柘“耧耩作垄”;榆“耕地作垄”;白杨“以犁作垄”①。

3. 关于“不耕而种”问题:郭文韬认为,《齐民要术·耕田·大小豆》中所说的“穊种法”,就是不耕而种的“免耕播种法”。正像宋代的辞书《广韵》中所说的:“不耕而种曰穊”。由此可见,免耕播种法在神州大地上,至少已有1400年以上的历史。黄河中下游地区的大小豆,为什么要采用不耕而种的“穊种法”呢?《齐民要术》对此作了明确的回答,那就是大豆具有“地不求熟”的特性,采用不耕而种的“穊种”法,能防止大豆贪青和徒长,反之,如果不按照大豆这种“地不求熟”的特性,贸然采用翻耕法,就会导致“地过熟者,苗茂而实少”的恶果②。

4. 关于合理轮翻问题:郭文韬在《中国北方旱地耕作的历史经验》中说:魏晋南北朝时期,黄河中下游地区,逐渐发展了以麦→豆→秋杂(谷黍稷)轮作复种二年三熟制为特点的种植制度。与此种种植制度相适应的土壤耕作制度,则是:麦翻耕→豆免耕(穊种或耩种)→秋杂翻耕为特点的轮耕制度。这样就为人们在土壤耕作上贯彻因地、因时和因物制宜的原则

① 郭文韬,《中国古代的农作制和耕作法》,农业出版社,1981年。

② 郭文韬,《中国古代的“免耕”法》,载《中国科技史料》,1986年第5期。

创造了条件。采取垡翻和平翻结合，耕与不耕结合的合理轮翻体系，对充分利用深耕后效，保持耕层土壤的适宜紧密度，减少土壤水分的气态扩散，防旱保墒和抗蚀保土，充分利用耕层贮水保墒保苗，都有重要意义①。

（二）关于土壤培肥问题　《齐民要术》对土壤培肥问题极为重视。研究贾思勰和《齐民要术》的学者，从不同的角度，对土壤培肥问题进行了研究和总结。

1. 万国鼎在《论〈齐民要术〉——我国现存最早的完整农书》②一文中说：轮栽在《要术》中受到多方面的重视。〈种谷篇〉中说："凡谷田，绿豆小豆底为上，麻、黍、胡麻次之，芜菁、大豆为下……谷田必须岁易。"《黍穄篇》说："凡黍穄田，新开荒为上，大豆底次之，谷底为下。"《小豆篇》说："小豆大率用麦底，然恐小晚，有地者常须兼留去岁谷下以拟之。"《种麻篇》说："麻欲得良田，不用故墟(故墟亦良，有点叶夭折之患。"《水稻篇》说："稻无所缘，唯岁易为良。"《种瓜篇》说："良田小豆底佳，黍底次之。"从以上所说，有四个要点值得注意：(1)有些作物必须轮栽，有的连栽不如轮栽；(2)非豆科作物的前作，一般以豆科作物为佳；(3)连栽会发生病害，损害麻的品质；(4)对轮栽的重要性，已有比较广泛而深入的认识。

2. 石声汉在《从〈齐民要术〉看中国古代的农业科学知识》③一书中从轮作、绿肥、坏墙垣三个方面讨论了土壤培肥

① 郭文韬，《中国北方旱地耕作的历史经验》，载《中国科技史料》，1987 年第 4 期。

② 万国鼎，《论〈齐民要术〉——我国现存最早的完整农书》，载《历史研究》，1956 年第1 期。

③ 石声汉，《从〈齐民要术〉看中国古代的农业科学知识》，科学出版社，1957 年版。

问题。(1)轮作:使土壤底被徵取方向,时时有些改变,以免将营养供给上发生的缺陷与偏差加重。并指出主要作物上、中、下的前作。(2)绿肥:稻田以外,绿肥的效力,肯定的记录,可能只以《要术》为最早。《耕田篇》中,有“秋耕,掩青为上。(比至冬月,青草复生者,其美与小豆同也)”“凡美田之法,绿豆为上,小豆、胡麻次之。悉皆五六月中穊种,七月八月犁掩杀之。为春谷田,则亩收十石,其美与蚕矢熟粪同”。绿肥中,豆科植物因为有根瘤菌共生,能增加土壤中氮化物,所以占有特殊地位。(3)坏墙垣:《芜菁篇》中说:“故墟、新粪、坏墙垣乃佳。”用旧墙土作肥料,至今还颇为通行,其中究竟有什么道理,不敢妄断。但至少有两种可能:一种是非共生性固氮细菌和蓝绿藻,可能在这种长期休闲的土壤里得到它们合适生长的条件,因此固定了一些大气氮,成为氮化物;一种是硝化细菌群在这样的墙土中聚集了一些硝酸盐。

3. 李长年在《〈齐民要术〉研究》一书中[①],从轮作、绿肥、踏粪这三方面,探讨了土壤培肥问题。(1)轮作:对这方面的研究,自《要术》开始。当时轮作广泛被利用,并且多种多样化。《要术》从各式各样的轮作方式中,进行比较研究,作出新的总结。其一是有些作物可以连作,像葵、蔓菁之类,就以“故墟”为好。“故墟”就是连作地。其二是有些作物,像谷、水稻、麻之类,就不能连作,必须轮作。它们如果连作,产量大受影响。如谷子容易落粒,莠子很多。水稻连作,很容易长杂草和稗子,除草困难。麻如果连作就容易发生病害。其三是豆类作物是谷类作物良好的前作物。因为豆科作物根部有根瘤

① 李长年,《〈齐民要术〉研究》,农业出版社,1959年版。

菌，它能固定空气中的游离氮素，一亩地大豆就可吸收空气中氮素七斤，相当30多斤硫酸铵。《要术》总结出豆类作物在轮作中的重要地位。另外，《要术》还总结了间混套作的经验。(2)绿肥：从《要术》来看，当时利用绿肥很为普遍，谷、瓜、葵、葱等作物，都使用绿肥。《耕田篇》中说："凡美田之法，绿豆为上，小豆、胡麻次之。"并且认为："其美与蚕矢熟粪同。""为春谷田，则亩收十石。"(3)踏粪：《要术·卷端杂说》中载有"踏粪法，凡人家秋收治田后，场上所有穰穖等，并须收贮一处。每日布牛脚下，三寸厚，每平旦收聚堆积之，还依前布之，经宿即堆聚，计经冬，一具牛踏成三十车粪"。踏粪是当时开辟肥源的一个好方法，这种踏粪是完全肥料，后效显著，对改良土壤，提高地力，有很大的作用。

(三) 关于良种选育问题　1. 万国鼎在《论〈齐民要术〉——我国现存最早的完整农书》一文中[①]，首先引述了《齐民要术·收种篇》中一段话："五谷种子浥郁则不生，生者亦寻死。种杂者，禾则早晚不均，臼复减而难熟，粜卖以杂糅见疵，炊爨失生熟之节，所以特宜存意，不可徒然。粟黍穄粱秫，常岁岁别收，选好穗纯色者，焦刈高悬之。至春治取别种，以拟明年种子(耧耩掩种，一斗可种一亩，量家田所须种子多少而种之)。其别种种子，尝须加锄(锄多则无秕也)。先治而别埋(先治场净不杂，窖埋又胜器盛)，还以所治穰草蔽窖(不尔必有为杂之患)。将种前二十许日，开出水洮(浮秕去则无莠)，即晒令燥种之。"万国鼎认为上文所说，包含下列几个要点：

---

① 万国鼎，《论〈齐民要术〉——我国现存最早的完整农书》，载《历史研究》，1956年第1期。

(1)防止损害种子的发芽能力;(2)指出种子或品种纯洁的重要性;(3)选取种子要用穗选法;(4)把选得的种子播种在特设的留种田里,以供来年大田播种;(5)留种田要加意照顾,使其生长得更好;(6)种子必须先治别埋,以免和一般种子混杂;(7)播种前还要用水选法剔去不良种粒。若能继续严密执行这一系列很合科学的手续,显然可以有效地逐步改良种子,而且会培育出当地的良好品种。

2. 石声汉在《从〈齐民要术〉看中国古代的农业科学知识》一书中①,在"品种"一节中,只分做两点,简单地总结一下:(甲)品种记录及性能分析。《要术》对粟(谷子)的品种,收集的材料最多。除引郭义恭《广志》所记的11种之外,他自己列举了86种,并作了品质性能分析:"……此十三种,早熟,耐旱,免虫……此二十四种,穗皆有毛,耐风,免雀暴……此三十八种中……二种味美……三种味恶……二种易臼……此十种晚熟,耐水,有虫灾则尽矣。"(《种谷篇》)《要术》中所记谷物品种,计有:黍12,穄6,粱4,秫6或7,小麦8,粳稻25,糯米(秫稻)11。(乙)选种:关于谷物的选种,《要术》简单扼要地提出了具体的标准,选种的操作,以及选得时保纯的办法,比氾胜之更提高一步。(下面就引《要术》收种原文一段,从略)

3. 李长年在《〈齐民要术〉研究》一书"良种可以增产"一节中②,从品种分类,品种的地区适应性以及良种繁殖等三方面,作了讨论。(1)品种分类:作物中有了品种分类,才可显示出哪些优良,哪些低劣,哪些能符合人们增产上的要求……从而便

① 石声汉,《从〈齐民要术〉看中国古代的农业科学知识》,科学出版社,1957年版。
② 李长年,《〈齐民要术〉研究》,农业出版社,1959年版。

于生产者进行选择,拣优良品种以提高产量。后魏有许多品种,凭什么标准进行分类的?《种谷篇》双行小字注中说:“按今世粟名,多以人姓字为名目,亦有观形立名,亦有会意为称,聊复载之云耳!”另外,还说:“凡谷,成熟有早晚,苗秆有高下,收实有多少,质性有强弱,米味有美恶,粒实有息耗。”这些分类标准,为品种分类奠定科学基础。(2)品种的地区适应性:作物的地宜问题,先秦就已了解到,但是,品种的地区适应性问题,却由《要术》首先提出的。他发现有的作物,栽培地区一改变,生长情况也随之而变了。这是贾思勰亲目所见的。他在《种蒜》中说:“今并州无大蒜,朝歌取种,一岁之后,遂成百子蒜矣。其瓣粗细,正与条中子同。芜菁根,其大如碗口,虽种他州子,一年亦变大。蒜瓣变小,芜菁根变大,二事相反,其理难推……并州豌豆,度井陉已东,山东谷子入壶关上党,苗而无实。皆余目所亲见,非信传疑,盖土地之异者也。”贾思勰亲眼目睹作物随着种植地区的改变,而发生变异之事,他认为是土壤条件改变所造成的。实际上是风土条件(气候和土壤条件)所造成的。贾思勰在《种谷篇》中似乎已经意识到这一点。他说:“山田种强苗以避风霜,泽田种弱苗,以求华实也。”这就是说,按照品种的地区适应性来选择品种,才能获得较高的产量。(3)良种繁殖:贾思勰在良种繁殖上还注意到:“早熟者,苗短而收多;晚熟者,苗长而收少……收少者,美而耗;收多者,恶而息也。”早熟、矮秆的品种产量高;晚熟、高秆的品种产量低。产量低的品种,品质好,出米率低;产量高的品种,品质差,出米率高。这两种情况,都是在良种繁殖上所要重视的问题。李长年认为,贾思勰所总结的选种和留种技术,为良种繁殖指明了道路。第一,良种繁殖是增产和提高质量的因素之一;第二,为着品种防杂保纯，必须选种和育种结合进行；第三，良种繁殖要不断地进行，才能达到防杂保存和种性逐渐提高的目的。

（四）关于蔬菜栽培　李长年探讨了《齐民要术》所载蔬菜栽培技术的两大特点：(1)高度利用土地：蔬菜生产不同于其他作物，可能由于种类多，播种时期有先有后，同时由于生产目的要求也不同其他作物，一般生长期间比较短。因此，在生产中能够充分运用间作或套种技术，形成很复杂的多种经营方式。在一周年内，此伏彼起，彼伏此起，不断播种，不断生产。土地的利用次数增加，土地利用率大大提高。《要术》所述地区范围内，谷类作物生产，一般是一年一熟，或二年三熟。但如葵、韭之类，一年中收的次数就多了。如《种葵》就说："一岁之中，凡得三辈。"《种韭》中说："一岁之中，不过五剪。"《种葱》中说："葱中亦种胡荽。"《卷端杂说》中说到城郊蔬菜生产时，在五亩地中，就经营了葱、瓜、萝匐、莴苣、蔓菁、芥、白豆、小豆、茄子等十种作物，在二、四、六、七、八月里都有栽种。可见经营方式相当复杂，可以进一步想象到间作技术广泛被利用着。这种多种经营方式，就是充分利用土地。(2)粪大水勤：《要术》在蔬菜生产上，表现最突出的就是"粪大水勤"。如《种葵篇》中说："春必畦种水浇……深掘，以熟粪对半和土，覆其上，令厚一寸。铁齿耙耧之，令熟，足踏使坚平。下水令彻泽。水尽，下葵子。又以熟粪和土，覆其上，令厚一寸余。葵生三叶，然后浇之，每一掐，辄耙耧地令起，下水加粪。"其他如茄子、韭、芥子、蜀芥、芸苔、阑香、蓼……等，都和葵一样地要求粪大水勤。并且粪肥要求熟粪；在灌溉上要畦灌①。

① 李长年，《〈齐民要术〉研究》，农业出版社，1959年版。

（五）关于果树林木　李长年在《〈齐民要术〉研究》一书中[①]，有“果树和用材树木”一节，对《要术》中所总结的经验作了探索。他认为，《要术》所总结的树木，都是经济价值较高的树木，而又可在较短期间内获得收益的树木。以果树来说，大部是三五年可收果实；用材树木，在当时多用于弓、辕、车辆、床以及建筑材料的，除柞树获得利益比较迟外，一般在三年左右就可收益。这些树木也是耗费劳动量较少而收益又较多的。《要术》在《榆白杨篇》中说：“榆，砍后复生，不劳更种，所谓一劳永逸。能种一顷，岁收千匹。唯须一人守护，指挥处分，既无牛犁、种子、人工之费，不虞水旱、风、虫之灾。比之谷田劳逸万倍。”下面仅就果树和用材树的繁殖和管理方面的突出经验加以讨论：(1)繁殖：《要术》总结的繁殖经验，有有性繁殖和无性繁殖。所谓有性繁殖，就是用种子繁殖。如枣、桃、栗、桑、柘、榆……等，其中有的播种以后，不需移栽，有的必须移栽，特别是果树，移栽后可以促其早结实提高品质。所谓无性繁殖，就是采用扦插、压条、嫁接等方法繁殖树木。如杨柳、安石榴等可用扦插法；桑、葡萄、柰、林檎等可用压条法；梨、柿等则用嫁接法。(2)管理：在管理方面，突出的经验：一是嫁枣法。《要术·种枣》中说：“正月一日，日出时，反斧斑驳椎之，名曰嫁枣(不椎则花而无实，斫则子萎而落也。”采用嫁枣法，能振去狂花，使养料集中，枣子结得更好。二是熏烟防霜。凡是桃、李、梅、杏、枣，在开花盛时，一经霜冻，就很难结果。因此，要注意预防霜冻。《要术·栽树篇》中说：“凡五果花盛时，遭霜则无子。常预于园中，往往贮恶草生粪，天雨新晴，北风寒

① 李长年，《〈齐民要术〉研究》，农业出版社，1959年版。

切,是夜必霜。此时放火作温,少得烟气,则免于霜矣。”三是保树越冬。有些树木耐寒力弱,冬天必须做好保护,否则,可能冻死。如栗、椒、梧桐等,《要术·种栗篇》中说:“三年内,每到十月,常须草裹,至二月乃解(不然则冻死也)。”

(六)关于畜禽饲养　石声汉在《从〈齐民要术〉看中国古代的农业科学知识》一书中[①],有“动物饲养”一节。对《齐民要术》中所总结的动物饲养经验作了探讨。(1)选种:《要术》在《养羊篇》中提出了取得优良种畜的总办法:“常于市上伺候,见含重垂欲生者,辄买取。驹犊百五十日,羊羔六十日,皆能自活,不复藉乳。乳母好,堪为种产者,因留之以为种,恶者还卖。不失本价,坐赢驹犊。还更买怀孕者,一岁之中,牛、马、驴得两番,羊得四倍。羊羔腊月正月生者,留以作种,余月生者,剩而卖之。”从贾思勰总结的经验来看,选择好的种畜,不仅看遗传性质,还要看孕妊中的环境,以及出生后的环境影响。鸡、鸭、鹅的选种,也受到重视。《养鸡篇》中说:“鸡种,取桑落生者,良(形小,浅毛,脚细短者是也。守窠,少声,善育雏子)。”《养鹅鸭篇》中说:“鹅、鸭,并一岁再伏者为种(一伏者卵少。三伏者冬寒,雏亦多死也。)”(2)阉割:《养羊篇》中说:“拟供厨者,宜‘剩’之(剩法:生十余日,布裹脉啮碎之。)”“剩”就是阉割,“脉”指睾丸,“啮”就是咬碎。《养猪篇》中说:“子三日,便掐尾,六十日后,犍(三日掐尾,则不畏风,凡犍猪死者,皆‘尾风’所致耳。犍不截尾,则前大后小。犍者,骨细肉多,不犍者,骨粗肉少。如犍牛法者,无风死之患。)”这里所说的“犍”,就是阉割。小猪截去尾巴尖,就不容易在阉割后死于

① 石声汉,《从〈齐民要术〉看中国古代的农业科学知识》,科学出版社,1957年版。

"破伤风"。阉割而不截去尾尖，猪就会长得前大后小；阉割过的猪，骨细肉多，不阉割的猪，骨粗肉少。（3）饲管：贾思勰所总结的猪、羊饲养管理的经验是很有趣的。其一《养猪篇》中说：刚生下的小猪"愁其不肥（共母同圈，粟豆难足），宜埋车轮为食场，散粟豆于内。小豚足食（出入自由）则肥速"。其二《养羊篇》中说："积茭之法：于高燥之处，竖桑棘木，作两圆栅，各五六步许。积茭著栅中，高一丈，亦无嫌。任羊绕栅抽食，竟日通夜，口常不住，终冬过春，无不肥充。若不作栅，假有千车茭，掷于十口羊，亦不得饱，群羊践蹑而已，不得一茎入口。"其三《养羊篇》中又说："余昔有羊二百口。茭豆既少，无以饲。一岁之中，饿死过半，假有在者，疥瘦羸弊，与死不殊，毛复短浅，全无润泽。余初谓家自不宜，又疑岁道疫病？乃饥饿所致，无他故也。"这是没有积贮足够的饲料所导致的。因此，贾思勰才提出积贮青茭的方法。（4）兽医：《要术》收集了许多古代兽医医方：兼医牛马的 1 个，专医马的 30 个，医驴的 1 个，专医牛的 10 个，专医羊的 7 个。其中有很巧妙的、合理的。

（七）关于农产品和食品加工　石声汉在《从〈齐民要术〉看中国古代的农业科学知识》一书中①，对农产品和食品加工作了探讨。其中主要包括：酿造技术、淀粉加工、脯腊制作、食盐精制、淀粉糖化等内容。

第五，《齐民要术》对后世的深远影响

距离《要术》出书不久，就有唐初太史令李淳风（602—670）写了《演齐人要术》以推演《齐民要术》。唐人由于避讳唐太宗李世民的名讳，而改"民"为"人"。所以李淳风的《演齐人

---

① 石声汉，《从〈齐民要术〉看中国古代的农业科学知识》，科学出版社，1957 年版。

要术》,实际上就是《演〈齐民要术〉》。女皇武则天(624—705)曾命臣下编撰由她删定的《兆人本业》一书,其中的"兆人"也就是"齐民"的意思。此书虽已失传,但是,从有关文献中得知此书也是写农民四时种植方法的,肯定同《要术》有渊源关系。在《要术》出书数十年后就受到中央要员和女皇的高度重视,并以官书的形式号召和施行,说明《要术》有行之有效和备受欢迎的社会基础。到唐末,韩鄂编写的《四时纂要》一书,大量采用《要术》资料,从唐代到清代,还有《山居要术》、《齐民要书》、《齐民四术》、《治生要术》等书,套用《齐民要术》书名中的"齐民"或"要术"。可见《齐民要术》影响之深远。在《要术》以后,在我国的古农书中,有着与《要术》规模相似的只有四种,这就是:元司农司编的《农桑辑要》、《王祯农书》、明代徐光启的《农政全书》和清代敕修的《授时通考》。这四部综合性的农书,不论是官书还是私人著述,都一样的是以《要术》的规模为规模,以《要术》的材料为材料。这充分说明,《要术》在中国古代农学中所占有的重要地位和所具有的重要影响。

第二节 国外对《齐民要术》的研究

一、《齐民要术》在日本的广泛传播和精心研究概述

《要术》流传到国外是很早的,最早的要算东邻日本。日本藤原佐世在宽平年间(889~897)编写的《日本国现在书目》中已载有《齐民要术》十卷,说明该书在唐代就已传到日本。那时还没有刻本,传去的只能是手抄本。可惜年代久远,该抄本在日本也没保存下来。脱离手抄的最早刻本——北宋崇文院刻本,也传到了日本。此本在我国早已失传,倒是日本还保

存着，成为世界上硕果仅存的崇文院刻本，可惜已丢失八卷，只残存着第五、第八两卷。除直接传去之外，后来还有日本人自己抄写的本子，这就是十二世纪中期（当南宋初期）和十三世纪后期（当南宋末年）依据北宋系统本抄写的两个抄本。前一抄本现已散失，后一抄本就是现在还保存着的“金泽文库”抄本，但已丢失了第三卷，只剩下了九卷。日本的地理和气候以及农业生产，与中国有相似之处，作为多门类指导农业生产的农书《要术》，光靠手抄不能满足人们的需要，于是日本就发展为自己刻印，这就是山田罗谷（好之）据我国明代《津逮秘书》本（最坏之本）复刻的本子。该本刊刻于日本延享元年（1744，当乾隆九年），山田罗谷作了简单的校注，还附上日语的译文。这是日本国用汉字刊印的第一部《齐民要术》，也是最早的日文译本。山田罗谷之所以要刊印这部书，他在“序”中作了十分感人的说明：“我从事农业生产三十余年，凡是民家生产上、生活上的事业，只要向《齐民要术》求教，依照着去做，经过历年的试行，没有一件不成功的。尤其关于农业生产的切实指导，可以和老农的经验媲美的，只有这部书。所以我特为译成日文，并加上注释，刊成新书行世。”

山田氏在农业生产中由于取法《要术》而获得成功，对《要术》推崇备至，所以特为刊成新书推荐给日本人民。这是经过生产实践验证的总结报告。公元1826年，日本出现第二部《要术》刻本，是仁科干依据山田罗谷本复刻的。明治年间（1868～1911）又将仁科干本重印出版。日本著名考证学者猪饲敬所（彦博1761～1845）进一步用宋本校订山田罗谷本的错失，为过渡到现代广泛深入研究奠定了良好基础。

到了现代，日本学者对中国农书的研究更感兴趣，其研究方法和研究动向有如下几个特点：

（一）《要术》经过长期的传抄翻刻，错误的地方很多，只有校正订误，才能深入理解和深入研究。因此，日本学者西山武一和熊代幸雄经过多年的校订工作，于 1957～1959 年先后出版了《校订译注〈齐民要术〉》上下两册（限于前九卷，十卷未译注）。1969 年合订一册出版，1976 年印第三版，因此，《齐民要术》在日本广为流传。

（二）成立"技术史研究会"，对《齐民要术》等中国农书进行深入研究。研究中国农史的专家天野元之助于 1978 年发表了《后魏贾思勰〈齐民要术〉之研究》的 202 页的长文；米田贤次郎于 1989 年出版了《中国古代农业技术史研究》一书，主要收载了他研究《齐民要术》的成果。据初步统计，从 40 年代到 80 年代，共发表有关研究《齐民要术》的学术论文 20 多篇。

小出满二	1929	《论〈齐民要术〉不同版本》载《农业经济研究》5 卷 3 号
所　三男	1936	《论〈齐民要术〉与北条实时的校抄本》（即金泽本）载《社会经济史学》4 卷 11 号
渡边幸三	1940	《〈齐民要术〉概说》载《满铁资料汇报》4 卷 9～11 号
西山武一	1948	《〈齐民要术〉传承考》载金泽本《齐民要术》附录
农业综合研究所	1948	影印金泽文库本《齐民要术》
天野元之助	1949	《〈齐民要术〉与旱地农法》载《社会经济史学》15 卷 3、4

		号合刊
西山武一	1954	《〈齐民要术〉中之淮河流域稻作实态》载鹿儿岛大学农学部《学术报告》3号
杉浦丰治	1956	《论〈齐民要术〉》载《东洋文化》一号
西山熊代	1957～1959	《校订译注〈齐民要术〉》(上下)东京大学出版会
西山武一	1959	《近世华北旱地农法考——〈齐民要术〉之后华北旱地农法之展开》东钿博士还历纪念论文集《经济发展与农业问题》
米田贤次郎	1959	《〈齐民要术〉与两年三熟制》载《东洋史研究》17卷4号
东钿精一	1961	《〈齐民要术〉和我》载岩波《图书》141号
米田贤次郎	1965	《论所谓〈齐民要术〉卷头杂说》载《史林》48卷1号
熊代幸雄	1971	《〈齐民要术〉的日中今释》载《亚细亚经济》12卷6号
熊代幸雄	1977	《旱地农法中精耕细作之基础及其世界史上的意义》载《中国农法之展开》亚细亚经济研究所
米田贤次郎	1977	《华北旱地农法与地主庄园

		的形象——〈齐民要术〉的背景》载《鹰陵史学》3、4号合刊
天野元之助	1978	《后魏贾思勰〈齐民要术〉之研究》载《中国之科学与科学家》京都大学人文科学研究所
米田贤次郎	1979	《从华北旱地农法对北魏均田制的初释——〈齐民要术〉的背景之二》载《鹰陵史学》5号

1998年日本农林水产技术会议事物局企画调查课出版了《中国古农书中有关环境保护型农业技术的调查》一书，其中从《齐民要术》中收集了20条属于环境保护型的农业技术，作为农业技术推广人员的执务参考资料来用。

（三）将《要术》所记与欧美的旱地农业进行了比较研究，阐发《要术》时代中国农业技术的卓越成就和特点。经过比较研究，对《要术》给予高度评价，有的推崇《要术》所载农法为“亚洲旱地农业的真正精髓”。

（四）将对《要术》的学术研究称为“贾学”，使《要术》的研究成为一门专门学问。在日本工农业生产技术相当发达的国家，尚且把《要术》提到“专学”的高度，这说明，《要术》所载农业科技不仅在科技史上占有重要地位，而且在现实生产中仍然具有重要借鉴意义。

日本之所以如此重视《齐民要术》的研究，是同他们对中国古农书的深刻认识密不可分的。1996年5月22日，日本农山渔村文化协会专务理事坂本尚在写给中国农业科技出版社社长王子聪的信中，转达日本前农林水产省次官（相当中国农业部的副部长）滨口义旷关于“整理中国古农书的建议”中说：

“在近代科学产生以前，人类曾经历过‘中国古代科学的时代’。‘中国古农书’便构成了其中的一部分。我认为，在如何克服近代科学发展处于停滞不前的矛盾上，中国古代科学书籍蕴涵着极为现代的科学价值，以中国古农书中所描述的‘精耕细作’为代表的农业技术，对大自然不仅进行了分析，而且在总体上强调了对大自然的认识与协调关系。其‘农业技术应用方法’还深刻地揭示了迈向 21 世纪农业科技的发展方向。众所周知，在古代，‘中国古农书’曾是东亚各国共同使用的教科书。无论是在日本，在韩国，还是在东亚所有国家，‘中国古农书’被公认为是东亚各国古代科学萌发的源泉。迈向 21 世纪的亚洲并非仅有产业经济，牢牢地把握住亚洲所具有现代意义的‘思想・科学・技术’，才是最为重要的。围绕‘古农书’这一中心，开展‘亚洲农法’的研究，对于 21 世纪来说，此举是十分必要的。”

二、日本学者对《齐民要术》深入系统地研究

日本学者以天野元之助和米田贤次郎为代表，对《齐民要术》作了深入系统地研究。天野的代表作是《后魏贾思勰〈齐民要术〉的研究》全文 202 页；米田的代表作是《中国古代农业技术史研究》全文 529 页。我们将就这两位日本学者的研究成果作简要的介绍：

（一）天野元之助对《齐民要术》的研究

为了说明天野元之助对《齐民要术》研究的深入和系统，

我们首先将他的研究论著《后魏贾思勰〈齐民要术〉之研究》的目录列在下面[①]：

序章　关于贾思勰的《齐民要术》

1. 贾思勰及其著述年代

2.《要术》的内容和贾氏的著述态度

3. 关于《要术》的小字夹注

4. 卷端杂说的作者和著述年代

5. 关于我的小论

Ⅰ　整　地

1. 华北平原的保墒法

2. 赵过代田法的疑义和汉唐壁画中的犁、耧、耙、耱

3.《齐民要术》的犁耕法

4. 耕田时的心得

5. 卷端杂说中的精耕细作

6. 耙和耢及其用具

Ⅱ　播　种

1.《齐民要术》所揭示的各种播种法

2. 间作、混作、套作

3. 关于种子的选定和品种

4. 播种时的心得

5. 连作的害处以及轮作换茬所揭示的二年三熟制

6. 果树等的实生、分栽、插木

① 〔日〕天野元之助，《后魏の贾思勰‘齐民要术’の研究》，载《中国の科学と科学者》，昭和五十三年(1978 年版)。

Ⅲ 施肥和灌溉
1. 施肥的展开和“齐民要术”
2.《要术》所展示的肥源
3. 卷端杂说的“踏粪法”
4. 施肥的作物及其方法
5.《要术》所记述的灌溉法
Ⅳ 田间管理
1. 先秦的诗书中所见的除草、中耕、培土
2.《齐民要术》所述田间管理的效果
3. 田间管理的方法和用具
4. 鸟虫的防除
Ⅴ 收获·调制·贮藏
1. 收获的适期及其方法
2. 蔬菜的收获
3. 粟的单位收获量问题
4. 大田作物的调制和贮藏
5. 蔬菜果实的鲜藏、干藏、酱藏和作菹
结章 后魏的农村情势和贾氏农学
1. 后魏的农村社会和恢复生产的对策
2. 贾氏农学开创的新局面

从天野元之助的长篇论文——《后魏贾思勰〈齐民要术〉之研究》的目录中,可以看出,天野的论著除了“序章”和“结章”之外,重点在于研究和探讨《齐民要术》中所总结的农业技术问题。而且他是按照一个生产周期中的作业程序的次序来研究和讨论的。其顺序是:整地、播种、施肥和灌溉、田间管理

和收获、调制、贮藏。在“序章”中,天野讨论了:贾思勰及其著述年代、《要术》的内容及贾氏的著述态度、《要术》的小字夹注和卷端杂说的作者和著述年代等问题。在“结章”中,天野主要讨论了:后魏的农村情势和贾氏农学的关系,也就是贾氏农学的时代背景问题。

下面,我们就天野对《齐民要术》中所载农业技术的研究,作简要的介绍:

1. 关于整地问题

天野在“整地”章中,首先讨论了“华北平原的保墒法”。他说:《要术》研究的主要对象是华北平原占支配地位的黄土,此区的年降水量仅 400～600 毫米,并且分布不均,6～8 月作物生育期间降水比较集中,大约占全年降水量的 70%,而在4～6月播种期和种子发芽期的降水量很少,并且春风较多,土壤水分蒸发较多,因此春旱较重,对种子发芽和幼苗生长极为不利。在雨养农业或无灌溉农业的条件下,保蓄土壤水分(保墒)是绝对必要的。华北农民在多年生产实践中,对保墒方法和农具创制方面都积累了丰富的经验。贾思勰的《齐民要术》对此都作了明确的解说。

2. 关于播种问题

天野在“播种”章中,主要讨论了《齐民要术》中所揭示的各种播种法;间作、混作、套作;种子的选定和品种;播种时的心得等问题。

天野在“播种”章中的第二节讨论了间作、混作和套作问题。他说:《要术·种麻子篇》中说:“六月中,可于麻子地间,散芜菁子而锄之,拟收其根。”《要术·种葱篇》中说:“葱中亦种胡荽,寻手供食,乃至孟冬为菹,亦无妨。”《要术·种桑柘篇》中说："其下，常斸掘，种绿豆、小豆。"小字夹注中说："二豆良美，润泽益桑。"又法："岁常绕树一步散芜菁子。收获之后，放猪啖之。其地柔软，有胜耕者。""种禾豆，欲得逼树，不失地利，田又调熟。绕树散芜菁者，不劳逼也。"《要术》引《氾胜之书·种桑法》说："每亩，以黍椹子各三升合种之。黍桑当俱生，锄之，桑令稀疏调适。黍熟刈之，桑生，正与黍高平，因以利镰摩地刈之，曝令燥，后有风调，放火烧之，常逆风起火。桑至春生，一亩食三箔蚕。"采用黍桑混作法，一年内能多收一季粮食，同时黍能抑制桑间杂草生长，保护桑苗。《要术·种榖楮篇》中说："秋上，楮子熟时，多收，净淘，曝令燥。耕地令熟，二月耧耩之，和麻子漫散之，即耢。秋冬仍留麻勿刈，为楮作暖。"小字夹注中说："若不和麻子种，率多冻死。"《要术·槐柳楸梓梧柞篇》中说："槐子熟时，多收……五月，夏至前十余日，以水浸之……六七日，当芽生，好雨种麻时，和麻子撒之。当年之中，即与麻齐。麻熟刈去，独留槐……明年，斸地令熟，还于槐下种麻。"小字夹注中说："胁槐令长……所谓'蓬生麻中，不扶自直'。"《要术·种麻子篇》中还告诫人们："慎勿于大豆地中杂种麻子。"因为"扇地两损，而收并薄。"

天野在"种子的选定"中，首先讨论了选种的重要性。"凡五谷种子浥郁则不生，生者亦寻死。种杂者，禾，则早晚不均；臼，复减而难熟；粜卖以杂糅见疵；炊爨失生熟之节。所以特宜存意，不可徒然。"(《要术·收种篇》)在防杂保纯方面，"粟、黍、穄、粱、秫，常岁岁别收；选好穗纯色者，焦刈，高悬之。至春，治取别种，以拟明年种子"。(同上)这是要求采用穗选法选好种、纯种。在繁育良种方面，所谓"至春，治取别种，以拟明年种子”。就是要求建立“种子田”繁育良种。种子田要“量家田所须种子多少而种之”；种子田“常须加锄”，因为“锄多则无秕也”；种子田的种子要“先治而别埋”，因为“先治，场净，不杂”。贮藏种子“窖埋又胜器盛”；“还以所治穰草蔽窖”，“不尔，必有为杂之患”。（此节引文均见《要术·收种篇》）

天野认为，贾思勰对品种问题强烈关心。例如，《要术·种谷篇》除了引用晋·郭义恭《广志》中的十一个品种外，他本人列举了86个品种。如“朱谷”等14种“早熟、耐旱、免虫”；“今堕车”等24种“穗皆有毛，耐风，免雀暴”；“宝珠黄”等38种，既有味美，又有味恶者；“竹叶青”等10种，“晚熟，耐水，有虫灾则尽矣”。贾思勰还提出了品种分类的标准问题：“凡谷，成熟有早晚，苗秆有高下，收实有多少，质性有强弱，米味有美恶，粒实有息耗。”并且敏锐地指出：“早熟者，苗短而收多；晚熟者，苗长而收少……收少者，美而耗；收多者，恶而息也。”值得注意的是，当时已经提出：早熟、矮秆品种高产，以及品质好的品种产量低；品质差的品种产量高的问题。

关于连作的害处以及前作的安排和二年三作问题，天野主要讨论了以下问题：

（1）连作害处：贾思勰在《要术》《种谷篇》中说：“谷田必须岁易”否则“莠多而收薄”；《种麻篇》中说：“麻欲得良田，不用故墟。”否则有“点叶夭折之患”；《水稻篇》中说：“稻无所缘，唯岁易为良。”否则“草稗俱生，芟亦不死”。这就是说，谷、麻、稻等作物必须实行轮作，如果连作就会有杂草丛生，病虫危害，产量降低等弊端。

(2) 前作选择:《要术》对多种作物的前作都作了研究和探讨。现将主要作物的前作列表如下:

作　物	前　　作
谷	绿豆、小豆、麻、黍、胡麻、芜菁、大豆
黍穄	大豆、谷、新开荒为上
茭(青刈大豆)	麦
小豆	麦、谷
麻	小豆
瓜	小豆、晚谷、黍
麦	黍
蔓菁	大小麦
胡荽	麦
紫草	黍、穄、新开荒地大佳

从上列作物的良好前作中可以看出,豆科作物是非豆科作物的良好前作。从而为豆谷轮作奠定了基础。

《要术·耕田篇》中对绿肥轮作的好处作了充分的肯定。所谓"美田之法,绿豆为上,小豆、胡麻次之。悉皆五六月中穖种,七八月犁掩杀之。为春谷田,则亩收十石,其美与蚕矢熟粪同。"

(3) 二年三作:天野举出四例:①蔓菁:"取根者,用大小麦底,六月中种,十月将冻,耕出之(一亩数车,早出者根细)。"②胡荽:"麦底地亦得种,止须急耕调熟。虽名秋种,会在六月。六月中,无不霖,望连雨生则根强科大。"③茭:"种茭者,用麦底,一亩用子三升。先漫散讫,犁细浅埒而耢之。"④小豆:"大率用麦底,然恐小晚,有地者常须兼留去岁谷下以拟之。"这是华北地区出现二年三作这种集约利用土地的发展趋势的体现。这四例都是在麦收后的休闲期利用土地的方法,它暗示着二年三作的可能性。

3. 关于施肥与灌溉

天野在施肥与灌溉章中，主要研究和探讨了：施肥的展开和《齐民要术》，《要术》所揭示的肥源，《卷头杂说》的踏粪法，施肥的作物及其方法，《要术》所述的灌溉等问题。

4. 关于田间管理

天野在“田间管理”章中，主要研究和探讨了先秦诗书中所见的除草、中耕、培土；《齐民要术》所说田间管理的功效（包括锄地、镞锄、耙和耢、间苗和补栽、锄地锄草的次数。

（二）米田贤次郎对《齐民要术》的研究

米田贤次郎的代表作，其书名虽然作《中国古代农业技术史研究》[①]，但是，其主要内容是围绕《齐民要术》来进行的。现将该书的目录，录之如下：

序论　华北干地农法和农业社会

华北干地农法和一庄园像——“齐民要术”的背景

第Ⅰ部　技术论

第一章　关于人力耕作

一、耦耕刍言

二、有关“吕氏春秋”中农业技术的考察——特别是同“氾胜之书”有关的内容

第二章　关于牛犁耕

一、关于二百四十步一亩制的成立——商鞅变法的一个侧面

二、赵过的代田法——特别是以犁的性格为中心

① 〔日〕米田贤次郎著《中国古代农业技术史研究》，《东洋史研究丛刊》之四十三同朋舍刊，平成元年三月版。

第Ⅱ部　土地利用论

第一章　关于旱田耕作

一、“齐民要术”和二年三作

二、中国古代麦作考——二年三作成立的再检讨

第二章　关于稻作

一、从应劭的‘火耕水耨’注看后汉江淮的稻作技术

二、关于汉六朝间的稻作技术——火耕水耨的再检讨

三、陂渠灌溉下的稻作技术

第Ⅲ部　土地制度论

从华北干地农法所见的北魏均田规定的解释——“齐民要术”的背景之二

补论

一、关于中国古代的肥料——二年三作成立的一个侧面

二、所谓“齐民要术”卷端杂说问题

跋

米田贤次郎的《中国古代农业技术史研究》，其“序论”是“华北干地农法和农业社会”副题是“华北干地农法和一庄园像——《齐民要术》的背景”，显然，这是敲定该书的主题的。该书的结尾是“补论”，其内容有二，一是关于中国古代的肥料——二年三熟制成立的一个侧面；二是所谓《齐民要术》卷头杂说问题。由此可见，该书的开头和结尾，都扣在《齐民要术》上。除了序论和补论以外，正文由三部分组成，即：第一部技术论，主要研究和探讨“人力耕作”和“畜力耕作”问题，这是给研究《齐民要术》作铺垫；第二部土地利用论，主要研究和探讨《齐民要术》和二年三熟制问题，这是米田研究《齐民要术》的着力点；第三部土地制度论，主要研究和探讨北魏的均田制

和《齐民要术》的背景。总之，米田贤次郎对中国古代农业技术的研究，是以华北旱地为中心的；而华北旱地农业的研究，又以《齐民要术》为核心；《齐民要术》的研究，则以“二年三熟制”为主题，这是十分鲜明的。

米田贤次郎在《中国古代农业技术史研究》一书中，以《齐民要术》和二年三熟为主题作了深入系统地研究和探讨。他认为中国现行的轮作形式，在华北以二年三熟为主；在华中和华南以二熟制或三熟制为主。特别是二年三熟制这种类型的轮作形式，同其他类型相比较是很重要的。这种轮作形式，是什么时候开始的，这种轮作形式的进化，对生产力增加，以及社会构成有什么影响，是中国农业史、经济史研究的重要课题。因此，这些问题成为战后中国社会经济史研究的重要问题。西岛定生，天野元之助，西山武一诸位先生都发表了见解。以下将他们有关二年三熟制何时成立的见解要点归纳如下：

1. 西岛氏的见解

(1)《齐民要术》中，麦前的夏作物是休闲的，因此，麦田是一年一熟的。

(2) 到了唐代碾硙普及化，成为社会问题，以小麦生产的增加为背景，才产生了二年三熟制。

(3)《要术》中列举了许多早熟性和晚熟性的粟，粟的多样性同小麦的普及结合起来，才促进了唐代二年三熟制的普及。

2. 天野氏的见解

(1)《齐民要术》时代，存在二年三熟制的条件，但是，土地多，劳力少，所以尚不具备二年三熟的契机。

(2) 适应小麦需要量的增加，隋唐之间豪族和官僚才开始采用二年三熟这种农业经营形式。

3. 西山氏的见解

(1) 二年三熟制是禾豆与小麦组合而成,但是,《要术》说,禾豆种高田,小麦种下田,所以二年三熟制在原则上是不可能的。

(2) 高田不种麦,二年三熟制没有小麦就没有成立的可能。

上列三氏的论据,归纳起来,主要有:①《齐民要术》在原则上就看不出二年三熟制;②二年三熟制大约是在唐代小麦普及后才产生的。这些观点是东洋史学界的通行观点。米田认为,小麦的普及是发展二年三熟制的重要条件,是不能否认的事实。但是,从小麦的栽培法到《要术》的技术整体,乃至追溯以前的史实,在他的胸中始终都存有疑问。最近的乃至《要术》的二年三熟制,可以暂时不论,那么,汉代的二年三熟的实施又如何呢?

《齐民要术》的记载,是从粟开始的,然后是黍、穄、粱、秫等所谓高田作物,再后是麦、稻等所谓下田作物,再次是蔬菜等作物。对各种作物如何栽培才能有较好的收获,以及如何避免旱害等都作了重点阐述。它意味着各项目都有独立的原则。所幸,《要术》中对各种作物的前后作关系,就是所谓"底",都有明确的记载。如何处理作物轮作关系,是当时农场经营重要课题。我们可以借助这些"底"的关系来考察一下《齐民要术》中到底有没有二年三熟制。所谓二年三熟制,基本上是在同一块地上,二年里实行粟→麦→豆→冬季休闲的轮作复种方式。《要术》中所载用麦底播种的作物有下列四种:

(1) 蔓菁:“取根者,用大小麦底。六月中种,十月将冻耕出之(一亩得数车,早出者根细)。”(《要术·蔓菁》)

(2) 胡荽:“麦底地亦得种,止须急耕调熟。虽名秋种,会在六月。六月中无不霖,望连雨生则根强粿大。”(《要术·种胡荽》)

(3) 大豆:“种茭者用麦底。一亩用子三升,先漫撒讫,犁细浅埒而耢之。”(《要术·大豆》)

(4) 小豆:“大率用麦底。”(《要术·小豆》)

从上述四例麦茬复种来看,所谓麦子一年一熟的论调是不准确的。从《要术》对作物前后作关系的安排上来看,其出发点是很明确的。其一是土壤肥力的保持;其二是收获物的总和有利性。从土壤肥力的保持来看,粟的良好前作是:绿豆、小豆底为上;麻、黍、胡麻次之;芜菁、大豆为下。总的看,是豆类前作为好。从收获物的总和有利性来看,麦收后复种蔓菁才是最有利的。因为,蔓菁在当时是收取种子做榨油原料的。《要术》中说:“一顷收子二百石,输于压油家,三量成米,此为收粟米六百石,亦胜谷田十顷。是故汉桓帝诏曰:横水为灾,五谷不登,令所伤郡国,皆种芜菁,以助民食。”如果用麦茬复种小豆(绿豆),再同粟组合起来,二年三熟就成为可能,而不是没有可能。根据《要术》所记载的作物前后作关系,可作成下表:

作物		粟	黍穄	大豆(青刈)	小豆	麻	瓜	葱	蔓菁	胡荽
前作	上	小豆绿豆	新荒地	麦	麦	粪田	小豆	绿豆	麦穄	麦
	中	麻黍胡麻	大豆			小豆	黍		穄	
	下	蔓菁大豆	粟							

从上表中，可以抽出的二年三熟或一年二熟的许多组合，列表如下：

A　麦——小豆——休闲——粟
B　麦——小豆——休闲——瓜
C　麦——绿豆——休闲——葱
D　麦——大豆——休闲——黍
E　麦——蔓菁——休闲——粟
F　麦——小豆——休闲——麻
G　蔓菁——粟

从上列七组二年三熟制中，将蔓菁、瓜、葱等蔬菜类除外，普及度高的组合，主要是 A、D 这两组。即麦—小豆—粟；麦—大豆—黍。贾思勰的意图是很清楚的，就是推崇“麦—豆—粟”这种二年三熟制。

北魏正始元年(504)九月丙午诏：“缘淮南北所在镇戍，皆令及秋播麦，春种粟稻。随其土宜，水陆兼用，必使地无遗利，兵无余力。比及来稔，令公私俱济也。”(《魏书·世宗本纪》)由此可见，北魏王朝当时在淮河南北的国境线上实行军屯，诏书强制军屯在淮河南北秋播小麦，在旱作地区实行麦粟二熟；在水田区实行稻麦两熟。说明在军屯区普遍采行二年三熟制是勿庸置疑的。

在华北地区二年三作有悠久的历史，早在战国时期就有：“一岁再获”(《荀子·富国》)之说；“四种五获”(《管子·治国》)之说。及至汉代，《四民月令》和《周礼·郑注》中，都有二年三熟的踪迹可寻。《四民月令》是豪族庄园经营和家族生活的记事。其中有贱时买，贵时卖的商业行为。据杨联升《从〈四民月令〉所见的汉代家族的生产》(《食货》半月刊 1—6)一文的研究，各月谷物买卖情况如下表：

月份	1	2	3	4	5	6	7	8	9	10	11	12
粜		粟黍 大小豆 麻麦	粟		大小豆 胡麻	大豆	大小麦 豆	种麦				
籴				矿麦 大麦	大小麦	大小麦 矿麦		黍		粟豆 麻子	粳稻 粟豆 麻子	

从上表中可以看出，农历八月份买进的是本月收获的黍，而卖出的是麦种，这就是黍麦的复种。如果明年利用麦茬种豆，这就构成“黍→麦→豆”的二年三熟。

《周礼·郑注》中有以下两条注解：

“今时谓禾下麦，为夷下麦。言芟刈其禾，于下种麦也。”

“又，今俗间谓麦下为夷下。言芟夷其麦，以其下种禾豆也。”

这两条注解都说的是一年二熟制，从“今时云云”或“俗间云云”来看，这种作法不像是很特殊的作法，而是人们所熟知的作法。这两条注，完全可以组合成：“粟—麦—粟”或“粟—麦—豆”的二年三熟制。

中国自春秋战国乃至秦汉以来，一向重视小麦生产。《汉书·食货志》载董仲舒说上曰：“春秋它谷不书，至于麦禾不成则书之。以此见圣人于五谷最重麦与禾也。”汉代大儒郑玄在为《礼记·月令·仲秋之月》作注时说：“麦者，接绝续乏之谷，尤宜重之。”《汉书·食货志》中说：“种谷必杂五种，以备灾害。”五谷，有两说：一说包括：黍、稷、麻、麦、豆；一说包括：黍、穄、稻、麦、菽。前者有麻无稻，后者有稻无麻。这可能由于地区条件不同所致。但是，无论前者或后者，都包括“麦”，可见，

“麦”在五谷中地位之重要。中国古代农业生产的不稳定性，可能是促进二年三熟制发生和发展的重要原因之一。

（三）关于《齐民要术》的作者和版本的研究

1. 关于《齐民要术》的作者问题

日本学者对《齐民要术》的作者是贾思勰，没有疑议。但是，对《卷端杂说》和“小字夹注”的作者，却有疑议。

(1) 关于《卷头杂说》问题

天野元之助在《后魏の贾思勰〈齐民要术〉の研究》一书中说：“卷头杂说，由1171字构成，它同卷三中的杂说第三十重复。”正文中用“耢”字的地方，杂说中则用“盖𦔳”或者用“盖”，在用语上就有所不同。在记述的体裁上同贾思勰的笔调也不一致。他认为杂说是贾氏以后不同地域的山东人所写。但是，究竟是贾氏以后的人所写，还是贾氏以前的人所写，尚无定论。对此问题有研究的万国鼎认为是贾氏以后的人所写（《论〈齐民要术〉——我国现存最早的完整农书》载《历史研究》1956年第1期）；而日本学者米田贤次郎在《中国古代农业技术史研究》一书中则认为是贾氏以前的人所写。

日本学者米田贤次郎认为《齐民要术》的《卷端杂说》，是早于《齐民要术》原文的著作，是采行均田制以前的作品。主要理由是：

①《齐民要术·大小麦第十》中所附“瞿麦”就是荞麦。甘肃省武威磨嘴子后汉墓已有荞麦出土（甘肃省博物馆《甘肃武威磨嘴子汉墓发掘》载《考古》1960年第9期25页）。《齐民要术》大小麦篇附记之“瞿麦”其调制、食用方法，以及其多秽、耗地等特性，都与荞麦相吻合。只是由于时代的不同，用

语不同而已。汉代或魏晋时代称作“荞麦”的，到了后魏时代，则称其为“瞿麦”是完全可能的。

② 从土壤耕作的工具和程序上看，“卷端杂说”也早于《齐民要术》。从汉代的《氾胜之书》来看，当时的耕作程序是耕和耱。正像《氾胜之书》中所说的：“春地气通，可耕坚硬强地黑垆土，辄平耱其块。”“凡麦田，常以五月耕，六月再耕，七月勿耕，谨耱平以待种时。”可见，当时的耕作程序，只有“耕”和“耱”两道工序，而没有“耙”这道工序。“卷端杂说”中的耕作程序也是只有耕和耱两道工序而没有“耙”这道工序。如“卷端杂说”中说：

“先耕荞麦地，次耕余地，务遣深细，不得趁多。看干湿随时盖耱。”“但所耕地，随晌盖之。”“每耕一遍，盖两遍，最后盖三遍，还纵横盖之。”

可见，“卷端杂说”中所载耕作程序，只有“耕”和“盖”两道工序，而没有“耙”这道工序。

《齐民要术·耕田篇》中所载的耕作程序则增加了“耙”的工序。如：“耕荒毕，以铁齿镉楱再遍耙之，漫掷黍稷，耢亦再遍。

《齐民要术·旱稻篇》中说：“凡种下田，不问秋夏，候水尽，地白背时，速耕、耙、耢，频烦令熟。”“其种高田者……亦秋耕、耙、耢。令熟。”可见，《要术》中的耕作程序是“耕、耙、耢”三道工序。它比“卷端杂说”中的“耕、耱”两道工序，是进步多了。

《齐民要术·耕田篇》在“春耕寻手耢”后有如下“小注”：“古曰耰，今曰耢。《说文》曰：耱田器。今人亦名耢曰耱。”可见，耢和耱具有相同的含义，可能在不同地区，叫法不同罢了。

③ 从度量衡的差别上看,《卷头杂说》也早于《齐民要术》。杂说使用的地亩是汉制,其容量当然也是汉制;而《要术》则使用的是北魏量制。米田遵循"地亩、量制同著述年代一致"的原则,认定杂说是汉至魏晋时代的著述,最迟也不迟于"均田制"施行以前。

(2) 关于"小字夹注"问题

天野在《后魏の贾思勰〈齐民要术〉の研究》一书中说:"《要术》正文大字约六万九千字,小字夹注约四万二千字。这些小注既有自作,又有后人补注。对此梁家勉在《〈齐民要术〉的撰者注者和撰期》一文中,将小注分为四个类型,作了探讨。梁氏所谓Ⅰ类型是属于训诂性质的。这一类型主要是对大字正文作字音字义的解释,是后人加入的。Ⅱ类型属于校雠性质的小注,也是后人所加,其中可能有《孙氏〈齐民要术〉音义解释序》的孙氏所作。Ⅲ类型属于对正文作补充的性质,应当是贾思勰所作。Ⅳ类型属于只有大字标题,其说明语全是小字夹注,其中可能有传抄过程中,大字和小字混淆的情况。这类小字应是贾氏自作。这四个类型中Ⅲ类最多,可见还是贾氏手笔最多。天野基本上同意梁氏的分析。

2. 关于《齐民要术》的版本问题

日本学者小出满二在昭和四年(1929)于《农业经济研究》第五卷三号上发表了《〈齐民要术〉版本考》的文章,我们根据这篇文章,将小出满二所列《齐民要术》版本列在下表中:

时代	版本名	出版年代	备　注
北宋	崇文院本	1020～1023	天禧四年诏刻，天圣初出版。
南宋	张辚刻本	1144	
明	马直卿刻本	1524	即湖湘本，有王廷相序。
	胡震亨刊本	1600～1630	即秘册汇函本。
	毛晋编刊本	1630	即津逮秘书本。
	华亭沈氏本		即竹东书舍刻本。
清	张海鹏刊本	1804	即学津讨原本。
	湖北崇文书局本	1875	即百子全书本。
	袁昶刊本	1896	即渐西村舍本。
民国	四部丛刊本	1922	商务印书馆印。
	四部备要本	1926	中华书局刊本。

此表根据《小出满二著作集》(农文协出版)中刊印之《〈齐民要术〉异版考》整理。

天野元之助在《中国古农书考》(日本龙溪书舍出版 1975;中译本,由彭世奖、林广信翻译,农业出版社 1992)一书中,对《齐民要术》的版本有较为详细的阐述,现据以制成下表,以期醒目:

朝代	版本	刊刻年代	备　注
北宋	崇文院本	1023～1031	此本又称高山寺本，现藏京都博物馆，仅存卷五、卷八两卷。罗振玉曾以《北宋椠〈齐民要术〉残本》之名于 1914 年影印，收入他编的《吉石庵丛书》中。
	金泽文库本		又称“旧钞卷子本”(二十二卷轴)，或称“北条实时作跋本”。珍藏在名古屋蓬左文库内。1958 年由综合农业研究所影印。附有西山武一的《〈齐民要术〉传承考》。可惜此本缺卷三。
南宋	龙舒本	1144	又称张辚刻本，由于此本刻于安徽龙舒，故称“龙舒本”。半页十行，行十七字。

续　表

朝代	版本	刊刻年代	备　　注
明	明抄本		即邓氏群碧楼藏本影印的《四部丛刊》本。其祖本则是南宋“龙舒本”。
	湖湘本	1524	马直卿刻于嘉靖三年，有王廷相序，卷末有葛佑之序。
	秘册汇函本	1605	胡震亨于万历三十一年，以湖湘本为底本辑成，此本有葛佑之后序，王廷相后序，以及沈氏龙、胡震亨“书后”。
	津逮秘书本	1630	毛晋辑于崇祯三年，即虞山毛氏汲古阁刊本。1923、1924 年上海博古斋影印出版。
	山田萝谷本	1744	日本京都的山田萝谷（好之）于延亨元年，以津逮秘书本为底本，旁加汉文训读和送假名，在书眉上加校注，还在卷末附上半页明代杨慎的《丹铅总录》由平安书林向荣堂出版。
	文政本	1826	日本文政九年由仁科轩作序，在浪华书肆定荣堂藏版基础上补刻后，再次出版了山田萝谷本。此本是由猪饲敬所（彦博）用朱笔校订过的。
	学津讨原本	1806	嘉庆十一年由张海鹏编，由虞山张氏照旷阁印行。此本印有《四库全书总目》的“齐民要术提要”、原序、杂说和正文。此外，还附有葛序、王序、沈序和胡序。张海鹏作跋。
	四部备要本	1927	中华书局据《学津讨原》校本出版了活字本。
	观象庐丛书本	1888	光绪十四年吕吴调阳编《观象庐丛书》将《齐民要术》辑入第七函。由彭门吴氏收藏。
	子书百家本	1875	光绪元年湖北崇文书局刊《子书百家》第四函（农学类）。
	百子全书本	1915	上海扫叶山房编《百子全书》农家类，收入《齐民要术》。此本以崇文书局本为底本加上句读后石印出版。

续 表

朝代	版本	刊刻年代	备　注
	诸子荟要本	1979	台北广文书局出版之《诸子荟要》中收有《齐民要术》。此本是崇文书局本的缩版影印本。
	渐西村舍本	1896	光绪二十二年桐庐袁昶刊本。卷首有袁昶"校刊《齐民要术》叙",刘恭甫"校刊《齐民要术》商例"和刘富曾的"识语"。
	丛书集成本	1939	商务印书馆在"渐西村舍本"的基础上,加上句读后的铅印本。
	龙溪精舍本	1917	郑国勋编的《龙溪精舍丛书》中,收有潮阳郑氏刊本。
	四部刊要本	1958	台北世界书局出版的"世界文库"中收有《齐民要术》。
	选释本	1975	大寨大队理论组、北京大学生物系注释组选释。
	选注本	1976	广西农学院法家著作注释组选注。
	节选本(包括《五朝小说》本和《青照堂丛书》本。)		

三、欧美学者对《齐民要术》的研究

《要术》在欧美各国同样受到重视,许多国家的图书馆珍藏有《齐民要术》。《要术》最迟在十九世纪就已传到欧洲。英国著名博物学家、生物进化论的创建人达尔文(1809~1882),在创立生物进化学说的过程中,就曾经参阅过《齐民要术》。达尔文在震动世界的《物种起源》一书中就曾经说过:"我看到一部中国古代的百科全书,清楚记载着选择原理。"据考证,他所说的百科全书可能就是《齐民要术》。达尔文在《动物和植物在家养下的变异》一书中,谈到羊的人工选择时所说的:"改良它们的品种,在于特别细心地选择那些预定作为繁殖之用的羊羔,给予它们丰富的营养,保持羊群的隔离。"和《要术》中所说的:"常留腊月、正月生羔为种者,上","所留之种,率皆精好，与世间绝殊。"十分吻合。达尔文又说："中国人对于各种植物和果树，也应用了同样的原理。"对各种植物和果树应用人工选择的原理，也多见于《要术》。

欧美的现代学者也很重视《齐民要术》，如英国剑桥大学研究中国科技史的专家李约瑟博士（Joseph Needham）主编的《中国科学技术史》中《农业史》分册就引用许多《齐民要术》中的材料。他的助手白馥兰女士（Francesca Bray）已将《要术》的前六卷翻译成英文；德国的赫茨博士（Dr. Christine Herzer）已将《要术》全书译成德文。

欧美学者对《齐民要术》的研究，集中体现在李约瑟主编的《中国科学技术史·农业史》中，"农业史"的执笔者白馥兰·布瑞（Erancesca Bray）早年曾在英国剑桥李约瑟麾下工作多年，主要从事"中国农业史"的编撰工作，后来移居美国，在加州大学巴巴拉分校任教授，继续从事农业史的研究工作。因此，她称得上是欧美研究贾思勰和《齐民要术》的学者代表。她对贾思勰和《齐民要术》的研究成果，主要体现在她执笔的《中国农业史》之中。我们在这里根据台湾商务印书馆出版发行的李约瑟主编，陈立夫主译的《中国之科学与文明》16 分册，白馥兰·布瑞著的《中国农业史》将她们的研究成果录之如下①：

《齐民要术》前已述及之《神农书》及《氾胜之书》虽也残存若干章句，可供辑刊；但中国农书至今仍完整无缺者，当首推南北朝（约当梁武帝大同元年，西元五三五年间）时之《齐民要

① 〔英〕李约瑟主编，陈立夫主译，《中国之科学与文明》16 分册，〔美〕布瑞著，李学勇译，《中国农业史》上册，台湾商务印书馆，1994 年版第 77～88 页。

术》。此书材料丰富，记述确实；且体制完备，系统严谨；描述记事，巨细无遗；诚为后世农书之范本。著者贾思勰在序言中说：

"今采捃经传，爰及歌谣，询之老成，验之行事；起自耕农，终于醯醢；资生之业，靡不毕书。号曰《齐民要术》。凡九十二篇，分为十卷。卷首皆有目录，于文虽烦，寻览差易……晓示家童，未敢闻之有识。故丁宁周至，言提其耳；每事指斥，不尚浮辞。览者或无嗤焉。"

中国在南北朝时代，文字都崇尚华丽典雅，但贾氏之作却用语平淡，不尚辞藻。即以文字蜕变十五个世纪后之今日标准言，该书仍流畅易懂。贾氏论理之方式以及体裁之严谨，确为后世农书之楷模。

《齐民要术》堪称巨著，全书字数超过十万，引书百六十种以上；且引句颇长。目前所见之《氾胜之书》及《四民月令》几尽辑自《齐民要术》中之引文。且书中若干章节之酿制及烹煮技术，若非由该书所引，几已无法获知此古早之文明。书中末卷"五谷果蓏菜茹非中国物产者"所载闽广及越南植物之引句，亦提供多种古籍之资料。虽书中大半为引文章句，然农耕主体之文字，却仍为著者贾氏之手笔。书中除曾述及著者曾任中级官吏（高阳太守）外，对贾氏之身世可说一无所记。然亦可由高阳推知书中所论，厥为山东一带之农业。该书详述若干农田中之耕作技术；亦述及若干自用及售贩之作物；更兼及若干副产加工及酿制之技术。（布瑞所列《齐民要术》之目录，从略）

诸家学者对此书之宗旨略有疑问，未知著者为农民所写？抑或为地主所写？当时之地主也有可能经分散后而流为小农；也有可能由地主租予小农代为耕种。然以《齐民要术》书中屡涉足供贩售之作物，如红蓝花及多种木材等；雇佣劳工，贩售产品须待价而沽等。凡此记述，足证当时北魏之地主也多喜自耕数亩，亲授农时。贾思勰必对农耕管理具有亲身体验，且能为酿制酒酢、腌渍蔬果，以及整染织物等手工艺而雇请技工，加以管理。试观各章记述均详确实用，显示贾氏之学非仅坐谈之理论也。贾氏虽于书中时举旧法以维传统，但也对新法良制颇具热诚。虽常指示新法疑点，却仍愿试用，以测实效。

整体说来，贾思勰所论述之农耕技术全部均以实际经验为准，很少涉及神话或星象等神秘信仰。虽于引文中录有早期农书所用之黄道吉日，然贾氏本人之农耕记录，全部系依二十四节气为准。故《齐民要术》中所论述之农耕程序颇为详实。贾氏对每一作物都有完整记述，诸如播种量与播种期及土壤肥力之配合（惟并非经常记述产量）贾氏亦为中国农书中首次记述轮作制度者也。书中有云：

"凡谷田，绿豆、小豆为上，麻、黍、胡麻次之，芜菁、大豆为下。"

《齐民要术》中所记述参与轮作之植物种类颇多（包括大麻、瓜类、胡荽等，以及重要谷类及豆类作物）。此种复杂之轮作制度似较欧洲罗马时代及中古时代更为完整。从《齐民要术》之记述，可以推知当时华北农耕技术之生产力实已超过同一时代之欧洲罗马帝国全盛时期，甚至远优于西元 1600 年前之北欧农业。当时（南北朝）华北之农民已能运用多种农具，如不同犁壁（也叫犁耳、犁镜）之犁，各种形式之耙及劐子，耧及碌碡（即滚耙）等。贾思勰也已能利用厩肥及绿肥以恢复地力，并发展合理之轮作制度，可充分利用地力而不必予以休闲。贾氏能从许多种作物中选取适当之品种（例如在《齐民要术》中列有小米品种几近百种，并一一记述其主要特性）。贾氏也列出多种谷类品种，且又举示多种蔬菜及果树以为辅助作物。贾氏且能栽植供其贩售之植物，像木材及染料植物；更能饲养家畜及生产加工食品（如酒、醋、酱油及腌菜等）。

《齐民要术》中所搜罗记述之知识及技术，可说即为近代科技发展前之最高水准。贾思勰所记述之农耕制度包括土地之充分利用，丰富之作物种类，以及多种农具。贾氏非仅能加以操作，且也知其奥秘，使农具发挥最佳之功效。贾氏所经营之农业，于土地及人力之利用上已颇为集约，故能发挥最高之生产力。《齐民要术》中所记述者，恐已为华北农业之全盛时期，此后之进步确已式微。后世农书之著者，每于援引《齐民要术》之章句时，感叹自贾氏之后，华北农业之没落。像宋代之《种艺必用》，金代元代早期之《种莳直说》及《韩氏直说》，清代之《知本提纲》、《农言著实》、以及《马首农言》等农书之记述，均显已日趋低落。华北农业水准之低落，可能也为中国经济重心移至富饶之江南所造成之结果。《齐民要术》中所记述之技术水准及革新精神，厥为兴盛经济社会之表征。此后所有中国农业技术，理论改革及记述此类改革之重要农书，均已出自华南矣。”

四、《齐民要术》时代中西农业与农学的比较研究

《要术》时代相当于欧洲中世纪的初期。此期，中国的农业已经进入精耕农业的发展期，并且已经编撰了《齐民要术》这部农学巨著；而欧洲此期仍然处于中世纪的黑暗时代，农业粗放滞后，产量很低，农书频于绝迹，而中国在五世纪至十七世纪(欧洲中世纪)农书大量涌现,多达三百余种。下面,我们就中世纪中西农业与农学作些具体的比较。

(一)中世纪中西农业比较 欧洲中世纪在封建领主统治下,以采地为农业生产单位,长期实行"二田制"和"三田制",耕作粗放,滞后呆板,产量低下。所谓"二田制",就是将耕地划分为两区,每年种植一区,休闲一区,两区逐年互换。所谓"三田制",就是将耕地划分为三区,一区种冬谷,一区种春谷,一区休闲。春谷一般为大麦、燕麦或豆类,通常在四月下种;冬谷一般为小麦或黑麦,通常在九月下种。在采地内,除耕地外,还有少量割草地、牧地和荒地。这种"二田制"和"三田制"的缺点很多:(1)为了将肥瘠不同的土地搭配给农奴,将土地划分得很细碎,很分散,农奴们到田里去劳动,往往要跑很远的路,劳动效率很低;(2)农奴没有改良土壤,培肥地力的积极性,只能年复一年的掠夺地力,消耗地力。这是"土壤肥力递减律"这一概念产生的重要原因;(3)由于牧草不充足,饲料缺乏,畜牧业不发达;(4)由于畜牧业不发达,积蓄的畜粪很少;(5)作物种类比较单纯,耕作制度呆板,土地利用率极低;(6)单纯依靠土地休闲,不能恢复地力;(7)农业产量很低①,中世纪的英国,每英亩小麦产量只有 6～8 英斛(Bushel),折合我国今制,1 英亩=6.07 市亩,1 英斛=3.637 市斗。这就是说,当时英国小麦亩产只有 3.6～4.8 斗的低水平。

中国在五至十七世纪的传统农业时期,已经进入精耕细作优良传统的发展期乃至成熟期,北方旱地保墒抗旱的耕作体系已经形成,翻耕法的"耕、耙、耱、压"已经配套;垄作法的

① 〔美〕格拉斯著,《欧美农业史》,万国鼎译,商务印书馆,1935 年版。

耕地作垄、耧耩作垄、犁埒作垄已经成龙。轮作复种、间作套种,多熟种植的技术已经成熟。豆谷轮作,绿肥轮作,生物养地的技术已经创立。积肥、施肥的技术已经积累。充分用地,积极养地,用养结合,地力常新的传统已经奠定。选用良种,繁育良种的经验已经总结。耕耨结合,加强中耕管理的优良传统已经确立。因此,中国的粮食亩产要高出欧洲的粮食亩产 4 至 5 倍以上。《要术》记载,用种过绿肥的地种谷子,"亩收十石"。绿肥的增产效果,不会超过一倍,因此,可按一般田亩产五石计算,后魏时一亩约合今市亩 1.016 亩,一石约合今市斗 4 市斗,这样就是:1.016×4×5=2.03 市石,比欧洲中世纪小麦亩产 4 斗左右,高出 5 倍以上。

(二)中世纪中西农学比较　中世纪的欧洲农业处于黯淡衰落时期,农书几乎濒于绝迹,虽然有些农业文献,也主要是大量存留的采地的公文、管理人员的报告,以及收支账目等,根本算不上农书。

中国在此期间农业发达,耕作水平较高,农学著作大量涌现。据不完全统计,中国在五世纪至十七世纪,农书多达 300 多种,其中佼佼者就有:《齐民要术》、《四时纂要》、《蚕书》、《陈旉农书》、《橘录》、《农桑辑要》、《王祯农书》、《马一龙农说》、《元亨疗马集》、《农政全书》等,这些农书各具特点,都具有相当高的水平。可以说,这些农书添补了欧洲农书乃至世界农书的空白。

五、《齐民要术》对国外农业的深远影响

符合农业生产客观规律的农业科学技术,是没有国界的。《齐民要术》所总结的农业科技,就是符合农业生产客观规律的农业科技。因此,它才冲出国门,走向世界,为国外农业生产，为世界人民服务。《齐民要术》早在唐代就引进“一衣带水”的邻邦——日本。日本学者藤原佐世在宽平年间(889～897)编写的《日本国现在书目》中就已载有《齐民要术》十卷。日本的地理、气候以及农业生产，同我国的某些地区具有相似之处，因此，日本学者山田罗谷早在延享元年(1744)就将《齐民要术》翻译成日文出版。山田罗谷在为《齐民要术》日译本作“序”时说：

“我从事农业生产三十余年，凡是民家生产生活上的事业，只要向《齐民要术》求教，依照着去做，经过历年的试行，没有一件不成功的。尤其关于农业生产的切实指导，可以和老农的经验媲美的，只有这部书。所以我特为译成日文，并加上注释，刊成新书行世。”①

这个“序”中所说的话证明，《齐民要术》在日本的农业实践中，确实起到“切实指导”的作用。

《齐民要术》不仅在日本古代的农业生产中起到“切实指导”的作用，而且在现实农业生产中，继续起到“切实指导”的作用。日本农林水产省前次官滨口义旷在 1996 年 5 月指示“农文协”专务理事坂本尚访问中国时，要同中国农业科技出版社商谈合作研究与整理“中国古农书”事宜时说：

“在近代科学产生以前，人类曾经历过‘中国古代科学’的时代。‘中国古农书’便构成了其中的一部分。我认为，在如何克服近代科学发展处于停滞不前的矛盾上，中国古代科学书籍蕴涵着极为现代的科学价值，以中国古农书中所描述的‘精耕细作’为代表的农业技术，对大自然不仅进行了分析，而

---

① 〔日〕山田罗谷，《齐民要术》，日译本，1744 年版。

且在总体上强调了对大自然的认识与协调关系。其‘农业技术应用方法’还深刻地揭示了迈向21世纪农业科技的发展方向。众所周知,在古代,‘中国古农书’曾是东亚各国共同使用的教科书。无论是在日本,在韩国,还是在东亚所有国家,‘中国古农书’被公认为是东亚各国古代科学萌发的源泉。迈向21世纪的亚洲并非仅有产业经济,牢牢地把握住亚洲所具有现代意义的‘思想·科学·技术’才是最为重要的。围绕‘古农书’这一中心,开展‘亚洲农法’的研究,对于21世纪的世界来说,此举是十分必要的。”①

为了贯彻日本前农林水产省次官滨口义旷的上述指导思想,农林水产技术会议事务局企画调查课组织一批著名学者,从中国古农书中收集了102条(《氾胜之书》11条,《齐民要术》20条,《陈旉农书》12条,《花镜》7条,胡道静《中国古代农业博物志考》10条,郭文韬主编《中国农业の传统と现代》42条)有关环境保护型的农业技术,编辑出版了《中国古农书における环境保全型农业技术に关する调查》一书②,作为农业技术人员的“执务参考资料”在执行技术指导任务时的参考资料。由此可见,《齐民要术》等中国古农书,在研究和解决21世纪的农业科技问题时仍然具有“切实指导”的作用!

---

① 〔日〕“农文协”专务理事坂本尚给中国农业科技出版社社长王子聪的信,1996年5月22日。

② 日本农林水产技术会议事务局企画调查课,《中国古农书における环境保全型农业技术に关する调查》,平成九年(1998)。

王祯评传

郭文韬 著

概 述

王祯，不仅是元代杰出的农学家、而且是卓越的机械设计制造家、印刷技术革新家，还是很有名气的诗人。

王祯是山东省东平人，南宋后期生，元中后期卒，该期有不少“名士”都曾经在东平设帐授徒，培养了一大批人才。其中著名的有孟祺等人，而孟祺就是主编《农桑辑要》的人，王祯就是在孟祺等人的影响之下，从事《农书》撰著的。王祯有“南北游宦”的经历，他在北方的足迹遍及燕赵、齐鲁、秦晋、江淮等地(详见王祯《农书》有关篇章)，这同王祯曾经有较长时间在元大都(今北京)候官或做承事郎有极为密切的关系。他在南方的足迹则涉及江浙、湖湘、皖赣等地，根据有关方志的记载，他曾在安徽旌德县和江西永丰县任地方行政长官(县尹)多年，在任职期间，能够劝课农桑，修桥补路，修建学校，施舍医药，给当地的百姓做了许多好事，以致在他调走若干年之后，旌德和永丰的老百姓仍然怀念着他。

王祯在旌德县任内(1295～1300)着手编撰《农书》，在永丰县任内完成《农书》的编撰，大约用了十年左右的时间，人们一般把王祯给《农书》写序的那一年，即皇庆二年(1313)做为成书的年代。其实成书的年代要早于皇庆二年。王祯《农书》在中国农学史上占有极为重要的地位，它一向被认为是中国古代的四大农书之一(其他三部重要农书是:《氾胜之书》、《齐民要术》和《农政全书》)，王祯继承了前人的农学研究成果，总结了元代及其以前，农业生产的实践经验，全面系统地阐发了广义农业的内容和范围，开创了南北比较农业的新篇章，增辟了《农器图谱》的新园地，所有这些都是王祯《农书》对中国传统农学做出的新贡献！

王祯在农学思想和学说上也有新的创造，其中有关“天地人物和谐与统一”，“方物器的密切配合”以及“农林牧的综合经营”等思想和学说，对现代农业的发展仍然具有指导意义。

王祯不仅是中国古代出色的农学家，而且是精巧农器的设计制造家、印刷技术的革新家和很有名气的诗人。在农器设计制造方面，《农器图谱》中所载之牛转翻车、水转翻车“皆出新制”；水论三事“今创此制”；连磨“世罕有传者，今乃寻绎搜索，……既图于前，复叙于后，庶来者效之”:水排“去古已远，失其制度，今特多方搜访，列为图谱，庶冶炼者得之，不惟国用充足，又使民铸多便”；水砻“水利中未有此制，今特造立”；高转筒车“此近创捷法”。在印刷技术的革新方面，王祯创造了“木活字印书法”和“转轮拣字法”，对提高印刷技术也做出了重要贡献。王祯还是很有名气的诗人，清人编选的《元诗选》中就收有王祯《农书》中的农器诗，题名为《农务集》者。徐光启在《农政全书》中说:王祯“诗学胜农学”；《四库全书总目提要》称王祯《农器图谱》中的:“铭、赞、诗、赋，亦风雅可诵。”

第一章 生平与业绩

王祯的家乡东平，在元初已是封建文人荟萃的地方。早在窝阔台时代，万户严实就曾经在此“兴学养士”，当时的名士有王磐、孟祺等人，其中的孟祺在元世祖至元七年(1270)曾任山东西道劝农副使，参与过元司农司主持编撰的《农桑辑要》一书的编撰工作。王磐是孟祺的老师，曾应孟祺之邀为《农桑辑要》作序。由此可见，当时东平的名士王磐、孟祺等人都是熟悉农业和农学的名士。王祯就是在他们的影响下，接触农学，并编撰农书的。王祯在元成宗元贞元年(1295)任宣州旌德县(今安徽旌德)县尹，任职六年，后于元成宗大德四年(1300)调任信州永丰县(今江西广丰)县尹。他在做地方官期间一直过着俭朴的生活，从未搜刮过民财，并且还捐出部分薪俸，兴办学校，修桥补路，修建坛庙，同时还兼施医药，救治贫苦人民。王祯认为，作为地方长官，兼劝课农桑之重任，必须自己先懂农业和农学，否则“己犹未知，安能劝人”；他抨击那些未曾下乡先发文件通报，下乡以后先吃后拿，搜刮民财的地方官；他极力推崇古代著名的“循吏”；他深深地同情“野夫田妇”；他藐视那些贪官污吏和地主老财；他编撰农书，教民以方，示民以器，促进农业生产的发展。他的种种善绩，都为农民们“口碑载道”或“利赖诵歌”。

第一节　南北游宦　劝课农桑

一、南北游宦　涉历有年

元帝刻行王祯《农书》诏书抄白中说：“王祯，东鲁名儒，年高学博，南北游宦，涉历有年，尝著《农桑通诀》、《农器图谱》及《谷谱》等书，考究精详，训释明白，备古今圣经贤传之所载，合南北地利人事之所宜，下可以为田里之法程，上可以赞官府之劝课。”①说明王祯在南北方都做过官。他编撰的《农书》得到了元帝的赞许。

王祯在北方游宦多年是有踪迹可寻的。我们在王祯《农书》中就能找到许多例证。例如《百谷谱·李》中就有：“愚尝见北方一种，谓之‘御黄’，其重踰两，肉厚核小，食之甘香而美，李中之嘉种也。”可见，王祯不仅在北方亲眼见过“御黄”这个李子良种，而且还亲自品尝过这种李子。《百谷谱·梅·杏》中说：“愚尝见北方有一种杏，甚佳，赤色，大而稍扁，肉厚，谓之肉杏，

① 引自王毓瑚《王祯农书校注》，农业出版社，1981 年版，第 446 页，“元帝刻行王祯农书诏书抄白”。

又谓之‘金刚拳’，言其大也。”《百谷谱·栗》中说：“愚尝见燕山栗，小而味最甘。”《百谷谱·枣》中说：“南枣坚燥，不如北枣肥美，生于青晋绛州者尤佳。”《农器图谱·铲》中有：“尝见燕赵北，亦传辽池东”的诗句。《农器图谱·耧锄》中说：“今燕赵间多用之，名曰劐子。”《农器图谱·瓠种》中说：“燕赵及辽以东多用之。”《农器图谱·耧》中说：“今燕赵齐鲁之间，多有两脚耧，关以西有四脚耧。”《农器图谱·耕索》中说：“今秦晋之地，亦用长辕犁。”《农器图谱·沙田》中说：“愚尝客居江淮，目击其事。”《农器图谱·划》中说：“北方幽冀等处……乃用此器划土而耕。”《农器图谱·铲》中说：“今营州之东，燕蓟以北，农家种沟田者皆用之。”由此可见，王祯在北方的足迹遍及燕赵、齐鲁、秦晋、江淮等处，涉及的地区相当广阔。但是，他最多提到的地方还是燕赵等地，这和王祯长期在元大都（今北京）候官或做“司农司”等部门的属官有关。因为王祯在北方各地所关注的事情大都是有关农业方面的事情。如李、杏等果树品种的优劣，农民所使用的农具，如犁、耧、劐、铲等。

王祯在南方做官时，年岁已高，正像元帝刻行王祯《农书》诏书抄白中所说的：王祯当时已经“年高学博”，这是他在旌德（安徽）和永丰（江西）做官时其政绩突出的基础条件。他在南方做官时也到过很多地方。从他的《农书》中也可寻到他的踪迹。如《农器图谱·耘荡》中说：“尝见江东等处农家，皆以两手耘田”；《农器图谱·薅马》中说：“余尝盛夏过吴中，见之，土人呼为‘竹马’”。《百谷谱·甜瓜》中说：“尝见浙间一种，谓之阴瓜。”《农器图谱·高转筒车》中说：“今平江虎邱寺剑池，亦类此制。”《农器图谱·水转连磨》中说：“尝到江西等处，见此制度。”《农器图谱·筛谷扐》中说：“尝见江浙农家。”《农器图谱·笐架》中说：“今湖湘间收禾，并用笐架悬之。”由此可见，王祯在南方的足迹也很广阔，涉及的地区包括：江浙、湖湘、安徽、江西等地。

由于王祯有“游宦南北，涉历有年”的经历，所以他才能写出兼顾南北，比较农业的巨著。

王祯对地方长官兼劝农事的一些官吏，不懂农事，作威作福，敲榨勒索的行径，进行了无情的抨击。他说：“今长官皆以劝农署衔，农作之事，已犹未知，安能劝人，借用劝农，比及命驾出郊，先为文移，使各社各乡，预相告报，期会斋敛，只为烦扰耳！”元代一些兼劝农事的地方长官，自己尚且不懂农事，他们如何能去劝农呢！这些官们借用劝农的名义，准备出郊之前，就预先发去文书，预先告报，在下乡以后，连吃带拿，只能给农民增添一分烦扰。“虽曰爱之，其实害之。”[①]王祯尖锐地指出：“今夫在上者，不知衣食之所自，惟以骄奢为事，不思己之日用，寸丝口饭皆出于野夫田妇之手，甚者苛敛不已，朘削脂膏以肥己，宁肯勉力以劝之哉！”这些高高在上的官老爷们，他们根本不知道他们的衣食从何而来，他们唯独以骄傲奢侈为本事，从来不想想他们的日用，从一寸丝到一口饭，都来自野夫田妇之手，他们当中有的人严苛收敛，盘剥老百姓的脂膏以肥己，这些人哪里肯费力去劝农呢！从这里可以看出，王祯对那些贪官污吏进行了无情的抨击，而对那些“野夫田妇”则寄予无限的同情！

王祯在《农书·农桑通诀·劝助篇》中，不仅无情地抨击了兼劝农事的地方官吏，而且对古代的“循吏”推崇备至。王祯说：“及览古之循吏，如黄霸之治颍川，劝种树；龚遂之治渤海，课农桑；何武行部，必开垦田；茨充为令，益治桑柘；召信臣

① 王祯《农书·劝助篇》。

治南阳，开沟渎为民利；任延治九真，易射猎为牛耕；张堪守渔阳，开稻田；皇甫隆治敦煌，教耧犁；此先贤劝助之迹载诸史册，今略举其著者，皆可为后世治民之良规，诚使人君能法周成汉文之治，以表倡于上，公卿守令，能法龚黄诸贤之事，以奉承于下，省徭役以宽民力，驱游惰以趋农业，又何患民之不勤，田之不治乎！”王祯对古代的“循吏”，奉为“先贤”推崇备至，他希望当时的劝农官都能把这些“循吏”或“先贤”做为榜样（良规），做好劝课农桑之事就会大有希望！

二、劝课农桑 授之以方

王祯在为官期间的突出政绩，就是劝课农桑。他认为搞好劝课农桑的前提条件就是自己首先要熟悉农业，否则“己犹未知，安能劝人”①。他为了熟悉农业和农学，曾经深入系统地研究过农业和农学，并且能经常深入农业生产实际调查研究，所以他很熟悉农业生产知识，并且对农器的设计制造有精细地研究，这就为他劝课农桑创造了良好的前提条件。

王祯在劝课农桑时的特点是：

（一）在劝课农桑的内容上，采取了“方”“器”并重的方针：“凡麻苎禾黍牟麦之类，所以莳艺芟获，皆授之以方；又图画所为钱镈耰耧耙扒诸杂用之器，使民为之。”②这就是说，王祯在劝课农桑时，既教给农民以耕作栽培技术（方），又绘出各种农具的图样（器），让农民按图索骥学习制造先进农具。正像明·阎闳《新刻东鲁王氏农书序》中所说的：“今简王氏农书，首以通

---

① 王祯《农书·农桑通诀·劝助篇》。

② 元代戴表元《王伯善农书序》，引自王毓瑚《王祯农书校注》，农业出版社，1981年版，第445页。

诀，继以器谱，而终以诸种，民事通诸上下者盖备矣。是故得嘉种而缺利器则难播，与失种同；制利器而昧要诀则违时，与无器同。故得其诀，器可假而使也，利诸器，种可籴而下也。度要诀以达冲和之化，储利器以运制用之机，富嘉种以取十千之报，比屋上农矣。”这里把农业技术（通诀）、农业机具（利器）和优良种子（嘉种）这三者的辩证关系已经阐述得非常明确了。

（二）在劝课农桑的方法上，采取了“先示范，后推广”的办法。据《旌德县志》记载：王祯在旌德县做县尹时，“每暇日躬率家童，辟廨西废圃，构茅屋三间，引鹿饮泉水，注为清池，以种莲芡，四面树以花草树木，仍别为谷垄稻区，环植桑枣，木棉，示民种艺之法，扁其居曰山庄，命其圃曰偕乐”[①]。王祯利用县署西边的废圃，亲率家童开辟为“山庄”，并命名该圃为“偕乐圃”。在圃内种植水旱两类作物，“示民以种艺之法”，实际上这就是王祯开辟的“试验示范区”，从而为他采用“先示范，后推广”的方法，推行劝课农桑的措施创造了条件。

（三）王祯在劝课农桑之时，“不施一鞭，不动一檄”而“民趋功听令惟谨”。戴表元在《王伯善农书序》中说：“伯善不独教之以为农之方与器，又能不扰而安全之，使民心驯而日化之也。后六年……伯善之政孚于永丰又加速……不施一鞭，不动一檄，而民趋功听令惟谨。岁时属耆者强壮，问能从吾言试其具，幸而能，则大喜，出扈酒相劝奖；即不能，或怠惰不帅教，辄颦蹙，展转引愧，如不自容。”[②]王祯在劝课农桑时，采取重

① 引自乾隆《旌德县志》。

② 引自王毓瑚《王祯农书校注》，农业出版社，1981年版，第445页，元代戴表元《王伯善农书序》。

教育,不体罚的方法,就使农民心悦诚服。以上种种,都说明王祯在劝课农桑方面是劝农有方的典范。

第二节　编撰农书　捐俸施药

一、编撰农书　考究精详

王祯在多年南北游宦,劝课农桑的过程中,不断钻研农学与农器,经常深入农业生产实际调查研究,并且亲自试验示范和推广先进的农业技术和先进农器,从而积累了大量编撰农书的资料。为他在晚年编撰农书奠定了坚实的基础。

据王祯在《农书·杂录·造活字印书法》中所说,他是在"任宣州旌德县县尹时,方撰《农书》"的,"因字数甚多,难于刊印,故尚己意命匠创活字,二年而功毕,试印本县志书,约计六万余字,不一月而百部齐成,一如刊板,始知其可用。后二年,予迁任信州永丰县,挈而之官,是《农书》方成"。这段作者自述,可以证明:(一)王祯在出任宣州旌德县县尹时,开始撰写《农书》;(二)此前王祯已经搜集了大量资料,所以他预计农书的字数甚多,难以刊印,因此,他才创制活字,准备自印《农书》,后来知道江西官方决定刊印,他才收贮起来,以待别用;(三)王祯迁任信州永丰县时,把未定稿的《农书》也带到任内,经过修改补充,《农书》方成。

王祯任宣州旌德县县尹的时间是元成宗元贞元年(1295),根据《旌德县志》的记载,王祯在旌德任职为六年,他调任信州永丰县那一年是成宗大德四年(1300),正像《元诗小传》中所说的:"王祯字伯善,东平人,大德四年知永丰县事,以课农兴学为务。”[1]他到任永丰后，对《农器图谱》和《农桑通诀》两部分进行补充修改定稿后，才把这两部分拿给戴表元审阅，并请戴为《农书》作序（元·戴表元《王伯善农书序》），其时大约是大德四年或大德五年（1300或1301）。《谷谱》大约是在永丰任内补写的，大约成书于大德六年或大德七年（1302或1303）。到大德八年（1304）九月元帝颁发刻行王祯《农书》诏书《抄白》时，已经是《农桑通诀》、《农器图谱》、《谷谱》三者齐全了。这就是说，王祯《农书》实际上成书于大德八年（1304）九月以前。

二、捐俸施药　口碑载道

王祯在元贞元年（1295）到旌德县任县尹，在任六年，据乾隆《旌德县志》记载，王祯："惠爱有为，凡学宫斋庑尊经阁及县治坛庙桥道，捐俸改修，为诸绅士倡，莅任六载，山斋萧然，躬率家童于县圃别为谷垄稻区，环植桑枣、木棉……又兼施医药，救民贫疾。"由此可见，王祯在旌德任职期间，不仅在劝课农桑方面取得显著成绩，而且还捐出自己的部分薪俸，改造修缮学校、坛庙、道路、桥梁，给当地的乡绅做出榜样；同时还"兼施医药，救民贫疾"。但是，他本人在六年任职期间，却"山斋萧然"，生活俭朴。不仅如此，他还亲自率领家童在县衙西边拣了一块废圃，修了三间茅屋，在他的山庄四面树以花草树木，在山庄里面开辟"谷垄稻区"作为他的试验示范区，在他的山庄里采用"先试验示范，后推广普及"的办法，引导农民改进农业技术，采用先进农具，对发展农业生产做出重大贡献。

---

① 引自彭世奖《也谈王祯〈农书〉成书年代》，载《中国农史》1986年第2期。

由于王祯在南北游宦，劝课农桑，抨击农官，推崇循吏，捐俸施药等方面做出了显著政绩，从而赢得了人民的赞誉。正像元·戴表元在《王伯善农书序》中所说的："丙申岁客宣城县，闻旌德宰王君伯善儒者也，而旌德治。问之，其法：岁教民种桑若干株，凡麻苎禾黍牟麦之类，所已莳艺芟获，皆授之以方；又图画所为钱镈耰耧耙扒诸杂用之器，使民为之。民初曰：是固吾事，且吾世为之，安用教？他县为宰者群揶揄之，以为殊不切于事，良守将，贤部使，知之不问，问亦不以为能也。如是三年，伯善未去旌德，而旌德之民利赖而诵歌之。"[①]《旌德县志·政绩》部分在记载王祯政绩时也说：王祯的"种种善绩，口碑载道"。

第三节 革新印刷术 首创农器诗

王祯不仅是博学多才的农学家，而且是印刷术的革新家和农器诗的首创者和诗人。在印刷术的革新方面，他创造了"木活字"印刷术，并且发明了"转轮排字盘"，提高了拣字排版的工效。在《农书·农器图谱》中，王祯还给后人留下了不少描写农事和农器的诗篇。清代编辑的《元诗选》中就把王祯的农事诗编在一起，题作《农务集》。

一、革新印刷术 创造木活字

王祯在印刷技术上的革新，对我国和世界文化的发展作出了重要贡献。王祯为了使他的《农书》能早日出版，便

① 元·戴表元《王伯善农书序》，载王毓瑚《王祯农书校注》农业出版社，1981年版，第445页。

在毕昇胶泥活字印刷术的基础上，进行了木活字的试验：就是先在木板上刻好字，然后用细齿小锯把刻好字的木板，一块一块的锯下来，再用锋利的刀子把木块修成整齐一致的四方形木活字；排印时再用竹片和木楔把一个个木活字卡紧，印刷后拆下来，留待以后再用。这样就既大大节省了人力和时间，又提高了印刷效率。转轮排字法，是王祯的又一发明。他发现木活字在拣字过程中，数万个木活字排开来，拣字人要穿梭往来于字盘之间很不方便，于是王祯就设计制造了转轮排字盘，这种转轮排字盘，是一个直径约七尺的，用轻质木料做成的大圆盘，圆盘制成后，把它安装在高约三尺的轮轴上，然后再把木活字有规律的放在圆盘里，圆盘可以自由转动。要做两个圆盘，一个称作韵轮，一个称作杂字轮。在韵轮里按照木活字的音韵顺序排列在轮盘中，而杂字盘则主要是排列一些常用的语助词，如之、乎、者、也之类。这样，拣字的人，就可以坐在两轮之间，左右两手分别转动轮盘，拣到所需的木活字，从而将“以人寻字”的操作方法，改为“以字就人”，免去了穿梭往来寻字之苦了！王祯创造的木活字印刷术和转轮排字盘，在印刷他主编的《旌德县志》时，发挥了很好的作用。《旌德县志》约六万字，用他制成的三万多个木活字，不到一个月，就印成了一百多部。现今保存下来的明清时期的许多古书，都是用木活字印刷的。它是现代铅字印刷术的滥觞。王祯将他创造木活字印刷术的实践经验，写成《造活字印书法》、《写韵刻成法》、《活字版韵轮图取字法》等文字，收入他的《农书》之中，这是世界上记载活字印刷术最早的重要文献。

二、首创农器诗　同情众农夫

王祯所写的农事诗,既有其人民性,又有其艺术性。从它的人民性来说,王祯在他的农事诗中袒露了他同情野夫田妇的情怀,也痛快淋漓地鞭笞了权贵。

王祯虽然是封建官府的地方长官,但是他却对野夫田妇寄予深切的同情,而对当时的权贵们给予无情的鞭笞。王祯在《农书·农器图谱·薅鼓歌》中采用两相对照的手法,对权贵们灯红酒绿,锦堂歌舞,贪得无厌,挥霍无度的糜烂生活进行了无情的揭露和鞭笞;而对农夫们与犁锄为伍,在炎风汗雨中,胼手折腰,凄楚呻吟的情形寄予深切的同情:

炎风灼肌汗成雨,赤日流空水如煮,稗苗森森苗方乳,田家长养过儿女。

稊根稗实藏深土,得水滋萌疾机弩,老农忧煎走旁午,子汲妇炊具鸡黍。

百端劝相防莽卤,尚恐偷忙贪笑语,长腔刳桐三尺许,促烈轩轰无律吕。

双手俱胼折腰膂,朝走东皋夕南亩,锦堂公子调乐府,终日灵鼍缓歌舞,

庖人择精挥鸟羽,小槽真珠色胜琥,归来醉饱月停车,囊瓮犹嫌不胜贮,

万钱弃掷在盘俎,厌饫台舆腤腤鼠,老农此时独凄楚,长镵为命钼为伍,

归见桐腔音不吐,只有呻吟满环堵,但得一瓯置龟脯,敢较人间异甘苦,

吁嗟公子还知否,请听薅田一声鼓。

王祯对贪官污吏们进行了无情的鞭笞。他在《农书·农器图谱·油榨诗》中说："取之亦多方，脂膏竟谁有，回顾室中妇，何尝润蓬首。"

王祯在《农书·农器图谱·守舍诗》中，又对地主老财的"便腹"和野夫田妇的"饥肠"做了对照：

禾穗累累青半黄，边山际野多熟乡，一粒未得人初尝，不应办作鹿豚粮。

老农作计须夜防，结草构木安匡床，高低量置田中央，容身仅足庇雨霜。

比于露宿知犹强，所图岁宴实饥肠，士族多少居华堂，安然熟寝无更长。

便腹何尝乏稻粱，敢较甘苦均闲忙，不遑宁处禾无伤。

王祯在《农书·农器图谱·芟麦歌》和《缫车诗》中，对封建官府的灯红酒绿，纸醉金迷之风，和搜刮民财的种种恶行，也进行了揭露和鞭笞。

田家食力不食智，麰麦年年勤种莳……风翻日碾半犹未，已向公门奉新馈。

一得岂能偿百费，终岁勤劳一歔欷。（《芟麦歌》）

昨日公堂宴宾贵，尊俎横陈混肴胾，檀板珠绳按歌吹，万钱不直供一醉。（《芟麦歌》）

今岁蚕收茧如积，满家儿女喜欲狂……妇姑此时还对语，准备吾家好机杼，岂知县吏已催科，不时揭去无余佗，迫索仍忧宿负多，车乎车乎将奈何！
(《缫车诗》)

王祯在他的农事诗中对贪官污吏、地主老财进行了揭露和鞭笞，对野夫田妇寄予深切的同情，这就是他的农事诗的人民性之所在。做为封建官府的地方长官，在他的农事诗中能充分袒露这种人民性的胸怀，实在是难能可贵的。

王祯的农事诗，不仅具有显明的人民性，而且具有较高的艺术性。他的诗吟诵起来不仅合辙压韵，而且铿锵有力。例如《禾担诗》、《菌诗》、《火仓诗》等都是精粹的律诗。“累累禾积大田秋，都入农夫荷担头，才使赪肩到场圃，主家仓廪又催收。”(《禾担诗》)“富国何如富在民，乡间是处有高菌，只知不负英雄谒，遇歉能倾一济贫。”(《菌诗》)“朵绵高执玉叉头，细作垂丝燃复收，待得功成付机杼，不知谁解衣新绌。”这些诗，都具有较高的艺术性。

由于王祯的农事诗具有鲜明的人民性和较高的艺术性，历来就备受人们的青睐。明代的大农学家徐光启甚至说：王祯“诗学胜农学”。

第四节　遗址今犹在　业绩永留传①

王祯在东平和北方做部门属官或承事郎时的遗迹或遗存，已不可考，但是，在旌德县任县尹期间，由于政绩突出，当

① 本节引用的《方志》资料和照片系山东省东平县史志办徐玉柱、万怀志二同志实地调查拍照所得，特此说明。

地人民长期怀念着他，所以有不少遗迹或遗存都保存下来，因此，这里将主要介绍王祯在旌德任县尹期间的遗迹和遗存。

一、山庄偕乐圃　示民种艺法

乾隆《旌德县志·拾遗》中说："元贞间县尹王祯……治旌六载，每暇日躬率家童辟廨西废圃，构茅屋三间，引鹿饮泉水注为清池，以种莲芡，四面树以花草竹木，仍别为谷垄稻区，环植桑枣木棉，示民种艺之法，扁其居曰山庄，命其圃曰偕乐。又尝教民种桑麻苎禾黍辫麦之类。并图画所为钱镈耰耧耙扒诸器，使民为之。"这是王祯在旌德任县尹期间，利用闲暇时间，亲自率领家童利用"廨西废圃"开辟的"山庄"。这个山庄的遗址就坐落在现在"梓山宾馆"的院内。现将"山庄和偕乐圃"遗址的照片列下：

图 1－1　山庄和偕乐圃遗址

王祯开辟的这个"山庄"，是作为"示民种艺之法"和图画各种先进农器,“使民为之”的试验示范基地来用的。这是他采用“先试验示范,后推广应用”的方法,推广先进农业技术和先进农具的基地。

封建社会的小农经济是十分脆弱的,小农们经受不起任何的失败和挫折,因此,小农们在采用任何新农艺和新农器上都是很保守的。王祯对小农经济的脆弱性和小农们的保守性有着深刻地理解,他做为地方行政长官,不想采用行政命令的办法,推行新农艺和新农具,而是在他的山庄里采取“先试验示范,后推广普及”的办法,使小农们亲眼看到新农艺和新农具的增产效果并确信没有任何风险后,自觉自愿地采用新农艺和新农具。这种做法在当时来说,确实是难能可贵的。

王祯对他的试验示范基地——“山庄”做了精心地设计和安排。其一是山庄里既有旱地又有水田。所谓“谷垄”就指的是旱地作物;而所谓“稻区”就指的是水田。其二是在山庄的周围“环植桑枣、木棉”,在旌德这个山区县里,因地制宜地发展栽桑养蚕和干果类果树生产是适宜的。而种植木棉却正是元代解决衣被原料的根本大计。其三是“引鹿饮泉水注为清池,以种莲芡”,既有利于发展莲芡等水生植物,也为发展灌溉事业创造了条件。其四是在山庄的“四周树以花草竹木”,为山庄创造了一个优美的生态环境。这些构思和布局都可为农民发展山区经济提供典范。

二、剞劂版书村　创造版韵轮

在旌德县城西南约10公里的地方,有一个村子叫“版书村”。这个村子就是王祯当年研究改进活版印刷术的地方。王祯在旌德县任职期间就编撰出《农书》中的《农桑通诀》和《农器图谱》两部分书稿,王祯感到书稿的字数较多,刊刻起来困难较大,于是就在素有“剞劂”(雕版刻书)传统的“版书村”,同有经验的刻工进行了用木活字代替泥活字的试验,经过两年的努力,在版书村共制作了三万多个木活字。为了减轻拣字排版工人在活字版前穿梭往来拣字排版的辛苦,提高拣字排版的效率,王祯还和刻工一起创制了“活字版韵轮”,将木活字按照音韵有规律的排列在转轮排字架上,共制两个转轮,一个转轮置监韵版面;一个转轮置杂字版面。拣字排版工人坐在两轮中间,转动轮盘“以字就人”,改变了“以人寻字”的困难局面。大德二年(1298)王祯用他们创制的木活字和转轮拣字法印刷王祯主编的六万多字的《旌德县志》,“不出一月,百部齐成”,非常成功!

现将“版书村”遗址的照片列下:

图 1-2 版书村遗址

三、修复淳源桥 重修养济院

乾隆《旌德县志·政绩》中说："王祯……元贞元年以承事郎为县尹，惠爱有为，凡学宫斋庑尊经阁及县治坛庙桥道，捐俸改修，为诸绅士倡……又兼施医药救民贫疾，种种善蹟，口碑载道。"这就是说，在王祯的"政绩"中，有捐出自己的部分薪俸用于改修"学宫斋庑"，"坛庙桥道"等种种善事的事迹。这些善事长期留在旌德人民的记忆中，至今遗迹尚存的主要有：淳源桥、养济院和大成殿。

（一）淳源桥 根据《旌德县志·建置志》的记载：淳源桥始建于北宋元丰年间（1078～1036），初名平政桥。在宋代三次改修，易名淳源、跨云、瑞虹。元元贞年间（1295～1297）王祯重修复名"淳源"。今俗称"上市桥"。其桥基为原建筑，桥孔与河道呈一定夹角，可自然分水。下面是淳源桥遗址的照片：

图 1-3 淳源桥遗址

（二）养济院　据《旌德县志·建置志》记载：宋代曾设“居养院”，在五显庙北。元至元间(1271～1294)移建于县治东南之三皇庙前，与安乐堂相并，为屋十六楹，收籍无告贫民，每名月给米三斗，柴百五十觔。“元尹王祯重修，改曰养济院”，“生给衣粮薪炭，死则并给葬具”。下面的照片就是“养济院遗址”。

图 1-4　养济院遗址

（三）大成殿　据《旌德县志》记载：“元成宗元贞年间(1295～1297)县尹王祯，倡修殿堂斋庑，砖石甃砌。”大成殿就是当时修建的殿堂之一。该遗址现为旌德县文物管理所。下面是大成殿遗址照片。

图 1－5　大成殿遗址

第二章 著作与贡献

王祯的著作流传下来的主要是他的《农书》，至于《农书·杂录·造活字印书法》中提到的用活字印书法印制的那六万字的《旌德县志》尚未发现有任何传本。而清人编辑的《元诗选》中所谓的《农务集》则是从王祯《农书》中抄出来的农事诗，不是王祯的另一部著作。因此，这里只能介绍《农书》这部著作的主要内容，及其在农学方面的重要贡献。

王祯的《农书》，是中国古代最著名的四大农书之一。其中包括《农桑通诀》、《百谷谱》、《农器图谱》三部分。全书约13万6千字，插图280多幅(一说306幅)。《农桑通诀》具有农业通论的性质，它论述了广义农业的内容和范围;《百谷谱》是作物栽培各论的性质，它以粮食作物为主，兼论了蔬菜、林果等的栽培和管理;《农器图谱》搜罗了20类农器，既描写了各项农器的构造、来源、演变和用法，又配上了一幅或几幅插图。它是兼论南北的农学巨著，突出特点是配有大量插图，这部分占全书的4/5；同时，又仿照本草书的作法，对多种作物都作了植物性状的描述，这是在其他古农书中所少见的。现将其主要内容，摘其要者述之如下：

第一节　王祯《农书》的版本

一、版本概述

王祯《农书》是否有元代刊本或只有稿本，暂时还无法定论，即使有元刊本，也早已失传。现存最早的刻本是明嘉靖庚寅(1530)山东布政使司刻本。据顾应祥刻行王祯《农书》移文中所说："惜乎久无刻本，民鲜得观，即今流传抄本见在，合无再加校正，命工翻刻，分发所属府州县掌印治农等官，俱要用心讲求，著实劝课。"[①]明万历二年(1574)山东济南府章邱县署又翻刻一次。据《天禄琳琅书目》明刊子部说："此书初刻于嘉靖九年，而章邱县署又翻刻于万历二年，故抚印字画，俱不能工整。"万历四十五年(1617)邓渼又据嘉靖本重刻了一次，行款有了改变，插图也略有删减。总的来看，明代共有三个刻本，其共同特点都作三十七集。即《农桑通诀》是集之一至集之六；《农器图谱》是集之一至集之二十；《谷谱》是集之一至集之十一。在三部分的前面分别冠以目录。可见《农书》是三者的总和。其中，

---

① 引自王毓瑚《王祯农书校注》，农业出版社，1981年版第449页明山东布政使司刻行《王祯农书》移文。

有一个问题要作一说明：就是《谷谱》原目录集之十一为饮食类，下列“豳风七月诗说”、“食时五观”和“备荒”三目，但书中已缺前两目，仅存“备荒”一目，因此，将“备荒论”附在集之十之后，所以实缺集之十一。这样，明刻本实际上是三十六集。

清乾隆年间，在编纂《四库全书》时，从明《永乐大典》中录出不少古书，其中也包括王祯《农书》。这就是所谓“库本”。这个本子同明刻本大不相同，它不仅多了一篇作者自序，而且三个组成部分的顺序也不一样，内容也稍有出入。《四库总目提要》中说：“《读书敏求记》曰：《农桑通诀》六，《谷谱》四，《农器图谱》十二……今以原序条目，以类区分，编为二十二卷。”它是后来流传很广的几种版本的祖本，因此，特别值得注意。

清代晚期，也就是十九世纪的末期，在全国上下提倡“实学”的潮流中，福建于光绪二十一年(1895)根据嘉靖本复刻了王祯《农书》，并将其收入“武英殿聚珍版丛书”中。于是，又使三个世纪不曾重刊过的明刻本重新广泛流传起来。光绪二十四年(1898)上海《农学报》社，又根据聚珍版本出版了一个石印本，在更广泛的读者中传布了此书。光绪二十五年(1899)广东广雅书局又翻刻了一次明刻本。

辛亥革命以后，山东农业专科学校，于1924年又出版了一个排印本。也是以聚珍本或农报本为底本排印的。1937年，商务印书馆又印行了一个新的排印本，并把它编入《万有文库》，它的底本也是聚珍本或农报本。

新中国成立后，中华书局于1956年出版了铅印本，其底本是《万有文库》本。1981年农业出版社出版了王毓瑚的《王祯农书》校注本，它是一个比较完善的本子。1994年，上海古籍出版社又出版了缪启愉的《东鲁王氏农书译注》一书。

表1　王祯《农书》现存版本一览表

版　本	出 版 年 代	备　注
山东布政使司刻本	明·嘉靖九年(1530)	三十六集
山东章邱县署刻本	明·万历二年(1574)	抚印字画,俱不工整
邓渼重刊本	明·万历四十五年(1617)	删减插图二十五幅
四库全书本(库本)	清·乾隆三十九年(1774)	从《永乐大典》辑出,编22卷
武英殿聚珍丛书本	清·光绪二十一年(1895)	福建据明嘉靖本
农学报社石印本	清·光绪二十四年(1898)	上海《农学报》社石印
武英殿聚珍丛书本	清·光绪二十五年(1899)	广东广雅书局翻刻
山东农业专科学校本	民国·14年(1925)	据库本排印
万有文库本	民国·26年(1937)	商务印书馆铅印
中华书局铅印本	新中国·1956年	利用商务万有文库本纸型
王毓瑚校注本	新中国·1981年	农业出版社出版竖排本
缪启愉译注本	新中国·1994年	上海古籍出版社横排本

二、版本比较

从王祯《农书》版本概述中可以看出,这部农书有两个系统:一个系统是,以嘉靖本为祖本的"明本系统";一个系统是出自《永乐大典》的"库本系统"。这两个系统的区别可以概括在下表之中:

表2　王祯《农书》两个系统的区别

以嘉靖本为祖本的"明本系统"	出自《永乐大典》的"库本系统"
(1) 没有王祯自序,但有阎闳序	有王祯自序,但没有阎闳序
(2) 全书分为三十六集	全书分为二十二卷
(3) 全书三部分的顺序是:①农桑通诀 ②农器图谱 ③谷谱	①农桑通诀 ②百谷谱 ③农器图谱
(4) 此系统称作物各论部分为:谷谱	此系统称作物各论部分为:百谷谱
(5) 三部分前面都有目次	没有目次
(6) 农桑通诀"三事起本"部分有五幅插图	没有插图
(7) 授时篇和地利篇前各有一幅插图	没有插图
(8) 农器图谱中的插图互有差异	农器图谱部分插图互有差异

王祯《农书》两个系统的版本虽然在分集和分卷上有所不同，但是，它们在内容上基本上是相同的。这一点可从两个系统分集和分卷对照表中看出来。

表 3　王祯《农书》两个系统分集分卷对照表

	农桑通诀	农 器 图 谱	谷　谱
36 集本	1 2 3 4 5 6	7 8 9 11 13 15 17 19 20 22 23 26 10 12 14 16 18 21 24 25	27 29 32 35 28 30 33 36 31 34
22 卷本	1 2 3 4 5 6	11 12 13 14 15 16 17 18 19 20 21 22	7 8 9 10

从上列对照表中可以看出：(1)36 集本的“农桑通诀”部分，是从集之 1 至集之 6；22 卷本的“农桑通诀”部分，是从卷 1 至卷 6。两者的集和卷是相对应的。(2)36 集本的“农器图谱”紧接“农桑通诀”之后，从集之 7 至集之 26，共 20 集；而 22 卷本则是“农桑通诀”之后紧接着是“谷谱”，7 卷至 10 卷，共 4 卷。(3)36 集本的“谷谱”在“农器图谱”之后，从 27 集至 36 集，共 10 集；而 22 卷本，在“谷谱”之后是“农器图谱”，从 11 卷至 22 卷，共 12 卷。

第二节　王祯《农书》的内容

王祯《农书》由《农桑通诀》、《百谷谱》和《农器图谱》等三大部分构成。下面分别阐述三大部分的主要内容。

一、农桑通诀

王祯《农书》的《农桑通诀》部分，不论是 36 集本还是 22 卷本，都是 6 集或 6 卷。它包括的主要内容有 5 个方面，共有 19 目。这 5 个方面是：农业起源（包括农事起本、牛耕起本和蚕事起本3目),天时地利(包括授时和地利2目),作物栽培(包括垦耕、耙耢、播种、锄治、粪壤、灌溉、收获7目)林牧蚕桑(包括种植、畜养和蚕缫3目),劝助蓄积(包括劝助、孝弟力田、蓄积和祈报4目)。现将《农桑通诀》内容归类表列下供参考:

表4 《农桑通诀》内容归类表

归　类	内　容	备　注
农业起源	(1)农事起本 (2)牛耕起本 (3)蚕事起本	概述神农和后稷发明农业的事绩 主张春秋之间始有牛耕 黄帝元妃西陵氏始教蚕事
天时地利	(1)授时 (2)地利	农时的重要和"授时指掌活法之图" 九州之土,各有等差;周礼职方,物畜分布
作物栽培	(1)垦耕 (2)耙耢 (3)播种 (4)锄治 (5)粪壤 (6)灌溉 (7)收获	开垦、耕作、套耕、开垄作沟、深耕易耨 犁耕既毕则有耙耢,犁一耙六,南方水田,耙毕则耖 收种、溲种、顺时种之,顺天因地,讲究种法 早锄、深锄、多锄、耧锄、铲、耘田、耘耥、锄社 粪壤肥田改土,地方常新,开辟粪源,积肥保肥 周礼水法,兴修水利,除害兴利,因地制宜 收欲速,宿麦早收,用钐、麦绰、麦笼
林牧蚕缫	(1)种植(植树) (2)畜养 (3)蚕缫	种植利博,种桑之法、材木种植,桑果嫁接六法。 养马、养牛、养羊、养猪、养鸡、养鹅鸭、养鱼蜂 蚕缫制衣,育蚕之法,蚕室管理,饲蚕之法。
劝助蓄积	(1)劝助 (2)孝弟力田 (3)蓄积 (4)祈报	奖勤罚懒,鼓励农耕;推崇循吏,抨击农官。 孝弟立身,力田养身;重农重耕,崇本抑末。 有余则藏,待凶而颁;国有国蓄,民有民蓄;平粜赈灾祈报、祭祀之类。

从上表中可以看出:《农桑通诀》带有农业通论之性质,是总论广义农业的内容和范围的。它包括五类内容,即:(一)农业起源,讲农业历史;(二)天时地利,讲农业资

源和环境;(三)作物栽培,讲农业种植业从耕种到收获全过程的技术;(四)林牧蚕缫,讲广义农业的综合经营;(五)劝助蓄积,讲农业经营、农业政策、农业思想。从《农桑通诀》的总体结构上看,它贯穿的总体思想是:尊重历史,尊重自然,强调天地人的和谐与统一,“顺天之时,因地之宜,存乎其人”,就是《农桑通诀》的总体构思。在农业经营上,虽然已经有了农林牧蚕综合经营的设想,但是,从中仍然透露了偏重种植业的倾向。下面依次介绍《农桑通诀》的主要内容:

(一) 农业起源

王祯《农书》农业起源部分,参考了《农桑辑要》的“农功起本”和“蚕事起本”部分而有所增益,同时增加了“牛耕起本”部分。在“农事起本”部分,主要概述了神农和后稷发明农业的事绩;在“蚕事起本”部分,主要阐述了黄帝元妃西陵氏始教蚕事的观点;在“牛耕起本”部分,主要阐述了春秋时期才开始牛耕的观点。

(二) 天时和地利

王祯《农书》在古农书中,不仅是首先把天时和地利都列专章进行论述的,而且多有发明。在授时部分,它不仅阐述了农时的重要,而且发明了“授时指掌活法之图”。

1. 授时

王祯《农书》在“授时篇”中,对历法和农时进行了概括论述,认为“四时各有其务,十二月各有其宜,先时而种则失之太早而不生,后时而艺则失之太晚而不成”。所以要重视农时。为了使人们能准确地掌握农时,他发明了“授时指掌活法之图”。这个图是由八层圆盘组成的。圆盘的中心画着北斗星，古人是根据北斗星斗柄的指向来确定季节的。第二层和第三层圆盘上分别写着十天干(甲、乙、丙、丁、戊、己、庚、辛、壬、癸)和十二地支(子、丑、寅、卯、辰、巳、午、未、申、酉、戌、亥)表示天地变化的周期。第四层圆盘是春、夏、秋、冬四季。第五层圆盘是十二个月。第六层圆盘是二十四节气。第七层圆盘是七十二候应。第八层圆盘是各个月份和节气时令所应做的农事活动。用王祯的话来说就是："盖二十八宿周天之度，十二辰日月之会，二十四气之推移，七十二候之变迁，如环之循，如轮之转，农桑之节，以此占之。"王祯发明的这个授时图，有较强的实用性和灵活性。它不以历书定月，而是按照24节气将月份固定下来，"以交立春节为正月，交立夏节为四月，交立秋节为七月，交立冬节为十月。农事早晚，各疏于每月之下"。这样做的原因是：我国农历是阴阳合历，月份由月亮的朔望而定，节气则以太阳的南北回归为准，经测定，12个月的长度比回归年的长度短10天有余，因而需要用闰月来调节。由于有的年份无闰月，有的年份有闰月，所以用月份不能确切地标定节气。王祯的授时图，以节气定月，实际上是以阳历(即回归年)计算，这样可以避开阴历月份与24节气的对应关系年年变动的麻烦，只用一张图即可说明每年的农事月程。这就是它的实用性。它的灵活性，主要表现在"星辰干支，别为圆图，使可运转，北斗旋于中以为准，则每岁立春，斗柄建于寅方，日月会于营室，东井昏见于午，建星晨正于南。由此以往，积十日以为旬，积三旬以为月，积三月以为时，积四时而成岁。一岁之中，月建相次，周而复始，气候推迁，与日历相为体用"。因此，王祯的授时历具有万年历的性质，它可算是一项重要发明。

王祯设计的"授时指掌活法之图"

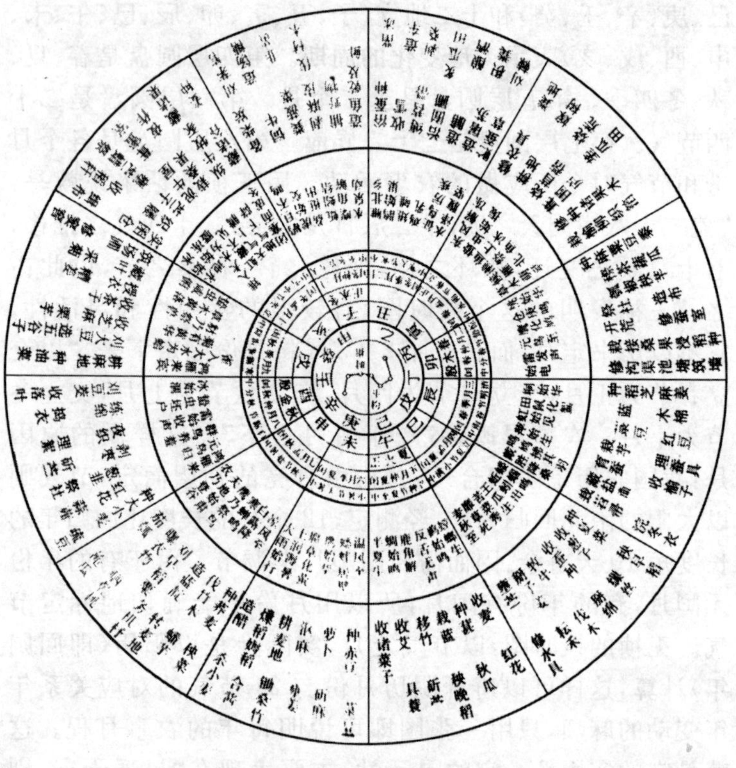

图 2-1　授时指掌活法之图

为了阅读和研究方便起见，现将王祯设计的《授时指掌活法之图》这个圆形图的主要部分改作下列表格。此表所列项目分别是圆图 4、5、6、7、8 层圆盘的内容。

表 5 《授时指掌活法之图》主要内容表

季节	月份	节气	物候	农事操作
春	正月 孟春	立春节 雨水中	东风解冻、蛰虫始振、鱼上冰、獭祭鱼、候雁北、草木萌动。	修农具、粪田、耕地、嫁树、烧苜蓿、烧荒、葺园庐、垄瓜田、修种诸果木、栽榆柳、织箔。
	二月 仲春	惊蛰节 春分中	桃始华、仓庚鸣、鹰化为鸠、玄鸟至、雷乃发声、始电。	种麻、粟、豆、黍、稷、茶、蔬、瓜、瓠、椒、秧、芋、祭社、造布、开荒、修蚕室、栽接桑果、浸稻种、修沟渠池塘。
	三月 季春	清明节 谷雨中	桐始华、田鼠化鴽、虹始见、萍始生、鸣鸠拂羽、戴胜降桑。	种稻、芝麻、姜、蓝、木棉、菜豆、红豆栽芋、理蚕具、育蚕、收榆子、藏盐齑、栽苕帚、浣冬衣。
夏	四月 孟夏	立夏节 小满中	蝼蝈鸣、蚯蚓出、王瓜生、苦菜秀、靡草死、麦秋至。	种夏菜、秧早稻、收葱子、缫丝、收蚕种辟绵、牧牛、伐木、辟子姜、耘禾、壅苎修水具。
	五月 仲夏	芒种节 夏至中	螳螂生、鵙始鸣、反舌无声、鹿角解、蜩始鸣、半夏生。	收麦、红花、种葚、秋瓜、栽兰、秧晚稻、移竹、斫苎、收艾、具蓑、收诸菜子。
	六月 季夏	小暑节 大暑中	温风至、蟋蟀居壁、鹰始挚、腐草化萤、土润溽暑、大雨时行	种赤豆、绿豆、萝卜、斫麻、沤麻、壅耕麦地、锄桑竹、高稻、薅稻、合酱、造醋、杀小麦。
秋	七月 孟秋	立秋节 处暑中	凉风至、白露降、寒蝉鸣、鹰乃祭鸟、天地始肃、农乃登谷。	种荞麦、秧菜、伐竹木、蟠芋、造蓝靛转麦地、刈早稻粟、务机杼、曝衣物、晒干桃、茄瓠、罨瓜。
	八月 仲秋	白露节 秋分中	鸿雁来、玄鸟归、群鸟养羞、雷始收声、蛰虫坏户、水始涸。	种大小麦、蔬豆、红花、蒜、薤、葱、韭、祭社、剥枣、斫苎、夜织、理絮、练棉、捣衣、刈豆荚、收落叶。
	九月 季秋	寒露节 霜降中	鸿雁来宾、雀入大水为蛤、菊有黄华、豺乃祭兽、草木黄落、蛰虫咸俯。	耕麻地、种油菜、刈大豆、选五谷子、收芝麻、粟、芋、收茶子、授衣、糟姜藏叶、采菊、筑场圃、修窦窖。

续表

季节	月份	节气	物候	农事操作
冬	十月 孟冬	立冬节 小雪中	水始冰、地始冻、雉入大水为蜃、虹藏不见、天气上腾、地气下降、闭塞而成冬	实囷仓、缉布、织屦、收稻秆、壅子、壅苎、蜡祭、泥牛屋、葺蜜室、栽桑果夜作、纵牛牧豚、藏诸果、藏诸谷、姜种
	十一月 仲冬	大雪节 冬至中	鹖鴠不鸣、虎始交、荔挺出、蚯蚓结、麋角解、水泉动	备柴炭、刈茅苇、饲牛、造饧糖、粪菠菜韭黄、剥麻皮、伐材木、捕野物、造鱼干及胙
	十二月 季冬	小寒节 大寒中	雁北乡、鹊始巢、雉雊、鸡乳、征鸟厉疾、水泽腹坚	浴蚕种、凿冰、收雪、造车、缚苕帚、剥桑、治园圃、炙瓜田、造脯、酿酒、造屠苏、积粪、贮蚕草、刈棘

2. 地利

王祯认为:"风行地上,各有方位,土性所宜,因随气化",因此,在农业生产中必须贯彻"地宜"的原则。王祯根据《禹贡》中的九州之土和《周礼》中的作物牲畜分布,阐发了"土地所生,风气所宜"的道理。为了在农业生产中贯彻"地宜"的原则,王祯还创制了一幅《全国农业情况图》。王祯说:"是图之成,非独使民视为训则,抑亦望当世之在民上者,按图考传,随地所在,悉知风土所别,种艺所宜,虽万里而遥,四海之广,举在目前,如指掌上,庶乎得天下农种之总要,国家教民之先务。"此书原图可能已经散佚,现存之图,恐怕失之简陋,不能起到王祯所说的那种作用。

(三) 作物栽培通论

王祯《农书·农桑通诀》阐述了天时和地利等农业的外在环境以后,接着论述了作物栽培的基本理论和原理。其中包括垦耕、耙耢、播种、锄治、粪壤、灌溉、收获。

1. 耕作栽培方面新的创造

王祯《农书·农桑通诀》部分，在耕作栽培方面有不少新的创造。归纳起来，主要有以下几点：

（1）在北方旱地抗旱耕作中强调了深耕细耙。王祯认为只有“深耕易耨”才能“岁可常稔”。他不仅认为“犁深为功”，而且强调“熟耙为全功”。又说：“耙劳之功不至，而望禾稼之秀茂实栗难矣。”他还总结了浅耕灭茬，细耕多耙的新经验。

（2）对北方旱地和南方水田的耕作体系作了新的概括。王祯把北方旱地的耕作体系概括为“耕、耙、耢”。所谓“其耕种陆地者，犁而耙之，欲其土细，再犁再耙，后用耢，乃无遗功也”。所谓“犁耕既毕，则有耙耢，耙有渠疏之义，耢有盖糖之功”等，都是对北方旱地翻耕法耕作体系的新概括。与此同时，王祯对南方水田的耕作体系概括为“耕、耙、耖”。所谓“南方水田，转毕则耙，耙毕则耖，故不用耢”。

（3）总结了北方旱地实行套耕的新经验。王祯在《农桑通诀·垦耕篇》中所说的：“所耕地内，先并耕两犁，垡皆内向，合一垄谓之浮疄，自浮疄为始，向外缴耕，终此一段，谓之一缴，一缴之外又间作一缴，耕毕，于三缴之间，歇下一缴，却自外缴耕至中心，作一畤，盖三缴中成一畤也。”王祯在这里首次总结了采取内翻和外翻结合，实行套耕以减少开闭垄的新经验。从而将北方旱地的耕作水平又提高到一个新阶段。

（4）总结了南方稻田稻后旱作“开疄作沟”的新经验。我国南方向有“水乡泽国”之称，南方水田收获早稻之后，复种旱作时，“最忌水湿”，解决稻后旱作排水降渍问题，乃是夺取旱作高产丰收的关键。经过长期生产实践中的摸索，大约在宋元之间人们才创始了“开疄作沟，整地排水”的新经验。王祯《农书》首先记载了这个经验：“高田早熟，八月燥耕而熯之，以种二麦。其法：起垡为疄，两疄之间，自成一甽，一段耕毕，以锄横截其疄，泄利其水，谓之腰沟，二麦既收，然后平沟甽，蓄水深耕，俗谓之再熟田也。”这个经验总结，为南方水田实行水旱轮作，夺取稻麦双丰收做出了重要贡献。

(5) 强调“秋耕为主，春耕为辅”的原则。北方旱地春旱多风，实行秋耕有利于保墒防旱。王祯《农书》引用《韩氏直说》中总结的经验：“凡地除种麦外，并宜秋耕。秋耕之地，荒草自少，极省锄功，如牛力不及，不能尽秋耕者，除种粟地外，其余黍豆等地，春耕亦可。”

2. 设立“粪壤”和“灌溉”专篇

在王祯《农书》以前的重要农书中，大都没有把施肥和灌溉放在重要地位。例如，汉代的《氾胜之书》和北魏的《齐民要术》在农业通论部分都没有论述施肥和灌溉问题；及至南宋的《陈旉农书》虽有“粪田之宜篇”，但是理论性较强，实践性较差。王祯《农书》不仅将施肥和灌溉放在农业通论的重要位置上，而且在理论上和实践上都有新发展。

(1) 粪壤理论的提出　王祯《农书·粪壤篇》中对施肥改土的理论有新发展。王祯所说的：“田有良薄，土有肥硗，耕农之事，粪壤为急。粪壤者，所以变薄田为良田，化硗土为肥土也。”把施肥和改土联系在一起，就道出了“粪壤”二字的深刻涵义。王祯还是“地力常新论”的继承者和发展者，他说：“所有之田，岁岁种之，土敝气衰，生物不遂，为农者，必储粪朽以粪之，则地力常新壮，而收获不减。”王祯还首先阐述了施肥是化无用为有用的思想，他说：“夫扫除之猥，腐朽之物，人视之而轻乎，田得之为膏润，唯务本者知之。”

(2) 广辟肥源的新努力　王祯深深地懂得：要增施粪肥，

就必须广辟肥源。因此，他非常重视广辟肥源问题。王祯在《粪壤篇》中提到的肥源包括：苗粪、草粪、火粪、大粪、小便、泥粪、墙土、草木灰、糠秕、谷壳、腐草、败叶、泔水、马蹄羊角灰、沃鱼水、沟泥水、淘米水、禽兽毛羽亲肌之物等，比以前的农书中提到的肥源丰富得多了。王祯还首先对栽培绿肥和野生绿肥作了区分，他把栽培绿肥称作"苗粪"，把野生绿肥称作"草粪"。强调了栽培绿肥的重要。

（3）积肥沤肥的新举措　王祯认为，要增施粪肥，还必须在积肥沤肥上采取一些新举措。王祯首倡设置常年积肥车的举措。他说："农圃之家，欲要计置粪壤，须用一人一牛或驴，驾双轮小车一辆，诸处搬运积肥，月日既久，积少成多，施之种艺，稼穑倍收。"王祯为了使粪肥发酵腐熟，提高肥效，还提出设置田头沤肥窖的主张，他说："南方治田之家，常于田头置砖槛窖，熟而后用之，其田甚美，北方农家亦宜效此，利可十倍。"

（4）对农田灌溉的新发展　王祯在《农桑通诀》中把灌溉列为专篇，把农田灌溉摆在重要地位。他通过追溯古代治水和修筑沟洫的情况，说明兴修农田水利的重要；他列举了古代水利工程的许多遗迹，说明"兴废修坏"是发展农田水利的重要途径；他介绍了多种引水方法，并指出各种地势的灌溉方法；并总结了南方围田和圩田的经验。王祯为了推动农田灌溉的发展，还介绍了许多灌溉的工具和器械。

3. 播种锄治和收获

王祯在《农桑通诀》中还阐述了从播种到锄治再到收获的全过程。现将其主要内容概述如下：

（1）播种　王祯在《农桑通诀·播种篇》中，首先阐述了选种和种子处理的技术;然后叙述了播种期的选定问题;第三,介绍了几种主要播种方法,如漫种、耧种、瓠种和区种等;第四,介绍了蔬菜和瓜类的栽培技术。

(2) 锄治　王祯在《农桑通诀·锄治篇》中,首先阐述了锄治的重要性:“农夫之务去草也……盖稂莠不除,则禾稼不茂,种苗者不可无锄耘之功也。”第二、根据《齐民要术》等书的记载,强调了锄早、锄小、深锄、勤锄的原则;第三、为四次锄地命了名并提出了不同的技术要求:“第一次撮苗曰‘籙’;第二次平垄曰‘布’;第三次培根曰‘壅’;第四次添功曰‘复’。”第四、介绍了快速耘锄的工具“耧锄”,说:“其功过锄功数倍,所办之田,日不啻二十亩。”第五、介绍了南方水田的耘田技术和耘爪、耘耥等耘田工具。第六、介绍了北方农民换工互助的“锄社”,“以十家为率,先锄一家之田,本家供其饮食,其余次之,旬日之间,各家田皆锄治。自相率领,乐事趋功,无有偷惰,间有病患之家,共力助之,故田无荒秽,岁皆丰熟。秋成之后,豚蹄盂酒,递相犒劳,名为锄社”。

(3) 收获　王祯在《农桑通诀·收获篇》中,首先,阐述了及时收获的重要性。“稼欲熟,收欲速,此良农之务也”。第二、认为宿麦“最宜早收”,最好“带青收一半,候熟收一半”,否则就有“被暴风急雨所摧,必致抛费”的危险。“古语:‘收麦如救火’,若稍迟慢,一值阴雨,即为灾伤。”并提倡用先进的工具——麦钐、麦绰和麦笼收获小麦,“较之南方以镰刈者,其速十倍”。第三、对南北方收粟方法进行了比较,说:“南方收粟用‘粟鉴’摘穗;北方收粟用镰,并藁刈之。”第四、对南方“地下多雨,上霖下潦,才刈之际,则必须假以‘乔干’,多则置之‘笐架’,待晴、干暴之,可无耗损之失”。

（四）农林牧的综合经营

王祯在《农桑通诀》中还论述了农林牧综合经营问题。王祯在《种植篇》、《畜养篇》和《蚕缫篇》中论述了农林牧蚕综合经营的广义农业的内容。

1. 林业　王祯在《农桑通诀·种植篇》中，首先，阐述了林业的重要。“司马迁《货殖传》曰：山居千章之楸，安邑千树枣，燕秦千树栗，蜀汉江陵千树橘，齐鲁千树桑，此其人皆与千户侯等，其言种植之利博矣。”第二，林业的种类很多，王祯认为：“民生济用，莫先于桑。”在栽桑方面，王祯对荆桑和鲁桑进行了比较，并且阐述了栽桑的技术要点。第三，在种桑之次，王祯论述了种材木和果核问题。他举了龚遂为渤海太守，“令民、口种一树榆，秋冬课收敛，益蓄果实菱芡，民皆富实”；“李衡于武陵龙阳洲上种柑橘千树……橘成，岁得绢数千疋，此栽植之明效也”等实例，说明搞好林业生产就能实现“材木不可胜用，果实不可胜食”的目标。第四，王祯在《种植篇》中，还比较详细地介绍了身接、根接、皮接、枝接、靥接、搭接等六种嫁接方法。

2. 畜养　王祯在《畜养篇》中，阐述了畜养马、牛、羊、猪、鸡、鹅鸭；养鱼、蜂等技术。首先是养马，王祯介绍了“食有三刍，饮有三时”的经验。所谓“食有三刍”指的是：恶刍、中刍和善刍。在马饥饿时，给以恶刍；在喂饲中间给以中刍；在快要吃饱时给以善刍。这样才能使马吃得很饱。所谓“饮有三时”指的是：“朝饮，少之；昼饮胸餍水；暮，极饮之。”第二是养牛，王祯认为：“牛之为物，切于农用，”所以要养好牛。养好牛的关键在于掌握牛的性情，“今夫牛之为畜，其气血与人均也，勿犯寒暑；其性情与人均也，勿使太劳”。为了适应牛畜的性情，就要“时其饥饱”以适其性情；“节其作息”以养其血气。此外，为了养好牛还要有足够的饲料地，并能及时医治牛病。第三，在养猪方面，王祯说："尝谓江南水地多湖泊，取萍藻及近水诸物，可以饲之……江北陆地，可种马齿，约量多寡，计其亩数种之。"王祯还介绍了制作发酵饲料的经验：对马齿等饲料"用之铡切，以泔糟等水浸于大槛中，令酸黄，或拌麸糠杂饲之，特为省力，易得肥盾"。第四，介绍了养鸡鹅鸭的经验。第五，王祯除了介绍陶朱公《养鱼经》之外，还总结了湖泊和池塘养鱼的经验。第六，王祯《农书》还是较早介绍养蜂经验的农书。第七，王祯在《蚕缫篇》中还比较详细地总结了养蚕缫丝的经验。

（五）劝助和蓄积　王祯在《农桑通诀》中开辟"劝助"和"蓄积"专篇，论述劝课农桑和节用预备问题。

1. 劝课农桑　王祯在《农桑通诀·劝助篇》中，首先，从正反两方面阐述了"劝助"的重要："盖恶劳好逸者，常人之情；偷惰苟且者，小人之病。上之人苟不明示赏罚以劝助之，则何以奖其勤劳而率其怠倦欤！""后世劝助之道不明，其民往往舍本而趋末"，这样就有"一遇凶饥，食不足以充其腹，衣不足以蔽其身体"的惨状。第二，王祯反对在劝课农桑中"徒示之以虚文，而未施之以实政"的做法。他在劝助中极力推崇古之"循吏"，而无情鞭笞虚浮的"农官"。王祯认为："诚使人君能法周成汉文之治，以表倡于上；公卿守令能法龚黄诸贤之事，以奉承于下，省徭役以宽民力，驱游惰以趋农业，又何患民之不劝，田之不治乎！"

2. 蓄积　王祯在《农桑通诀·蓄积篇》中，首先论述了蓄积的重要："古者三年耕，必有一年之食，九年耕，必有三年之食，虽有旱干水溢，民无菜色，岂非节用预备之效欤！"又说："国无九年之蓄曰不足，无六年之蓄曰急，无三年之蓄曰国非其国矣，蓄积者，岂非有国之先务耶！”王祯还说：“大抵无事而为有事之备，丰岁而为歉岁之忧，是故国有国之蓄积，民有民之蓄积。”其次，王祯还批评了：“今之为农者，见小近而不虑久远，一年丰稔，沛然自足，侈费妄用，以快一时之适，所收谷粟，耗竭无余，一遇小歉，则举贷出息于兼并之家，秋后倍称而偿之，岁以为常，不能振拔”的人。

二、百谷谱

王祯《农书》22 卷本的《百谷谱》是 4 卷，而 36 集本的《百谷谱》则分为 11 集。王祯在解释“百谷”一词时，引杨泉《物理论》曰：“百谷者，三谷各二十种，为六十种，蔬果各二十种，共为百谷。注云，粱者，黍稷之总名；稻者，溉种之总名；菽者，众豆之总名。”这就是“百谷”一词的来源。

《百谷谱》属于栽培各论的性质，其中所载各种谷、蔬、果类的栽培技术，多数引自元代王祯以前农书综合而成。但是，其中也有部分内容是王祯新的总结，我们在这里将重点介绍王祯新总结的内容。

《百谷谱》共分谷属、蓏属、蔬属、果属、竹木、杂类和饮食类等 7 项内容，共有 83 目，现存 81 目。其中“饮食类”原有“豳七月诗说”，“食时五观”和“备荒论”3 目。今本仅存“备荒论”一目。现将《百谷谱》的类别和条目列表如下：

表 6　《百谷谱》的类别和条目表

类别	条　目
谷　属	粟、水稻、旱稻、大小麦（青稞麦附）、黍、穄、粱秫、大豆（俾豆附）、小豆、豌豆、荞麦、蜀黍（高粱）、胡麻、麻子（苏子附）
蓏　属	甜瓜（黄瓜附）、西瓜、冬瓜、瓠瓜、芋、蔓菁、萝卜、茄子、姜、莲藕、芡、芰

续表

类别	条目
蔬属	葵、芥、芸苔、芥子、菌子、蒜、薤、葱、韭、胡荽、菠薐、莴苣、茼蒿、人苋、蓝菜、莙荙、兰香(香菜附)、茌蓼、芹蘧、甘露子
果属	梨、桃、李、梅杏、柰林檎、枣、栗(榛附)、桑椹、柿、荔枝、龙眼、橄榄(余甘子附)、石榴、木瓜、银杏、橘(柑附)、橙、楂子
竹木	竹(笋附)、松(杉、柏、桧附)、榆、柳、柞(楝附)、榖楮、皂荚、苇(荻附)、漆
杂类	苎麻、木棉、茼、茶、枸杞、紫草、红花、蓝
饮食类	豳七月诗说、食时五观、备荒论

(一) 谷属

《百谷谱·谷属》中记载了粟、水稻、旱稻、大小麦、黍、穄、粱秫、大豆、小豆、豌豆、荞麦、蜀秫、胡麻、麻等作物的栽培技术。其中粟、水稻、大小豆、胡麻、麻子等条,主要是引用了《齐民要术》、《农桑辑要》等书所总结的栽培技术,没有新的发明,这里略而不论。这是主要介绍王祯总结的新经验。

1. 在"旱稻"条中介绍了"占城稻"和"小香稻"良种

王祯说:"今闽中有得占城稻种,高仰处皆宜种之,谓之'旱占'。其米粒大且甘,为旱稻种甚佳。"又载有"一种小香稻者,赤芒白粒,其米如玉,饭之香美,凡祭祀延宾,以为上馔,盖贵其罕也"。

2. 在"大小麦"条中保存了已佚农书《韩氏直说》有关麦收的经验

王祯引《韩氏直说》云:"四五月麦熟,带青收一半,候熟收一半,若过熟则抛费。每日至晚,即便载麦上场堆积,用苫缴覆,以防雨作。如天晴,乘夜载上场,薄摊,使之易干。碾过一遍,翻过,又碾一遍,起秸下场,扬子收起……古语云:收麦如救火，若少迟慢，一值阴雨，即为灾伤。”王祯还对南北方收麦方法进行了比较。并推荐北方用麦钐、麦绰、麦笼等先进的收麦工具。

3. 在“穄”条中对其特征和特性有清晰的描述

王祯在“穄”条中说：“穄，禾从祭，谓可以供祭也。其苗、茎、穗、叶，与黍难别，故言黍必及于穄者，其米用有异也。种治之法，与黍俱同。凡穄味美者，亦收薄难臼。割穄欲早，盖晚多零落。收讫，宜蒸而裛之，曝干，臼而为米，其米疏爽，可炊煮作饭，时诸谷未熟，可以接饥。其色鲜黄，其味香美，然所种特少，为农家之稀馔也。”古代对“穄”的认识很不一致，有以“穄”为黍者，有以“穄”为粟者。当代人对“穄”的认识也各异。王祯在这里所描述的“穄”，实际上就是“黍”之不粘者的“穄”。同现在仍然在黑龙江省尚有少量栽培的“穄”及其加工食用方法是很一致的。王祯对“穄”的特征和特性的描述有助于人们分辨“黍”、“穄”和“粟”的区别。这是他的一大贡献！

4. 在“豌豆”和“荞麦”条中介绍新的食用方法

王祯在“豌豆”条中，介绍了山西人“用豆多麦少磨面，可作饼饵而食”的经验。在“荞麦”条中，介绍了北方“治去皮壳，磨而为面，摊作煎饼，配蒜而食，或作汤饼，谓之‘河漏’”（饸饹）的食用新法。

（二）蓏属

《百谷谱·蓏属》有三种情况：其一是对某些蓏属的性状有较详细的描述，如冬瓜、芋、姜、芡、芰等；其二是对某些蓏属的用途有所增益；其三是对某些蓏属的栽培技术增添了新内容。

1. 对某些蓏属性状的描述

《百谷谱·蓏属》对“冬瓜”性状的描述是:“其实生苗蔓下,大者如斗而更长,皮厚而有毛,初生正青绿,经霜则白如涂粉,其中肉及子亦白,故谓之‘白瓜’。”对“芋”性状的描述是:“叶如荷,长而不圆,茎微紫,干之,亦中食,根白,亦有紫者,其大如斗。”对“芡”性状的描述是:“叶大如荷,紫皱而有刺,花开向日,花下结实,故菱寒而芡暖。”

2. 对某些蓏属用途的增益

《百谷谱·蓏属》对“蔓菁”的用途有较详细的阐述:“蔓菁……菜中之最有益者,常食通中益气,令人肥健。诸葛亮所止,必令兵士种蔓菁,取其才出甲可生啖,一也;叶舒可煮食,二也;久居随以滋长,三也;弃去不惜,四也;回则易寻而采之,五也;冬有根可煮食,六也。故川蜀人呼为‘诸葛菜’。”对“罗匐”用途和特性的论述是:“其味辛干,尤宜生啖,能解面毒,子可入药,下气消谷……”

3. 对某些蓏属栽培技术的增补

《百谷谱·蓏属》对“瓠”的栽培技术,引用《四时类要》种瓠法做了补充:“坑深四五尺,坑底填油麻、绿豆藉及乱草粪各一重,上著粪土,以子十颗种之,待成,拣强者四茎,每两茎相贴缠之,待其相著,各除一头,又取所留两茎,如前法相贴,活后,惟留一头著子,则拣留两子,如此则一斗变为盛一石矣。”对“莲藕”的栽培技术补充了新内容:“莲,荷实也;藕,荷根也……莲子坚黑者,于瓦上磨莲子头令薄,取墐土作熟泥封之,如三指大,长二寸,使蒂头平重,磨处尖锐,泥干时,掷于池中,重头沉下自然周正。皮薄易生,不时即出。”

(三)蔬属

蔬属共20条,有以下三种情况:其一、引用王祯以前农书中的材料，没有增益的主要有：蓝菜、莙薘、阑香、芹蒃、甘露子、胡荽等，这里略而不谈；其二、某些蔬属增加了性状方面的描述；其三、某些蔬属的种类、用途、栽培法有所增益。下面主要介绍后两种情况：

1. 对某些蔬属性状的描述

《百谷谱·蔬属》中对“芥”性状的描述是：“叶似菘而有毛，味极辣者，青芥也；茎叶俱紫者为紫芥……又有白芥，子粗，大于他芥，色白如粱米。”对“薤”性状的描述是：“叶似韭而阔，本丰而白深”；对“韭”性状的描述是：“丛生，丰本，叶青，细而长，近根处白”；对“菠薐”性状的描述是：“茎微紫，叶圆而长，下多花阙”；对“同蒿”性状的描述是：“叶绿而细，茎稍白”。

2. 对某些蔬属的种类、用途以及栽培法的增益

《百谷谱·蔬属》对“葱”的种类和用途有较详的描述：“凡四种：山葱、胡葱、汉葱、冻葱……山葱，宜入药，胡葱亦然，食惟汉葱、冻葱耳！汉葱叶大而香薄，冬即叶枯，宜供齑食；冻葱叶细而益香，有宜过冬，比汉为胜。”对“莴苣”种类的的描述是：“苣，数种，有苦苣、有白苣、有紫苣，皆可食，叶有白毛为白苣，紫色为紫苣，苦味为苦苣，即野苣也。”对“人苋”种类的描述是：“苋亦多种，有马齿苋，鼠齿苋及糠苋，此野苋也，若夫赤苋、白苋、紫苋、红苋、人苋，又有五色苋，皆可蔬茹。”对“蒜”的特殊功用有比较深入地阐述：“蒜虽久而味不变，可以资生，可以致远，施之臭腐，则化为神奇；用之鼎俎，则可代醯酱。旅途尤为有功，炎风瘴雨之所不能加，食餲腊毒之所不能害，此亦食经之上品，日用之多助者也。”在“韭”条中，补充了“韭黄”栽培法：“至冬，移根藏于地屋荫中，培以马粪，暖而即长，高可尺许，不见风日，其叶黄嫩，谓之‘韭黄’。”

(四) 果属

《百谷谱·果属》共有 18 条,有三种情况:其一是对南北方的果树种类都有所增益;其二是对某些果属的性状作了描述;其三是对南北方的某些果属作了比较。

1. 对南北的果树种类或品种有所增益

《百谷谱·果属》对梨的种类有所增益:"乳梨……皮厚而肉实;鹅梨……皮薄而浆多,味差短于乳梨,香则过之;其余有水梨,消梨,紫煤梨,赤梨,甘棠梨,御儿梨之类……愚按,今魏府多产鹅梨,北地有香水梨,最为上品。"对"桃"的品种有所增益:"太原有金桃,色深黄,西京有昆仑桃,肉深紫红色,此二种尤甘。又饼子桃,如今之香饼子……且其为种,早熟者谓之络丝白,晚熟者谓之过雁红,夏秋咸有,食之不匮,诚仙凡之佳果也。"对"李"的品种有所增益:"愚尝见北方一种,谓之'御黄',其重逾两,肉厚核小,食之甘香而美,李中之佳种也。江南建宁有一种名'均亭李',紫色,极肥大,味甘如蜜,南方之李,此实为最。"对"杏"的种类有所增益:"愚尝见北方有一种杏,甚佳,赤色,大而稍扁,肉厚,谓之肉杏,又谓之'金刚拳',言其大也。"对南方的果树多有增益。如荔枝、龙眼、橄榄、橘橙等,均为王祯以前北方农书所不载者。"荔枝,生岭南、巴中、泉、福、漳、兴、嘉、蜀、渝、涪,及二广州皆有之……树形团团如帷盖,叶如冬青,华如橘,朵如葡萄,核如枇杷,壳如红橙,膜如紫绡,肉如白肪,花于二三月,实于五六月。""龙眼,花与荔枝同开,树亦如荔枝,但枝叶稍小,壳青黄色,形如弹丸,核如木完子,而不坚。肉白而带浆,其甘如蜜。熟于八月,白露后,方可采摘。""橄榄,生岭南及闽广州郡,性畏寒,江浙难种。树大数围,实长寸许,形如珂子而无棱瓣,其子先生者向下,后生者渐高……此果,其味苦酸而涩，食久，味方回甘。”“橘生南山川谷，及江浙荆襄皆有之，木高可丈许，刺出于茎间，夏初生白花，至冬，实黄……橘有数种，有绿橘、有红橘、有蜜橘，有金橘，而洞庭橘为胜。”“柑，甘也，橘之甘者，茎叶无异于橘，但无刺为异耳。”“橙似橘而有刺，叶大而形圆，大于橘，皮甚香，厚而皱，其瓤味酸。”

2. 对某些果属的性状和特性作了描述

《百谷谱·果属》说：“乳梨……皮厚而肉实；鹅梨……皮薄而浆多”，柿“日干则温，火干则热，生者弥冷，一果而不同如此”，石榴“花不出于红黄，味不出于甘酸”，柰和林檎的区别：“大长者为柰，圆者为林檎……若是则柰之于林檎，形相似也，气味相近也，然柰性寒，林檎性温。”枣“南枣坚燥，不如北枣肥美，生于青晋绛州者尤佳”。

（五）竹木

竹木部分的多数条目（如竹、松、榆、柳、柞、榖楮、皂荚、苇等）的内容引自《齐民要术》和《农桑辑要》，只有少数内容是新增的。如“竹”条中有关“笋”的内容是新增加的：“笋味甘美，有毒，惟香油与姜能杀其毒。煮宜久熟，生则损人。然食品之中，最为珍贵。”又如“柞”条“楝”附中，补充了“以楝子于平田耕熟作垄种之，其长甚疾，五年后，可作大椽。北方人家欲构堂阁，先于三五年前种之。其堂阁欲成，则楝木可椽”。“漆”条，是新增的内容：“漆树皮白，叶似椿，花似槐子，今处处有之，而梁蜀者为胜。春分前后移栽，后树高，六七月以刚斧斫其皮开，以竹管承之，汁滴则成漆。”“用漆在燥热及霜冷时则难干，得阴湿，虽寒月亦易干，物之性也。”

（六）杂类

杂类共有七条，有三种情况：一是引用以前农书未增加新内容者，如枸杞、紫草、红花等，这里略而不论；二是对某些杂类的性状作了描述；三是对“惟风土论”进行了批判。

1. 对某些杂类的性状作了描述

《百谷谱·杂类》对“苎麻”性状的描述是：“苗高七八尺，叶如楮，叶面或青或紫，背则皆白，有短毛。夏秋间著细穗青花。其根黄白而轻虚。”对“苘”性状的描述是：“苘高四五尺，或六七尺，叶似苎而薄，实如大麻子……其长也，如竹叶，大如扇，上团如盖，花黄结子，蓬如橡斗然，与黄麻同时熟。”

2. 对“惟风土论”的批判

《百谷谱·杂类》“木棉”条，继《农桑辑要》之后，对“惟风土论”进行了批判：“其种本南海诸国所产，后福建诸县皆有，近江东陕右亦多种，滋茂繁盛，与本土无异。种之则深荷其利。悠悠之论，率以风土不宜为说。按《农桑辑要》云，虽托之风土，种艺不谨者有之，种艺虽谨，不得其法者有之，信哉言也！”对“惟风土论”的批判，使人们摆脱了“惟风土论”的束缚，为推广木棉种植扫清了思想障碍。

（七）饮食类

饮食类，原有“豳七月诗说”和“食时五观”和“备荒论”三目。前两目已经散佚，现存仅“备荒论”一目。

备荒论，开头阐述了备荒的必要性：“盖闻天灾流行，国家代有。尧有九年之水，汤有七年之旱，虽二圣人亦不能逃其适至之数也。春秋二百四十二年，书大有年仅二，而水、旱、螽、虫，屡书不绝。然则年谷之丰，盖亦罕见。为民父母者，当为思患豫防之计。故古者三年耕，必有一年之食，九年耕，必有三年之食；以三十年之通制国用，虽有旱干水溢，而民无菜色者，蓄积多而备先具也。”

“其蓄积之法，北方高亢多粟，宜用窦窖，可以久藏；南方垫湿多稻，宜用仓廪，亦可历远年。其备旱荒之法，则莫如区田……救水荒之法，莫如柜田……备虫荒之法，惟扑之乃不为灾。”

此外，王祯还介绍了一些“辟谷”之法。

三、农器图谱

王祯《农书》22 卷本的《农器图谱》分为 12 卷；36 集本的《农器图谱》分为 20 集。不论是 22 卷本还是 36 集本，都是 261 目。《农器图谱》的篇幅占《农书》的 4/5，是《农书》的主要组成部分，是它最有特色的部分。它共分田制、耒耜、镬锸、钱镈、铚艾、耙扒、蓑笠、蓧蒉、杵臼、仓廪、鼎釜、舟车、灌溉、利用、麰麦、蚕缫、蚕桑、织纴、纩絮、麻苎等 20 门，末尾附杂录。每一门开头都冠以简要的述论，每项都有一幅或几幅插图，全书共有插图 306 幅（不同的版本，插图的数目并不一致），每幅图后都有一段文字说明，描述每项农器的构造、来源、演变及其用法，并配上一段诗文。下面将《农器图谱》的门类、项目、图数列表如下：

表 7　《农器图谱》的门类项目图数表

门类	项　　目	图数
田制	籍田、太社、国社、民社、井田、区田、圃田、围田（圩田）、柜田、架田、梯田、涂田、沙田、授时指掌活法之图。	15
耒耜	耒耜、耕牛、犁、耙（方耙、人字耙）、耖、耮、挞、耰、碌碡、砺礋、耧车、砘车、瓠种、耕槃、牛轭、秧马。	20
镬锸	镬锸、锋、长镵、铁搭、掀、镵、铧、壁、划、劐、梧桐角。	18
钱镈	钱、镬、耨、耰钽、耧锄、镫锄、铲、耘耥、耘爪、薅马、薅鼓。	12
铚艾	铚艾、镰、推镰、粟鉴、镙、钹、劙刀、斧、锯、铡、砺。	15

续 表

门类	项　　目	图数
耙扒	耙、扒、平板、田荡、辊轴、秧弹、叉、笐、乔杆、禾钩、搭爪、禾担、连枷、刮板、击壤。	22
蓑笠	蓑、笠、扉、屦、橇、复壳、通簪、臂篝、牧笛、葛灯笼。	12
蓧蒉	蓧、蒉、筐、筥、畚、笆、毂匣、箩、篓、儋、篮、箕、帚、簏、箅、箱、筛、毂篣、飏篮、种箪、晒槃、掼稻簟	26
杵臼	杵臼、踏碓、堈碓、砻、石碾、辊辗、飏扇、扉、连磨、油榨。	11
仓廪	仓、廪、庾、囷、京、谷盅、窖、窦、升、斗、概、斛	13
鼎釜	鼎、釜、甑、老瓦盆、匏樽、瓢杏、土鼓。	9
舟车	农舟、划船、野航、下泽车、大车、拖车、田庐、守舍、牛室。	9
灌溉	水栅、水闸、陂塘、水塘、翻车、筒车、牛转翻车、水转翻车、卫转筒车、高转筒车、水转高车、连筒、架槽、戽斗、刮车、桔槔、辘轳、瓦窦、石笼、浚渠、阴沟、井、水篣。	27
利用	濬铧、水排、水磨、水砻、水碾、水轮三事、水转连磨、水击面罗、槽碓、机碓、水转大纺车、缶、绠、田漏。	14
牟麦	麦笼、积苫、君刀、拖把、麦钐、麦绰、抄竿。	7
蚕缫	茧馆、先蚕坛、蚕神、蚕室、火仓、蚕槌、蚕椽、蚕箔、蚕篚、蚕盘、蚕架、蚕网、蚕杓、蚕簇、上簇、茧瓮、茧笼、南缫车、热釜、冷盆、蚕连。	23
蚕桑	桑儿、桑梯、斫斧、桑钩、桑笼、桑网、劖刀、切刀、桑碪、桑夹。	10
织纴	丝籰、经架、纬车、络车、织机、卧机、梭、砧杵。	12
纩絮	絮车、捻棉轴、绵矩、木棉搅车、木棉弹弓、木棉捲莛、木棉纺车、木棉拔车、木棉軠床、木棉线架。	11
麻苎	沤池、刈刀、苎刮刀、绩篚、小纺车、大纺车、蟠车、纑刷、布机、纴车、绳车、纫车、旋椎、耕索、呼鞭、牛衣、法制长生屋、造活字印书法。	18

《农器图谱》中的二十门有以下几类情况：(一)"田制门"主要介绍的是一些特殊的土地利用方式；(二)"耒耜门"、"镬锸门"、"钱镈门"、"铚艾门"、"耙杌门"、"辫麦门"主要介绍耕作和收获农具；(三)"灌溉门"和"利用门"，主要介

绍水利和灌溉器械;(四)“蚕缫门”、“蚕桑门”、“纩絮门”、“麻苎门”、“织纴门”主要介绍养蚕、抽丝、纺纱、纺麻、织丝和织布的工具和机械;(五)“茶黄门”、“杵臼门”、“仓廪门”主要介绍粮食调制、储藏、加工的器械;(六)“蓑笠门”、“鼎釜门”、“舟车门”都同农器无关,都可列入其他类别。(七)《图谱》的最后附有“杂录”,是记载王祯的创造和发明的。现将其主要内容介绍如下:

(一) 田制

王祯在解释为什么要在《农器图谱》的开头就介绍“田制”时说:“盖器非田不作,田非器不成”,这样就把“田”和“器”的关系阐述清楚了。

“田制”的开头,除了介绍历代天子或帝王亲耕“藉田”的礼仪和进行各种祭祀活动外,主要是介绍了一些特殊的土地利用方式。其中包括:区田、圃田、围田、圩田、柜田、架田、梯田、涂田、沙田等。这是自南宋以来,北方人大量南迁,造成南方人口激增,人地矛盾突出以后,所采取的“与水争田”和“与山争田”的措施。

1. 区田

王祯《农书》所载“区田”和汉《氾胜之书》中所载“区田”已经不可同日而语了。其一、《氾胜之书》中载有带状区田和方形区田两种方式,而王祯《农书》中只载有方形区田一种方式;其二、氾胜之所说的方形区田有上农夫、中农夫和下农夫三种方式,而王祯《农书》中所载方形区田已经简化为一种方式,并且将六寸至九寸的小区改成一尺半的大区,同时,缩小了区间距离;其三、在区田中增加了间套复种的内容。这些变化都是提高土地利用率所必须的。

王祯说：在壬辰（至元二十九年）和戊戌（大德二年）“饥歉之际，但依此法种之，皆免饿殍”，可见采用区田法是很有成效的。

2. 围田和圩田

围田和圩田，都是与水争田的措施。所谓“围田”，就是“筑土作围，以绕田也”。而所谓“圩田”则是“叠为圩岸，捍护外水”之谓。王祯说：采用这些土地利用方式，“虽有水旱，皆可救御……实近古之上法，将来之永利，富国富民，无越于此”。现将围田的插图列下：

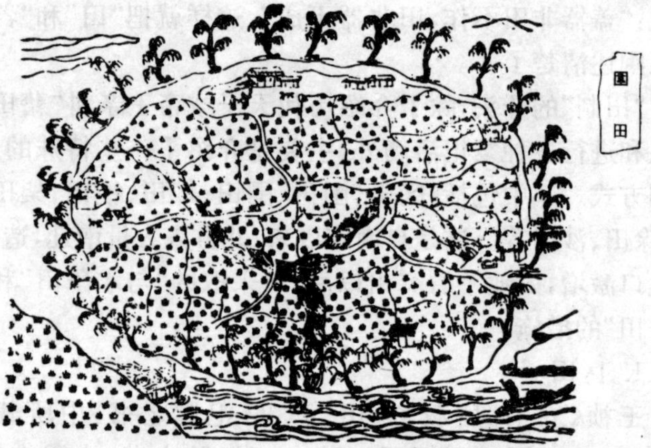

图 2-2 围田

3. 梯田

梯田，谓梯山而田也。这是“田尽而地，地尽而山”，与山争田的措施。王祯认为，“山多地少之处，除磊石及峭壁例同不毛，其余所在土山，下自横麓，上至危巅，一体之间，裁作重磴，即可种艺”。要根据具体情况，采用不同的梯田形式：

(1)“如土石相半，则必垒石相次，包土成田”；(2)“又有山势峻极，不可展足，播殖之际，人则伛偻蚁沿而上，耨土而种，蹑坎而耘。”王祯在《农书》中最早总结了梯山为田的经验。下面图2－3是王祯《农器图谱》梯田图：

4. 架田

架，犹筏也。亦名葑田。“以木缚为田丘，浮系水面，以葑泥附木架上，而种艺之。其木架田丘，随水高下浮泛，自不淹浸……架田附葑泥而种，既无旱暵之灾，复有速收之效，得置田之活法，水乡无地者宜效之。”下面是王祯《农器图谱》架田图：

图2－3　梯田

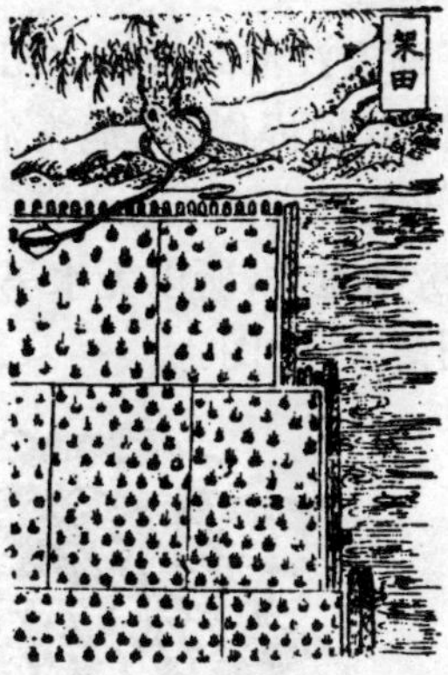

图2－4　架田

5. 柜田

筑土护田，似围而小，四面俱置瀽穴，如柜形制，顺置田段，便于耕莳。若遇水荒，田制既小，坚筑高峻，外水难入，内水则车之易涸。下面是王祯《农器图谱》柜田图：

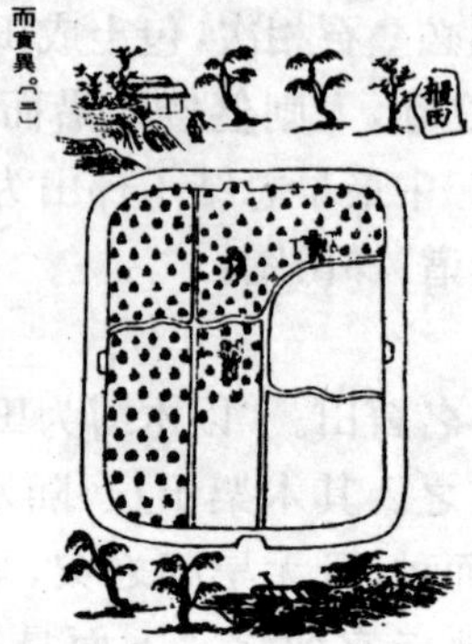

图 2-5　柜田

6. 沙田

南方江淮间沙淤之田也，或滨大江，或峙中洲，四围芦苇骈密，以护堤岸，其地常润泽，可保丰熟。普为塍埂，可种稻秫，间为聚落，可艺桑麻。或中贯潮沟，旱则频溉，或旁绕大港，涝则泄水，所以无水旱之忧，故胜他田也。下面是王祯《农器图谱》沙田图：

图 2-6 沙田

7. 圃田和涂田

圃田，种蔬果之田，其田缭以垣墙，或限以篱堑，负郭之间，但得十亩，足赡数口。若稍远城市，可倍添田数，至半顷而止。结庐于上，外周以桑，课之蚕利，内皆种蔬。

涂田，频海之地，复有此等田法，其潮水所泛沙泥积于岛屿，或垫溺盘曲，其顷亩多少不等，上有碱草丛生，候有潮来，渐惹涂泥，初种水稗，斥卤既尽，可为稼田。

下面是王祯《农器图谱》中的圃田和涂田图：

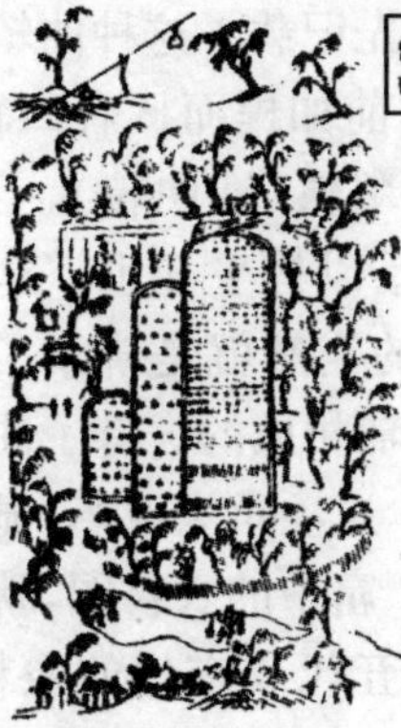

图 2-7　圃田

图 2-8　涂田

（二）耕播耘获农具

《农器图谱》中的“耒耜门”、“䦆臿门”、“钱镈门”、“銍艾门”、“耙杈门”、“蓧蒉门”等，主要介绍的是耕作、播种、耘锄、收获的系列农具。其中既有远古使用，元代已经绝迹的耒耜等农具，又有宋元时代新创的农具。我们在这里将主要介绍新创的农具。

1. 耕作农具的创新

宋元时期耕作农具的创新，主要表现在耕犁由直辕改为曲辕，由硬套改为软套；南方水田增加了“耖”、“耘耥”“耘爪”等农具；又发明了用于开荒的犁刀。

(1) 耕犁的创新　中国在春秋战国时期推广铁犁牛耕以后，长期采用二牛抬杠式的长辕犁或直辕犁，牛和犁的牵引采用硬套连接方式。这种犁很笨重，特别是在地头回转时很不方便。同时，其耕作效率和耕作质量也很低。经过长期在生产实践中研究和探索，大约在唐代才发明了曲辕犁和软套牵引方式。唐·陆龟蒙的《耒耜经》中首先记载了这种曲辕犁和软套牵引方式。《耒耜经》中所说的：“前如程而樛者曰辕”就说的是：向前像程杠而向下弯曲的叫犁辕(即曲辕)。又说：“横于辕之前末曰盘，言可转也，左右系以搜乎轭也。”这里说的是耕盘和牛轭，而连接耕盘和牛轭的当然就是耕索了。这就是所谓软套系统。曲辕和软套是相辅相成的。有了曲辕才需要软套；有了软套才能废弃长辕犁。这项重大改革，显然在唐宋时代并未普及。如敦煌莫高窟 61 窟中的农耕图，就仍然是二牛抬杠式的耕犁，这幅农耕图是五代或宋代的农耕图。曲辕犁和软套的普及当是元代的事情，王祯的《农器图谱》中“犁”条刊出的两幅耕犁图，就都是曲辕犁。同时，又单列“耕盘”和“牛轭”两个条目，介绍了牵引耕犁的软套。如“耕盘”条中所说：“耕盘，驾犁具也……耕盘旧制稍短，驾一牛或二牛，故与犁相连，今各处用犁不同，或三牛四牛，其盘以直木，长可五尺，中置钩环，耕时旋环犁首，与轭相为本末，不与犁为一体，故复表出之。”“牛轭”条中说：“牛轭……服牛具也。随牛大小制之，以曲木，窍其两旁，通贯耕索，仍下系鞅板，用控牛项，轭乃稳顺，了无轩侧。”

在软套系统中，除牛轭、耕盘和耕索之外，还有一件值得注意的部件，那就是"钩环"，这个部件是宋元时代发明并推广的。这样，在软套牵引系统中就形成了"牛轭——耕索——耕盘——挂钩（钩环）"组成的牵引系统。在考古发掘中，已经发现有：环上挂着钩和钩上挂着环两种钩环。这是耕犁采用软套后，保持其摇摆性和灵活性所必需的。

现将《农器图谱》中所载曲辕犁、耕椝、牛轭图示如下：

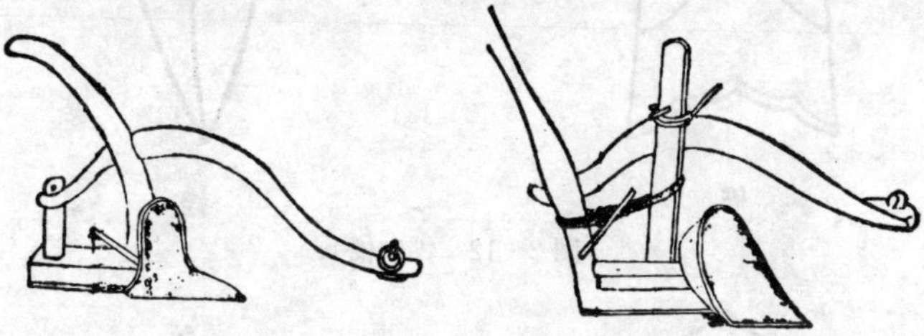

图 2-9　曲辕犁

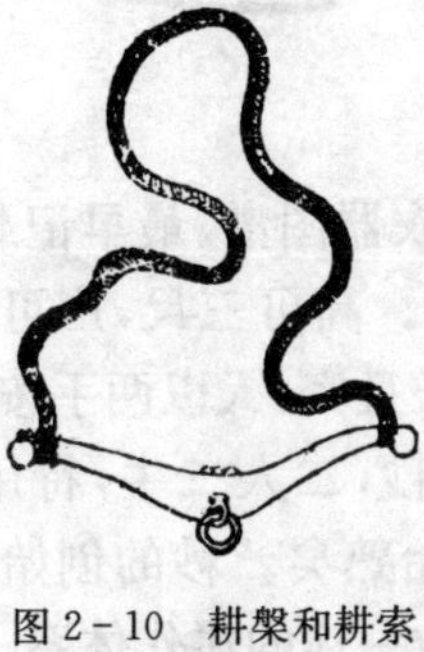

图 2-10　耕椝和耕索

图 2-11　牛轭和耕索

（2）犁铧和犁壁的改进　王祯《农器图谱》所记载的犁铧也有很大进步。如"铧"条所说："铧与镵颇异，镵狭而厚，惟可正用;铧阔而薄,翻覆可使,老农云:开垦生地宜用镵,翻转熟地宜用铧。盖镵开生地著力易,铧耕熟地见功多。然北方多用铧,南方皆用镵。”犁壁也有发展。如“壁”条所载:“夫壁形不一,耕水田曰瓦缴,曰高脚;耕陆田曰镜面,曰碗口,随地所宜制也。”

图 2-12 铧和镵

图 2-13 犁壁

(3) 水田耕作中“耖”的使用 《农器图谱》最早记载了水田耕作用的“耖”:“耖,疏通田泥器也。高可三尺,广可四尺,上有横柄,下有列齿,其齿比耙齿倍长且密,人以两手按之,前用畜力挽行,一耖一人一牛,有作连耖,二人二牛,特用于大田。见功又速,耕耙而后用此,泥壤始熟矣。”耖的创始,使南方水田的耕作形成了“耕、耙、耖”三位一体的耕作体系。从而将南方水田的耕作水平推上一个新阶段。

图 2-14　耖田

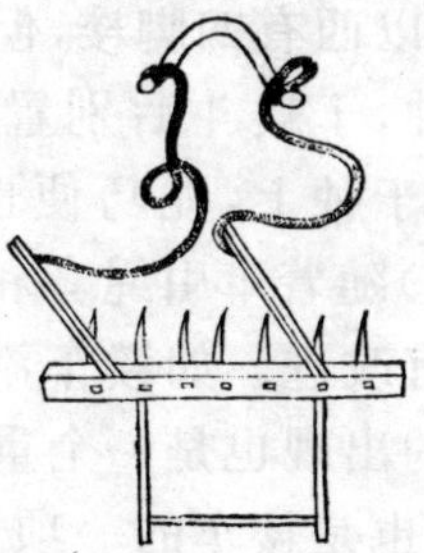

图 2-15　耖

（4）开荒用“劚刀”的发明　《农器图谱》中还载有一种开垦荒地用的“劚刀”，是宋元间新的创造。“劚刀，辟荒刃也。其制如短镰而背则加厚，尝见开垦芦苇蒿莱等荒地，根株骈密，虽强牛利器，鲜不困败，故于耕犁之前，先用一牛，引曳小犁，仍置刃裂地，辟及一垄，然后犁镵随过，覆垡截然，省力过半。”

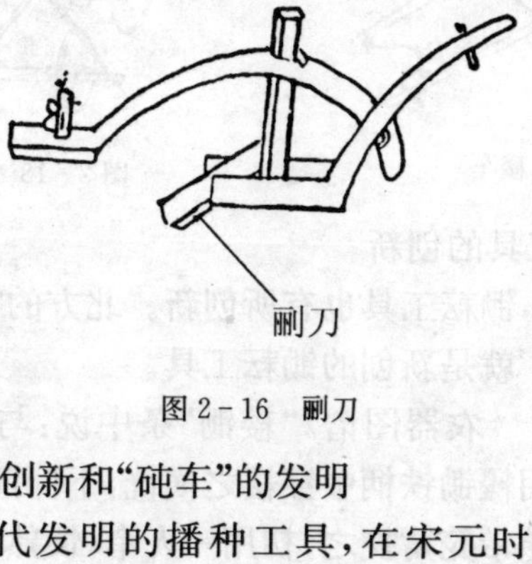

图 2-16　劚刀

2. 耧车的创新和“砘车”的发明

耧车是汉代发明的播种工具，在宋元时代有所创新。《农器图谱》“耧车”条说：“耧车，下种器也……耧种之制不一，有独脚、两脚、三脚之异，今燕赵齐鲁之间，多有两脚耧，关以西有四脚耧，但添一牛，功又速也……近又创制下粪耧种，于耧斗后别置筛过细粪，或拌蚕沙，耩时随种而下，覆于种上，尤巧便也。”耧车的创新，包括以下几个内容：(1)随着牵引绳套和挂钩的发明，耧车的形制和播种技术也有改进。如耧车添牛，就是绳套牵引才能实现的，四脚耧的出现也是一个重大进步。(2)耧车上增置下粪耧种装置，也是耧车的一项重要创新。(3)宋元时代在耧车后面又增加了“砘车”这种配套工具。“砘车……随耧种所过沟垄碾之，使种土相著，易为生发。”

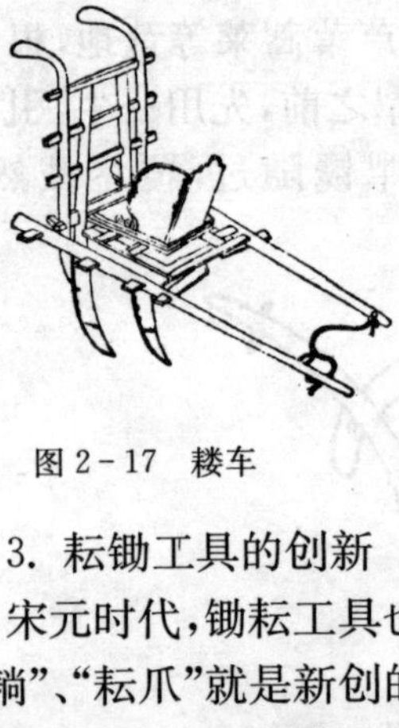
图 2－17　耧车

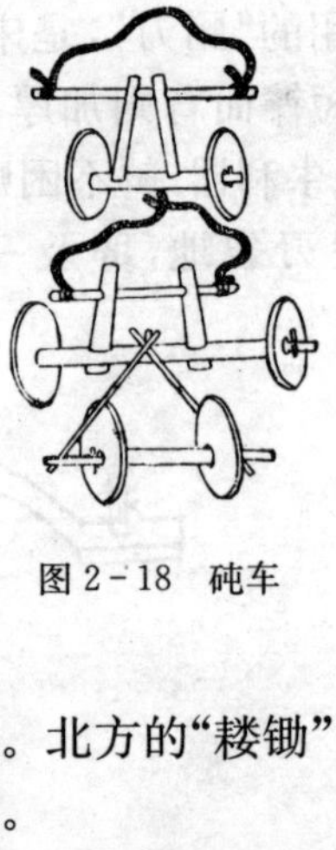
图 2－18　砘车

3. 耘锄工具的创新

宋元时代，锄耘工具也有所创新。北方的“耧锄”，南方的“耘耥”、“耘爪”就是新创的锄耘工具。

(1) 耧锄　《农器图谱》“耧锄”条中说：与“耧车制颇同，独无耧斗，但用耰锄铁柄中穿耧之横桄，下仰锄刃，形如杏叶，撮苗后，用一驴带笼觜挽之，初用一人牵，惯熟不用人，止一人轻扶。入土二三寸，其深通过锄力三倍，所办之田，日不啻二十亩。今燕赵间用之。”这种用畜力牵引的耧锄，其效率之高

（日锄二十亩），锄地之深（入土二三寸），是普通人力锄所不及的，它确实是中耕工具的一项重要创新。

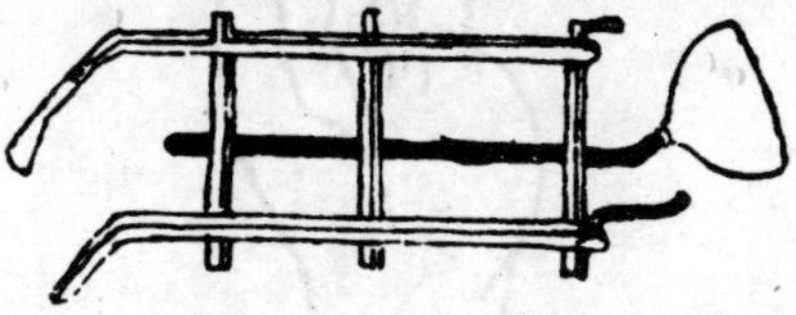

图 2－19　耧锄

（2）耘耥的创新　《农器图谱》“耘耥”条中说：“耘耥，江浙之间新制也……耘田之际，农人执之，推耥禾垄间草泥，使之溷溺，则田可精熟，既胜耙锄，又代手足，况所耘田数，日复兼倍。尝见江东等处农家，皆以两手耘田，匍匐禾间，膝行而前，日曝于上，泥浸于下，诚可嗟悯！”在创制耘耥以前，江东农民都以双手耘田，十分辛苦；在创制和推广耘耥耘田之后，不仅提高了耘田质量和效率，而且减轻了劳动强度。

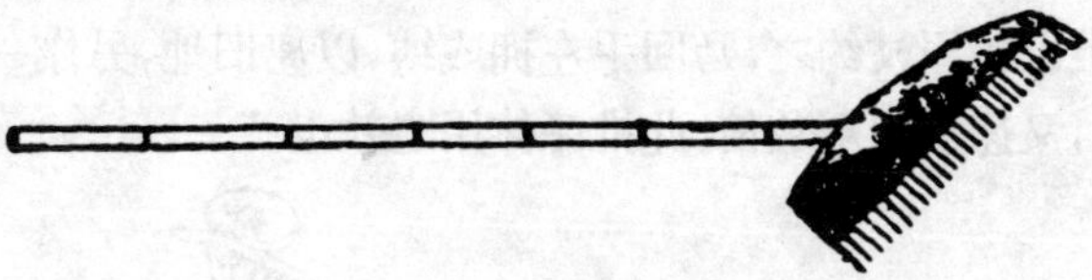

图 2－20　耘耥

（3）耘爪的应用　《农器图谱》“耘爪”条中说：“耘爪，耘水田器也……其器用竹管，随手指大小截之，长可逾寸，削去一边，状如爪甲，或好坚利者，以铁为之，穿于指上，乃用耘田，以代指甲，犹鸟之用爪也。”用耘爪耘田，对提高耘田质量，保护手指都有重要意义。

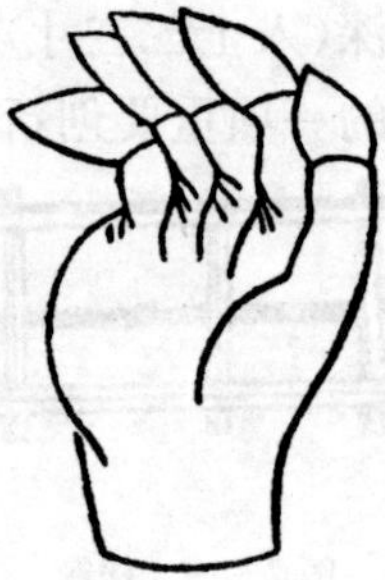

图 2－21　耘爪

4. 收获农具的创新

《农器图谱》中所载元代创新的收获农具，主要有：推镰、麦钐、麦绰、麦笼等。

（1）推镰　“推镰，敛禾刃也。如荞麦熟时，子易焦落，故制此具，便于收敛。形如偃月，用木柄，长可七尺，首作两股短叉，架以横木，约二尺许，两端各穿小轮圆转，中嵌镰，刃向前，仍左右加以斜杖，谓之蛾眉杖，以聚所劚之物。凡用则执柄就地推去，禾茎即断，上以蛾眉杖约之，乃回手左拥成缚，以离旧地，另作一行，子既不损，又速于刀刈数倍，此推镰体用之效也。”

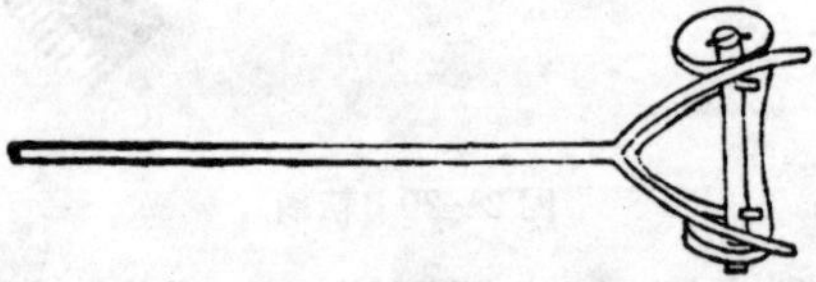

图 2－22　推镰

（2）麦钐　“麦钐，芟麦刃也……如镰长而颇直，比铍薄而稍轻，所用斫而劚之，故曰钐……其刃务在刚利，上下嵌系绰柄之首以钐麦也。比之刈获，功过累倍”。

图 2-23　麦钐

(3) 麦绰　“麦绰，抄麦器也，篾竹编之，一如箕形，稍深且大，旁有木柄，长可三尺，上置钐刀，下横短拐，以右手执之，复于钐旁，以绳牵短轴，左手握而掣之，以两手齐运，芟麦入绰，覆之笼也。”

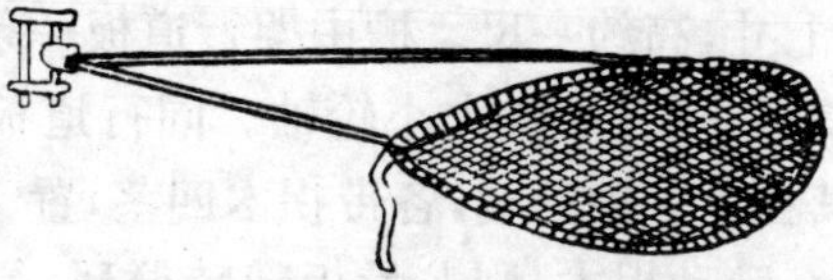

图 2-24　麦绰

(4) 麦笼　“麦笼，盛芟麦器也，判竹编之，底平口绰，广可六尺，深可二尺，载以木座，座带四碢，用转而行，芟麦者腰系钩绳牵之，且行且曳，就借使力向前绰麦，乃覆笼内。笼满则舁之积处，往返不已，一笼日可收麦数亩，又谓之腰笼。”

图 2-25　麦笼

王祯说：“夫笼、钐、绰三物而一事，系于人之一身，而各周于用，信乎人为物本，物因人而用也。”

（三）水利灌溉机具的创新

宋元时代，水利灌溉机具有许多创新之处，现将《农器图谱》中所载有关水利灌溉机具的创新之处，录之如下：

1. 翻车

“翻车，今人谓龙骨车也……今农家用之溉田。其车之制，除压栏木及列槛桩外，车身用板作槽，长可二丈，阔则不等，或四寸至七寸，高约一尺。槽中架行道板一条，随槽阔狭，比槽板两头俱短一尺，用置大小轮轴。同行道板上下通周以龙骨板叶。其在上大轴两端，各带拐木四茎，置于岸上木架之间。人凭架上，踏动拐木，则龙骨板随转循环，行道板刮水上岸。此车关键颇多，必用木匠，可易成造”。“其起水之法，若岸高三丈有余，可用三车，中间小池，倒水上之，足救三丈已上高旱之田。凡临水地段，皆可置用，但田高则多费人力。如数家相助，计日趋功，俱可济旱。水具中机械巧捷，惟此为最。”

图 2-26 翻车

2. 筒车

“筒车,流水筒轮。凡制此车,先视岸之高下,可用轮之大小;须要轮高于岸,筒贮于槽,乃为得法。其车之所在,自上流排作石仓斜辟水势,急凑筒轮,其轮就轴作毂,轴之两旁搁于桩柱山口之内。轮辐之间除受水板外,又作木圈缚绕轮上,就系竹筒或木筒于轮之一周;水激轮转,众筒兜水,次第下倾于岸上所横木槽,谓之天池,以灌田稻。日夜不息,绝胜人力,智之事也。”

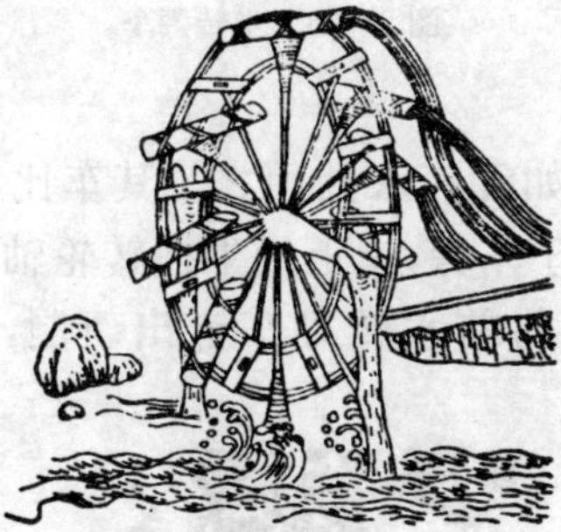

图 2-27　筒车

3. 水转翻车

“水转翻车,其制与人踏翻车俱同。但于流水岸边掘一狭堑,置车于内,车之踏轴外端作一竖轮,竖轮之旁架木立轴,置二卧轮,其上轮适与车头竖轮辐支相间。乃辟水湧激,下轮既转,则上轮随拨车头竖轮,而翻车随转,倒水上岸。此是卧轮之制。若作立轮,当别置水激立轮。其轮辐之末,复作小轮,辐头稍阔,以拨车头竖轮。此立轮之法也,然亦当视其水势,随宜用之。其日夜不止,绝胜踏车。”

图 2-28　水转翻车

4. 牛转翻车

“牛转翻车，如无流水处用之。其车比水转翻车卧轮之制，但去下轮，置于车旁，岸上用牛拽转轮轴，则翻车随转，比人踏功将倍之。与前水转翻车皆出新制，欲远近效之，俱省工力。”

图 2-29　牛转翻车

5. 卫转筒车

“卫转筒车,即前水转筒车,但于转轮外端别造竖轮,竖轮之侧,岸上复置卧轮,与前牛转翻车之制无异。凡临坎井或积水渊潭,可用,浇灌园圃,胜于人力汲引。”

图 2-30　卫转筒车

6. 高转筒车

“高转筒车,其高以十丈为准,上下架木,各竖一轮,下轮半在水内。各轮径可四尺,轮之一周,两旁高起,其中若槽,以受筒索。其索用竹,均排三股,通穿为一,随车长短如环无端。索上相离五寸,俱置竹筒,筒长一尺。筒索之底,托以木牌,长亦如之。通用铁线缚定,随索列次,络于上下二轮。复于二轮筒索之间,架刳木平底行槽一连,上与二轮相平,以承筒索之重。或人踏,或牛拽,转上轮则筒索自下,兜水循槽至上轮,轮首覆水,空筒复下。如此循环不已,日所得水,不减平地车戽。若积为池沼,再起一车,计及二百余尺。如田高岸深,或田在山上,皆可汲之。”

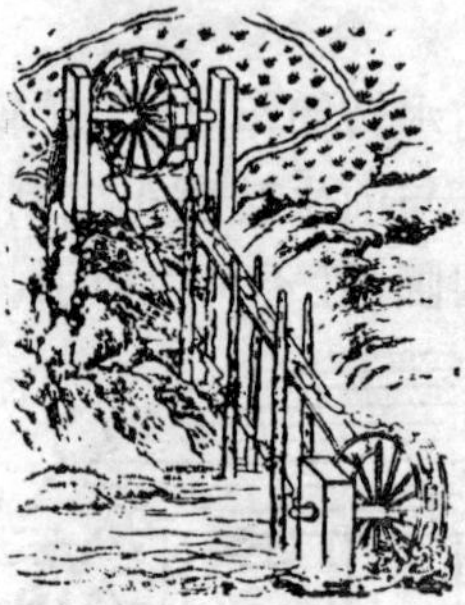

图 2 - 31　高转筒车

7. 水转高车

“水转高车,遇有流水岸侧欲用高水,可用此车。其车亦高转筒车之制,但于下轮轴端别作竖轮,旁用卧轮拨之,与水转翻车无异。水轮既转,则筒索兜水循槽而上,余如前例。又须水力相称,如打碾磨之重,然后可行。日夜不息,绝胜人牛所转。”

图 2 - 32　水转高车

以上几种水车的原动力:有的是用人力的,如翻车;有的是用水力的,如水转翻车、水转高车;有的是用畜力的,如牛转翻车、卫(驴)转翻车。在宋元时代,不仅能用人力和畜力车水灌溉,而且能用水力从事灌溉,这已经是很不寻常的事情了。更突出的是:当时已经比较广泛地利用机械原理,特别是对齿轮轮系的利用。这些水车的创造和使用,对高地引水灌溉是方便多了。这些创新为水泽、山陂、丘陵等旱地灌溉创造了良好的条件,为发展南方山区生产开辟了良好的前景。

(四) 农产加工机械的创新

《农器图谱》中所载农产加工机械,也是当时农器创新中比较突出的部分。主要有:水磨、水转连磨、水击面罗、水轮三事等。

1. 水磨

"水磨,凡欲置此磨,必当选择用水地所,先尽并岸辟水激轮。或别引沟渠,掘地栈木。栈上置磨,以轴转磨中,下彻栈底,就作卧轮,以水激之,磨随轮转,比之陆磨,功力数倍。此卧轮磨也。又有引水置闸,甃为峻槽,槽上两旁植木作架,以承水激轮轴。轴腰别作竖轮,用系在上卧轮一磨,其轴末一轮,旁拨周围木齿一磨。既引水注槽,激动水轮,则上旁二磨随轮俱转。此水机巧异,又胜独磨。此立轮连二磨也。复有二船相旁,上立四楹,以茆竹为屋,各置一磨,用索缆于急水中流,船头仍斜插板木凑水,抛以铁爪,使不横斜。水激立轮,其轮轴通长,旁拨二磨。或遇泛涨,则迁之近岸,可许移借,比之他所,又为活法磨也。庶兴利者度而用之。"

2. 水转连磨

"水转连磨,其制与陆转连磨不同。此磨须用急流大水,以凑水轮。其轮高阔,轮轴围至合抱,长则随宜。中列三轮,各打大磨一盘。磨之周匝俱列木齿。磨在轴上,阁以板木。

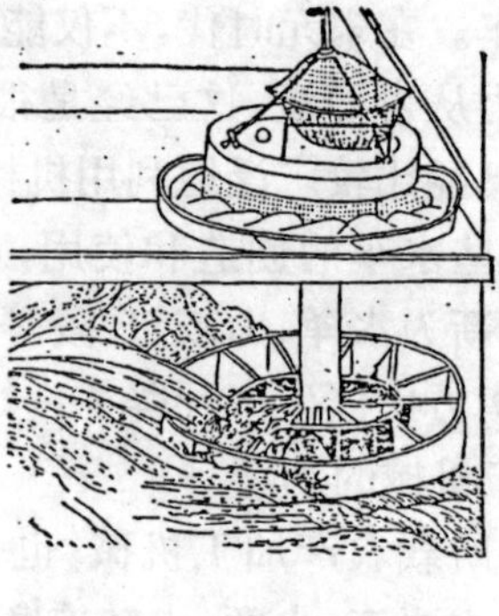

图 2 - 33　水磨

磨旁留一狭空，透出轮辐，以打上磨木齿。此磨既转，其齿复旁打带齿二磨，则三轮之力互拨九磨。其轴首一轮，既打上磨齿，复打下碓轴，可兼数碓。或遇天旱，旋于大轮一遇列置水筒，昼夜溉田数顷。此一水轮可供数事，其利甚博。”

图 2 - 34　水转连磨

图 2 - 35　连二水磨

3. 水击面罗

“水击面罗，随水磨用之，其机与水排俱同，按图视谱，当自考索。罗因水力互击桩柱，筛面甚速，倍于人力。又有就磨

图 2-36 水击面罗

轮轴作机击罗，亦为捷巧。”

4. 水轮三事

“水轮三事，谓水转轮轴可兼三事，磨、砻、碾也。初则置立水磨，变麦为面，一如常法。复于磨之外周造碾圆槽。如欲毇米，惟就水轮轴首易磨置砻，既得粝米，则去砻置碾，埚斡循槽碾之，乃成熟米。夫一机三事，始终俱备，变而能通，兼而不乏，省而有要，诚便民之活法，造物之潜机。今创此制，幸识者述焉。”

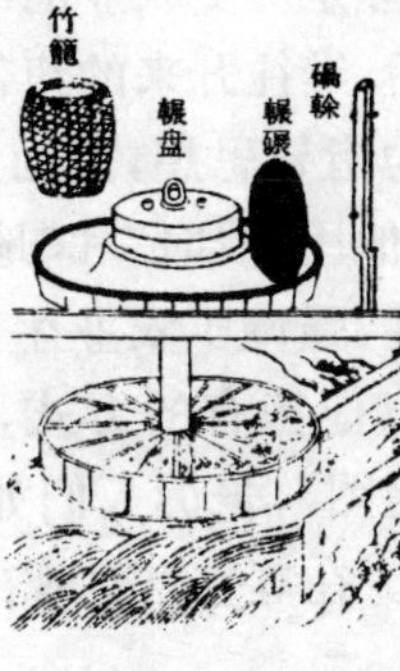

图 2-37 水轮三事

这些创造和革新,反映了古代人民的无穷智慧,标志着劳动人民在生产斗争中取得了伟大成就,王祯《农书·农器图谱》大力宣传和推广这些成就,对发展农业生产起了积极的推动作用。

第三节 王祯《农书》的贡献[①]

王祯《农书》在中国农业发展史上占有极为重要的地位,对中国农业的历史发展做出了重要贡献,归纳起来,其主要历史贡献有如下几点:

一、比较全面系统地论述了广义农业

王祯《农书·农桑通诀》部分,可以说是农业总论。它比较全面系统地论述了广义农业的内容和范围。它在开头部分,叙述了农业的起源问题,包括:农事起本、牛耕起本和蚕事起本,这样就将王祯所处时代的农业同历史时期的农业联系了起来,说明元代的农业是历史农业的继续和发展,从而使元代的农业成为承前启后,继往开来的纽带。接下来,王祯就以“天地人和谐与统一”为指导思想,全面系统地论述了广义农业的各个方面。首先,他用“授时”和“地利”两篇探讨了农业环境的复杂性和规律性,强调了农业生产中“时宜”和“地宜”原则的重要性。并且以他特有的方式,如“授时指掌活法之图”和“全国农业情况之图”,告诉人们如何遵循“时宜”和“地宜”原则进行农业生产。在尊重自然规律的前提下,王祯全面

① 本节主要根据郭文韬为《中国古代科学家传记》一书所写的《王祯传》改写,该书由科学出版社于1993年出版。

系统地论述了农事和人事的各个方面。在种植业方面，他论述了垦耕、耙耢、播种、锄治、粪壤、灌溉、收获等各项问题。在“种植”、“畜养”、“蚕缫”等篇中，王祯阐述了林、牧、副、渔、桑蚕等广义农业各个方面的内容。由于王祯已经认识到，农业生产是由农业技术和农业经济构成的复杂系统，所以他在论述广义农业时，既论述了农业技术问题，又论述了农业经济问题。如“劝助”、“蓄积”、“孝弟力田”等篇，就涉及许多重要的农业经济问题。总之，读完《农桑通诀》以后，使人们对广义农业的内容和范围，以及农业生产的客观规律性和主观能动性，农业生产系统的复杂性都能有个清晰的认识。这是王祯《农书》的一大特色。

二、首创兼论南北比较农业

在王祯《农书》以前的重要农书中，《氾胜之书》、《齐民要术》、《农桑辑要》等农书都是专论北方农业的专著，而陈旉《农书》则是专论南方农业的专著。只有王祯《农书》才是兼论南北农业的，他是比较农业的首创者。他对南方和北方的农业技术以及农具的异同、功能等进行了深入细致的比较研究，使人们对农业生产的地域分异规律以及不同地区的气候和土壤，天时和地利条件对农业生产的深刻影响有了更为深入地认识。在王祯《农书》中进行南北比较的事例比比皆是。如《农桑通诀·耙劳篇》在阐述南北方耕作体系的异同时说：“南方水田，转毕则耙，耙毕则耖，故不用耢。其耕种陆地者，犁而耙之，欲其土细，再犁再耙后用耢，乃无遗功也。”这就是说，南方水田的耕作体系是由“耕、耙、耖”三个环节构成的，而北方旱地的耕作体系则是由“耕、耙、耢”三个环节组成的。《农桑通诀·播种篇》在对南北方播种方法的异同进行比较时说：

“南方惟种大麦则点种，其余粟、豆、麻、小麦之类，亦用漫种。北方多用耧种。”《农桑通诀·锄治篇》在分别叙述了北方和南方旱地和水田锄治方法之后说：“今采摭南北耘薅之法，备载于篇，庶善稼者相其土宜择而用之，以尽其锄治之功也。”《农桑通诀·粪壤篇》在分析比较南方和北方利用绿肥方法的异同时说：“美田之法，绿豆为上，小豆、胡麻次之，悉皆五六月冀种，七八月犁掩杀之，为春谷田，则亩收十石，其美与蚕矢熟粪同。此江淮迤北用为常法……江南三月草长，则刈以踏稻田，岁岁如此，地力常盛。”《农桑通诀·收获篇》在谈到南北方收粟方法的异同时说：“南方收粟用粟鉴摘穗，北方收粟用镰，并藁刈之。”《百谷谱·大小麦》中在谈到南北方收麦方法的异同时说：“北方芟麦用钐、绰、腰笼，一人日可收麦数亩。南方收麦，镰割手荚，所种麦少故也，若力省而功倍，当以北方为法。”《农器图谱·铧》条说：“北方多用铧，南方皆用镵。”《农器图谱·辊轴》条说：“江南地下，易于得泥，故用辊轴；北方涂田颇少，放水之后，欲得成泥，故用雁翅辊打。此各随地之所宜用也。”《农器图谱·蚕簇》条在评论南北方蚕簇的利弊得失时说：“南北蚕法俱未得中。何哉？夫南簇蚕少，规制狭小，殆若戏技，故获利亦薄。北簇虽大，其弊颇多，蒿薪积叠，不无覆压之害，风雨浸浥，亦有翻倒之虞。”《农器图谱·缫车》条中说：“南州夸冷盆，冷盆细缴何轻匀；北俗尚热釜，热釜丝圆尽多绪。”《农器图谱·桑钩》条中说：“北俗伐桑而少采，南人采桑而少伐。岁岁伐之，则树木易衰；久久采之，则枝条多结。欲南北随宜，采斫互用，则桑斧桑钩各有所施，故两及之，不致偏废。”等等都是王祯《农书》所特有的比较异同，兼论短长，扬长避短，南北随宜的特色。

三、比较完备和丰富的农器图谱

在王祯《农书》以前的农书中，专门论述农具的书，仅有唐代陆龟蒙的《耒耜经》，这部农具专著仅有六百多字，谈到的农具主要是"江东犁"，并兼及耙、砺砎、碌碡等几种水田耕作农具，没有图；南宋·曾之瑾的《农器谱》所收农具数量少于王祯《农器图谱》，并且没有图，此书早已失传。王祯《农器图谱》既有谱又有图，并且所收农具种类众多，插图完备，在古农书中独树一帜。据统计，王祯《农器图谱》二十门中，所收农具 105 种，所附插图为 281 幅至 306 幅(由于版本不同，其插图数量不一致)，为后来的许多农书所仿效。如明代徐光启的《农政全书》、清·乾隆官撰大型农书《授时通考》等农书的"农器图谱"，大都抄自王祯的《农器图谱》，并且很少有所增益。这是王祯《农书》的一大创造。

四、增加了对植物性状的描述

王祯的《百谷谱》具有作物栽培各论的性质。其中包括：谷属、蓏属、蔬属、果属、竹木、杂类等内容。在这部分里，同其他古农书的显著区别是：增加了描述植物性状的内容，这也是王祯《农书》的一项创举。例如，《百谷谱》梁秫条中就有"其禾，茎叶似粟，其粒比粟差大，其穗带毛芒"的性状描述。《百谷谱》蜀黍条中有"茎高丈余，穗大如帚，其粒黑如漆，如蛤眼"的描述。《百谷谱》冬瓜条中有"其实生苗蔓下，大者如斗而更长，皮厚而有毛，初生正青绿，经霜则白如涂粉"的描述。《百谷谱》芋条中有"叶如荷，长而不圆，茎微紫，干之，亦中食，根白，亦有紫者，其大如斗，食之味甘"的描述。《百谷谱》芡条中有"叶大如荷，皱而有刺。花开向日，花下结实，故菱寒而芡暖"的描述。《百谷谱》韭条中有"丛生，丰本，叶青，细而长，近根处白”的描述。《百谷谱》荔枝条中有“树形团团如帷盖，叶如冬青，花如橘，朵如葡萄，核如枇杷，壳如红缯，膜如紫绡，肉如白肪”的描述。《百谷谱》苎麻条中有“苗高七八尺，叶如楮，叶面或青或紫，背则皆白，有短毛”的描述。这些有关植物性状的描述，在古农书中是仅见的。因此，它也成为王祯《农书》的一大历史贡献。

第三章　思想和学说

王祯的思想和学说，在他的《农书》中有集中的体现，我们在这一章中将研究和探讨他的哲学思想，农学思想和政治经济思想。

第一节　王祯的哲学思想

王祯对中国的传统哲学和传统农学都有深刻的理解，因此，他能在哲学的高度上，对传统农学作出理论阐释。他在传统农业哲学中常用的概念和范畴有：三才、元气、阴阳、五行和尚中等。下面，我们就分别研究和探讨王祯应用传统哲学原理阐释农学理论的概况。

一、顺天之时　因地制宜　存乎其人

“三才论”是整个中华民族共同具有的思想观念和思维方式，几千年来，中华民族一直把天地人宇宙系统的和谐与统一，作为思考的中心和追求的目标。王祯在《农桑通诀·垦耕篇》中所说的：“顺天之时，因地之宜，存乎其人。”正是追求“天地人”和谐与统一的集中体现。王祯《农桑通诀》的开头部分，除了序说有关农业起源的三小节短文以外，正文的前三篇的顺序是：授时篇、地利篇和孝弟力田篇，此种篇章布局，也表露的是天地人和谐与统一的思路。王祯在将“三才”理论应用于农业生产时，则将农业生产的主要对象：生物有机体纳入宇宙系统之中。他在《农桑通诀·授时篇》中所说的：“人与天合，物乘气至”的理论。它的深刻寓义是：人们在农业生产中所从事的各项农事活动，都必须与自然规律相契合；同时要使农业生物的生长发育和阴阳二气的盛衰消长，升降进退相适应。将“物”的因素纳入宇宙系统之后，就构成了“天地人物”和谐与统一的农业生态系统。人们在农业生态系统中的中心任务就是：协调农业生物(物)和环境条件(天和地)的关系，使其和谐与统一，这是夺取农业高产丰收的关键。《农桑通诀》中的“垦耕”、“耙耢”、“播种”、“锄治”、“粪壤”、“灌溉”、“收获”等篇，所载的各项农业技术措施，都是人们所采取的协调农业生物与环境条件的关系的措施，都是为实现“天地人物和谐与统一”的目标服务的。

为了实现“天地人物的和谐与统一”，首先就要重视“天时”或“农时”。因为“四时各有其务，十二月各有其宜，先时而种，则失之太早而不生；后时而艺，则失之太晚而不成。故曰：虽有智者，不能冬种而春收”(《农桑通诀·授时篇》)。为了使人们能准确地掌握农时，王祯创制了一个“授时指掌活法之图”。这幅图是按照“二十八宿周天之度，十二辰日月之会，二十四气之推移，七十二候之变迁”等天体运行的规律和气候的变化制定的。这个图“如环之循，如轮之转，农桑之节，以此占之”就可以准确地掌握农时了。这个“授时图”可以和“授时历”配合使用。以此来“授民时而节农事”，这就是所谓“用天之道”。王祯在谈到“授时历”和“授时图”的特点时说：“夫授时历每岁一新授时图常行不易，非历无以起图，非图无以行历，表里相参，转运无停，浑天之仪，粲然具在是矣。”王祯还特别指出：“然按月授时，特取天地南北之中气作标准，以示中道，非胶柱鼓瑟之谓。若夫远近寒暖之渐殊，正闰常变之或异，又当推测晷度，斟酌先后，庶几人与天合，物乘气至，则生养之节，不至差谬。”

为了实现天地人物的和谐与统一，还要做到“因地制宜”。王祯在《农桑通诀·地利篇》中提出了“风土”观念：“风行地上，各有方位，土性所宜，因随气化，所以远近彼此之间风土各有别也。”风土观念中的“风”代表气候条件，而“土”则代表土壤条件。“风土”观念的提出，实现了农业生产外在环境（天和地）的统一。因为不同地区和不同土壤的条件下，气候条件（寒暖干湿等）也是各不相同的。由于不同地区和不同土壤条件下有不同的“风土”条件，因之适宜生长的物种也就因之而异。正像王祯所说的：“九州之内，田各有等，土各有差，山川阻隔，风气不同，凡物之种，各有所宜。故宜于冀兖者不可以青徐论；宜于荆扬者，不可宜雍豫拟，此圣人所谓分地之利者也。”于是又表现为天地和物种的统一。人们在农业生产中只有遵循：农业生物和环境条件是一个统一体的基本原理，在不同的环境条件下，种植适宜的物种，才能取得理想的结果。王祯引用陈旉《农书》中的话："谷之为品不一，风土各有所宜"后，又引《周礼·职方氏》云："扬州，其谷宜稻；荆州，其谷宜稻；豫州，其谷宜五种；青州，其谷宜稻麦；兖州，其谷宜四种（黍稷稻麦）；雍州，其谷宜黍稷；幽州，其谷宜三种（黍稷稻）；冀州，其谷宜黍稷；并州，其谷宜五种（黍稷菽麻麦）。"总之，人们只有在不同的风土条件下，栽培适宜的物种，并采取相应的农业技术措施，协调农业生物和环境条件的关系，才能实现"天地人物的和谐与统一"。

王祯在阐述各项农业技术措施时，仍然强调"天地人物的和谐与统一"。如在《垦耕篇》中，对耕地时宜的掌握上，就引用《氾胜之书》中的："凡耕之本，在于趣时"之说并指出春、夏、秋耕的适宜时期。"天地气和，以此时耕，一而当五，名曰膏泽，皆得时功。"其后，又引用《韩氏直说》中有关秋耕为主，春耕为辅，秋耕宜早，春耕宜迟的经验。并总结说："此所谓顺天之时也。"然后又引用《氾胜之书》中有关因土耕作和因时耕作的经验，并总结说："此所以因地而和之也。"在因土耕作上，王祯还比较了南北方的差异，以及高田和下田的区别。王祯对南北方耕作体系的区别作了如下概括："南方水田，转毕则耙，耙毕则耖，故不用耢。其耕种陆地者，犁而耙之，欲其土细，再犁再耙后用耢，乃无遗功也。"（《耙耢篇》）

王祯在《播种篇》中再次强调要"顺天之时"和"因地制宜"。王祯引陈旉《农书》中的话说："种莳之事，各有攸叙，能知时宜，不违先后之序，则相继以生成，相资以利用，种无虚日，收无虚月，何匮乏之足患，冻馁之足忧哉？正月种麻，二月种粟……三月种早麻，四月种豆，五月中旬种晚麻，七夕以后，种莱菔、菘、芥，八月社前，即可种麦，经两社即倍收而坚好，如此则种之有次第，所谓‘顺天之时’也。”王祯引《孝经援神契》曰：“黄白土宜禾，黑坟宜麦与黍，赤土宜菽，汙泉宜稻，所谓‘因地制宜’也。”

王祯继承和发展了传统农业哲学中的三才论和天地人物和谐与统一的哲理。所谓继承，是说三才论和天地人物相统一的思想，早在远古时代就已有之。夏代历书《夏小正》就已开启了“天地人物相统一”的先河。《夏小正》作为历书，它不是纯粹的天文历，而是融天文、气象、物候和农事于一炉的混合历。他把一年划分为12个月，又把每个月的天象变化、气候情况、物候表征和农事活动作为一个整体来考察，视人的活动与自然界的运动为一个有机整体，从而形成了天地人物相统一的农业生态系统观念。其后的《月令》专文，则将“无变天之道，无绝地之理，无乱人之纪”作为统帅全局的哲理，比较系统和完整地构筑了“天地人物相统一”的宇宙系统模型（有人称其为“《月令》图式”）。所谓“无变天之道”，就是要求人们根据天体运行和气候变化的规律，来规范自己的行为；所谓“无绝地之理”，就是要求人们根据地区的物候表征，来采取行动；所谓“无乱人之纪”，就是要求人们按照自然规律来从事各项农事活动，而不能违背自然规律胡作非为。将“天地人物相统一”的哲理，运用在农业生产上，就表现为：天体运行，气候变化，物候表征和农事活动的和谐与统一。《月令》根据太阳在天体中的位置，晨昏南中所见的星宿等天象变化情况，参照气象、物候等因素的整体变化，第一次明确地将一年分为春、夏、秋、冬四季，每季又分为三个月，统之以孟、仲、季，从而将“时”的划分更为客观和科学。从《月令》对草木、昆虫、禽兽、鱼鳖等伴随季节的变化而发生生态学的演替中，人们更加清楚地看到了农业生物和环境条件之间的整体联系。王祯继承了《夏小正》和《月令》中有关“天地人物相统一”的农业生态系统的哲理，并将其发扬光大。所谓发展，主要指的是“授时指掌活法之图”的创造。

王祯的“授时指掌活法之图”是由同轴上的8层圆盘构成的，其中有几层圆盘可以旋转。

王祯的“授时图”，具有“万年历”的性质，可以长期使用。这也可算是王祯的一项重要发明。

二、天地始一气　施生本相资

中国传统哲学中的元气论，是阐释天地人物的本原物质是“气”的理论和学说；同时也是说明“气”的升降、进退、消长、运动变化，是生物生长化收藏，生长壮老已的动因的。我国早在先秦时期就已产生了“气”的理论和学说。如《易传》中就有“精气为物”之说；《老子》中有“冲气”之说；《庄子》中有“通天下一气”之说；《管子》中不仅有“精气”之说，而且说“一气能变曰精”；《春秋繁露》中说：“元者，为万物之本”；《云笈七签》中说：“元气本一，化生有万，万须得一，乃遂生成。万若失一，立归死地。故一不可失也。”又说“元气一性，阴阳二体，一能生二，二能生三，三生万物”。在“气论”中，一气，指元气或精气；二气，指天地之气或阴阳二气；三气，指天气、地气、人气；四气，指四时之气；五气，指五行之气；六气，指阴阳风雨晦明。气的运动变化，是万物生成变化的动因。《管子·形势解》中说：“春者，阳气始上，故万物生；夏者，阳气毕上，故万物长；秋者阴气始下，故万物收；冬者，阴气毕下，故万物藏。”《春秋繁露》中说：“春气生而百物皆出，夏气养而百物皆长，秋气杀而百物皆死,冬气收而百物皆藏。”这里说的是,天地阴阳之气或四时之气的运动变化,盛衰消长,是生物生长收藏的动力。

《王祯农书·农器图谱·授时之图》的末尾附有五言诗一首,其中有“天地始一气,施生本相资。用道以分利,所贵在适时。时既有盈缩,气因为盛衰。盛气忽已及,顷刻不可遗”等诗句,阐发了他的气论。天地是由气产生的(天地始一气),天施气,地生物,是相辅相成的(施生本相资)。用天之道,分地之利,最重要的就是不违农时(用道以分利,所贵在适时)。农时和节气既有盈缩和盛衰的变化(时既有盈缩,气因为盛衰),人们就必须在节气忽然来临之时,抓紧各项农事活动,否则农时顷刻就会溜走,千万不要留下违误农时的遗憾(盛气忽已及,顷刻不可遗)。《王祯农书·农桑通诀·授时篇》中还有“人与天合,物乘气至”之说。这就是说,人们所从事的各项农事活动都要同自然规律相吻合,其中最重要的是要使农业生物的生长发育和阴阳之气盛衰消长的规律相适应。《王祯农书·农器图谱·田漏》中强调指出:“大凡农作须待时气,时气既至,耕种耘耔,事在晷刻,苟或违之,时不再来,所谓寸阴可竟,分阴当惜,此田漏之所作也。”田漏,是古代农家用以计时的水器,而“时气”则是古人用以表达农时和节气之间密切相关的用语,农家的各项农作,都必须使其和时气相吻合。为了使农作和时气相吻合,就要用田漏作为计时的工具。

三、阴阳有消长 五行变化出

阴阳五行是中国传统哲学的重要范畴,阴阳,是具有对待统一,变化功能的客观实体,它处于事物的深层,作为事物运动变化的根据,常被用以解释系统纵向演进的规律。五行具有规定其对象特性的功能,它处于事物的表层,常被用以解释事物的广延性和伸张性。五行的相生相克，相制相胜，反映了客观世界万事万物对立统一，依存转化，错综复杂，千变万化的关系。阴阳学说，早在春秋战国时期就已形成，《老子》“万物负阴而抱阳，冲气以为和”的思维模式，就是以阴阳为对待统一之体的；《易传》的“一阴一阳之谓道”则是它用以研究和探讨天地万物生成演化规律的钥匙。《易传》中所说的：“天地定位，山泽通气，水火相射，雷风相搏”就将自然界的所有事物都纳入阴阳对待统一的体系之中。《月令》专文将阴阳、五行、天文、律历、农事等组合成一个大系统，使天、地、人的各个方面普遍联系，互相搭配，依据阴阳的消长、五方的变换、四时的更迭而发展和变化。它以华北平原的天象、气象、物候和农事为参照系，根据长期农业生产管理和政治管理经验，将天象、气象、物候和政令、农事、祭祀等组合成一个大系统。它以阴阳消长的理论为核心，以五行的变换为框架，构成一套完整的世界运行模式。

王祯《农书》深受阴阳五行学说的影响，正像《农桑通诀·授时篇》中所说的：“阴阳有消长，气候有盈缩”，如果“不知阴阳有消长，气候有盈缩，冒昧以作事”是不会有好结果的。王祯在《农桑通诀·垦耕篇》又说：“天气有阴阳寒燠之异”，所以在农业生产中必须“顺天之时”。王祯在《农器图谱·水磨》中，解释水磨的机械运动原理时，写了一首五言诗：“动静法阴阳，造化出精粹，造化动静间，乾坤具兹器。”借助水力推动的水磨，其机械的动和静，是效法阴阳对待统一的原理的（“动静法阴阳”）。机械运动的结果是造化出精制的米或面（“造化出精粹”），而这些精制的米或面，就出自这阴阳动静之间（“造化动静间”），宇宙中的运动和变化，就来自阴阳和动静的对立和统一(“乾坤具兹器”)。王祯对水磨机械运动机理的解释,是极其深刻的。王祯在《农器图谱·蚕室》中谈到选址问题时说:“其民间蚕室,必选置蚕宅,负阴抱阳,地位平爽。”这里的“负阴抱阳”之说,显然来自《老子·四十二章》“万物负阴而抱阳”之说。

王祯在阐释农作物生长发育规律时,应用了五行学说。他在《百谷谱·大小麦》中说:“《说文》曰:麦,金旺而生,火旺而死。夫八月乃金旺之月,麦于是月而生;五月乃火旺之月,麦于是月而死。是知物之生成,各有其时。”五行同四时的对应是:春同木对应,夏同火对应,金同秋对应,水同冬对应。《月令》为了五行体系的完整,将季夏同土对应(中央属土)。“麦,金旺而生,火旺而死。”实际上说的是:冬麦是秋播夏收的特征。王祯在《百谷谱·粟》中说:粟有五变:“一变而以阳生,为苗,二变而秀以为禾,三变而粲然谓之粟,四变入臼米出甲,五变而蒸饭可食。”(宋均注云:粟受五行气而五变乃成,故可食。)阴阳和五行,在战国时期就已合流。王祯在这里正是将阴阳说和五行说结合起来阐释“粟”的生长发育规律。所谓“一变而以阳生为苗”,是说“粟”的生长发育,是以阴阳二气的盛衰消长为依归的。阳主生,阴主死。这里所说的“一变而以阳生,为苗”,指的是播在土壤里的种子,随着阳气的上升而发芽出苗的情况。“二变而秀以为禾”,指的是粟随着阳气的进一步上升而长成旺盛的植株。“三变而粲然谓之粟”,指的是随着阴气的上升,粟开花结实完成其生命周期。粟之实谓之“粟”。“四变入臼米出甲”,指的是带壳的粟经过脱谷制米的过程制成“小米”。“五变而蒸饭可食”,指的是“小米”经过炊爨成饭而可进食的情况。宋均将粟的五变说成是受“五行之气”所促成。而五行之气,也就是木、火、土、金、水之气,也就是春、夏、季夏、秋、冬之气所使然。其中蕴含的深刻哲理是:人们在农业生产中,必须遵循自然规律和农作物生长发育的规律,做到“天地人物相统一”才有成功的可能。王祯在《百谷谱·木瓜》中用五行生克制化的原理,解释了使木瓜丧失酸味的道理:“夫木瓜得木之正,故入筋,试以铅霜涂之,则失酸味,受金之制也。五行生克之义,于此盖亦可验。”五行相克的顺序是:水克火,火克金,金克木,木克土,土克水。五行与五味的对应是:木对酸,火对苦,土对甘,金对辛,水对咸。木瓜属木,铅霜属金,金入木则克酸。

四、尚中得中 中与不中

王祯在《农书》中经常用“尚中”思想来阐发农学理论。其表现形式有三:其一是强调“得中”。例如,《农桑通诀·垦耕篇》在阐述开荒技术时就说:“大凡开荒,必趁雨后,又要调停犁道浅深粗细,浅则务尽草根,深则不至塞垡,粗则贪生费力,细则贪熟少功,唯得中则可。”在开荒技术中,最值得注意的是:犁的深浅和犁的粗细(指犁道宽窄)。犁得过深过浅,过宽过窄,都不合适。在这种情况下,就要采取“执其两端而用其中”办法,寻找其“中点”,而“中点”就是“最佳点”。王祯在阐述合理施肥和因土用粪的技术时,也强调“得中”。王祯说:“江南水多地冷,故用火粪,种麦种蔬尤佳……下田水冷,亦有用石灰为粪则土暖而苗易发。然粪田之法,得其中则可。若骤用生粪,及布粪过多,粪力峻热,即烧杀物,反为害矣。”[①]王祯在评论我国南北“蚕簇”的方法时,认为:“南北簇法,俱未得

① 《农桑通诀·粪壤篇》。

中”,因为“南簇蚕少,规制狭小,殆若戏技,故获利亦薄;北簇虽大,其弊颇多,蒿薪积叠,不无覆压之害,风雨浸浥,亦有翻倒之虞”①。其二是王祯在阐述栽桑技术时,还强调“不失其中”或者“取中”。《农桑通诀·种植篇》在栽桑技术中说:“种艺之宜,惟在审其时月,又合地方之宜,使之不失其中。盖谓栽培之宜,春分前后十日及十月并为上时。春分前后,以其发生也;十月,号‘阴月’,又曰,小春,木气长生之月,故宜栽培,以养元气。此洛阳方左千里之所宜,其他地方,随宜取中可也。”其三是王祯在评论某些技术是否合宜时,还用了“不中”一词,表示其反对的态度。王祯在《百谷谱·谷属·粟》条中说:“春若遇旱,秋耕之地得仰垄待雨,春耕者,不中也。”由此可见,王祯在阐述各项农业技术措施时,经常使用“得中”、“取中”、“不中”等“尚中”思想。这是中国人自古以来特有的一种思维方式,它是中国人对农业技术做出最佳选择,优化农业技术的一种艺术,王祯《农书》继承了这个传统。

第二节　王祯的农学思想

王祯的农学思想,其突出特点有二:其一是注重方物器的密切配合;其二是关注农林牧的综合经营。

一、方物器的密切配合

王祯《农书》在总体结构上是由《农桑通诀》、《百谷谱》和《农器图谱》三大部分所组成的。元明时代为王祯《农书》作序者,把《农桑通诀》中所阐述的内容概括为一个“方”字;把《农

① 《农器图谱·蚕簇》。

器图谱》所阐述的内容概括为一个“器”字，如元·戴表元为王祯《农书》作序时说：“凡麻苎禾黍牟麦之类，所以莳艺芟获，皆授之以方；又图画所为钱镈耰耧耙扒诸杂用之器，使民为之”，就是把《农桑通诀》概括为一个“方”字，而把《农器图谱》概括为一个“器”字；而明·阎闳在给王祯《农书》作序时，则把《百谷谱》中所阐述的内容概括为一个“种”字，序中说：“今简王氏书，首以通诀，继以器谱，而终以诸种。”由于“种”字所涵阔的内容比“物”字所涵阔的内容狭小，所以我们在这里以“物”字取代了“种”字。这样，就成为“方物器”的综合运用。

方物器的协调一致和综合运用，是实现“天地人物的和谐与统一”的重要条件。我们在这里所说的“方”，也就是各项农业技术的简称，而各种农业技术都是人们为协调农业生物与环境条件的关系所采取的措施。我们这里所说的“物”，指的是根据各地的“风土”条件选种适宜的作物和优良的品种，这是充分发挥农作物内在的增产潜力所必需的。我们这里所说的“器”，则指的是完成各项农业技术措施时所应用的劳动手段或农业机具。这三者的协调一致和综合运用是最大限度地提高农业生产力的关键。正像明·阎闳序中所说的：“今简王氏书，首以通诀，继以器谱，而终以诸种，民事通诸上下者盖备矣。是故得嘉种而缺利器与失种同；制利器而昧要诀则违时与无器同。故得其诀，器可假而使也；利诸器，种可粂而下也。度要诀以达冲和之化，储利器以运制用之机，富嘉种以取十千之报，比屋上农矣。”[①]这就是说，人们在农业生产中只有采取相应的农业技术措施，协调农业生物与环境条件的关系，储备

① 王毓瑚《王祯农书校注》，农业出版社，1981年版，第448页。

锋利的农器以提高工效和技术水平，选种适宜的作物和品种，充分挖掘农作物内部的增产潜力，这是夺取农业高产丰收的必由之路。如果把"方物器"这三者都能综合运用并使其协调一致，也就能实现"天地人物的和谐与统一"。如果说，实现"天地人物的和谐与统一"，是王祯农学思想所追求的总目标的话，那么，"方物器"的综合运用则是实现"天地人物相统一"的重要手段。

二、农林牧的综合经营

农林牧的综合经营，是王祯农学思想的重要内容之一。在《农桑通诀》总论广义农业的框架结构中，除了重点阐述狭义农业——种植业的技术内容（垦耕、耙耢、播种、锄治、粪壤、灌溉、收获等）以外，也用相当的篇幅阐述了林业、牧业、副业的技术内容。如《种植篇》就是专论植树造林的重要性和林业技术的；《畜养篇》就是专论畜牧技术和养殖技术的，其中除了养马、养牛、养羊、养猪、养鸡、养鹅鸭之外，还有养鱼和养蜜蜂；《蚕缫篇》则是专论养蚕缫丝技术的。由此可见，《农桑通诀》的框架结构就充分体现了农林牧副渔的综合经营。

王祯在《种植篇》中，首先引用司马迁《货殖传》中的话："山居千章之楸，安邑千树枣，燕秦千树栗，蜀汉江陵千树橘，齐鲁千树桑，此其人皆与千户侯等"，王祯认为，这段话，充分说明了"种植之利博矣！"王祯为了推动植树造林事业的发展，还大力宣传历代"种材木果核"致富的典型实例："龚遂为渤海太守，令民口种一树榆，秋冬课收敛，益蓄果实菱芡，民皆富贵。黄霸治颍川，使民务耕桑种树，治为天下第一。后汉樊重欲作器物，先种梓漆，时人嗤之，然积以岁月，皆得其用，向之笑者，咸求假焉。李衡于武陵龙阳洲上种柑橘千树……橘成，岁得绢数千疋。此栽植之明效也。使今之时，上之劝课皆如龚黄，下之力本皆如樊李，材木不可胜用，果实不可胜食矣。”王祯在《种植篇》中还说：“观柳子厚《郭橐驼传》称驼所种树，或移徙，无不活，且硕茂，早实以蕃，他人效之，莫能如也，又知种树之不可无法也。”因此，王祯在《种植篇》中，还比较详细地介绍了植树造林的技术和树木嫁接的技术。

王祯在《畜养篇》中，引用陶朱公的话说：“子欲速富，当畜五牸。”在“五牸之中，惟马为贵”。“今农家以牛为本”，“牛之为物，切于农用”。养好牛，就不用怕“田畴之荒芜，衣食之不继”。王祯认为养羊“其羊每岁得羔，可居大群，多则贩鬻，及所剪毫毛作毡，并得酥乳，皆可供用博易，其利甚多，谚云：‘养羊不觉富’，正此谓也”。王祯还认为，养猪“特为省力，易得肥盾……岁岁可鬻，足供家费”。王祯还认为“鹅鸭之利，又倍于鸡，居家养生之道不可阙也”。《畜养篇》中，在讲到“养鱼”时引陶朱公的话说：“夫治生之法有五，水畜第一。”所谓“水畜”也就是水塘养鱼。在养蜜蜂中说：“春夏合蜂及蜡，每窠可得大绢一疋，有收养分息数百窠者，不必他求而可致富也。”在《蚕缫篇》中，王祯说：“南北蚕缫之事，择其精妙，笔之于书，以为必效之法，业蚕者取其要诀，岁岁必得，庶上以广府库之货资，下以备生民之纩帛，开利之源，莫此为大。”由此可见，王祯在《农桑通诀》中，热情地讴歌了农林牧副渔的综合经营，充分地阐述了农林牧副渔综合经营利国利民的举措，比较详细地介绍了农林牧副渔各业的技术，对农林牧副渔各业的发展起了重要的推动和促进作用。

第三节　王祯的政经思想

王祯虽然是封建官府的官吏，但是他却具有鲜明的人民性，他为官清廉，生活简朴，并能捐出部分薪俸修桥补路，施医舍药；他极力推崇循良官吏，竭力劝课农桑，热心推广先进农艺和农器；他大力提倡崇本抑末的重农思想，并积极倡导蓄积备荒之策。这是王祯在政治经济思想上的主要体现。

一、推崇循良官吏

王祯在《农桑通诀·劝助篇》中说："及览古之循吏，如黄霸之治颍川，劝种树；龚遂之治渤海，课农桑。何武行部，必问垦田；茨充为令，益治桑柘。召信臣治南阳，开沟渎为民利；任延治九真，易射猎为牛耕。张堪守渔阳，开稻田；皇甫隆治敦煌，教耧犁。此先贤劝助之迹，载诸史册，今略举其著者，皆可为后世治民之良规。诚使人君能法周成汉文之治，以表倡于上，公卿守令能法龚黄诸贤之事，以奉承于下，省徭役以宽民力，驱游惰以趋农业，又何患民之不勤，田之不治乎！"王祯推崇的循良官吏，都是那些"加实意，行实惠，验实事，课实功"的官吏。于此同时，王祯对那些"作无益以妨农时，敛无度以困民力"的官僚，则进行了无情的鞭笞。

二、倡导重农思想

王祯作为农学家，怀有浓厚的重农思想。他的重农思想以"农本思想"为其特征。王祯在《农书自序》中说："农，天下之大本也。一夫不耕，或授之饥；一女不织，或授之寒。古先圣哲，敬民事也，首重农。"农业是国家的"大本"，包括双重含义：从绝对的意义上说，农业是国家的根本大计，在这里"本"

是根本之本；从相对的意义上说，农业同工商业比较而言，农业是“本”，工商是“末”。农业之所以能成为国家的根本大计，就是因为，它是人类的衣食之源，在这个意义上说，一个农民不种地，就会有挨饿的人；一个妇女不织布，就会有受冻的人。正是这个原因，古代的圣人和哲人才把“重农”做为民事的首要工作。王祯在《农书·孝弟力田篇》里，又从另外一个角度，阐述了“崇本抑末”思想：“若一夫耕，众人坐而食之，欲民之无饥，不可得也；一女蚕，众人坐而衣之，欲民之无寒，不可得也。饥寒切于身体，其所以仰事俯畜，养生送死者，皆无所资，欲其孝弟不可得也。故曰：‘仓廪实知礼节，衣食足知荣辱’，岂不信乎？”如果一个国家，只有少数人从事农业生产，多数人坐享其成，那么，若想老百姓不挨饿受冻是不可能的。如果老百姓挨饿受冻，缺少“仰事俯畜，养生送死”之资，你还要他讲究“孝弟”和礼仪也是不可能的。所以“孝弟”和“力田”二者是“可以相资而不可以相离”的。

王祯认为，“孝弟为立身之本，力田为养身之本”，两者是相互依存而不可分离的。然而在实践上往往出现“舍本而趋末”的情况，其原因何在呢？就在于劝课农桑不利所致。后世劝助之道不明，其民往往舍本而趋末。故谚曰：“以贫求富，农不如工，工不如商，刺绣纹不如倚市门。此说一兴，天下之民，男子弃耒耜而争贩鬻，妇人舍机杼而思歌舞，惰游末作，习已成俗，一遇凶饥，食不足以充其口腹，衣不足以蔽其身体，怀金形鹄，立以待尽者，比比皆是。”由于当时社会上流行着“以贫求富，农不如工，工不如商”，和“刺绣纹不如倚市门”[1]的谚

① 此谚语最早见于司马迁《史记·货殖列传》，可见其流传之深远和广泛。

语，盛行“舍本而趋末”的氛围，所以男子弃农经商，女子舍织从歌者，比比皆是。以致造成了食不果腹，衣不蔽体的窘况。为了扭转“舍本趋末”的状况，王祯认为，应当如同《月令》中给统治者所规定的那样，孟春“命田司相，土地所宜，五谷所殖，以教导民，必躬亲之；孟夏，劳农劝民，无或失时，命农勉作，无休于都；仲秋，乃劝种麦，无或失时，其有失时，行罪无疑；季冬，命田官告民出五种，命农计耦耕事”。总之，王祯认为，要搞好劝课农桑之事，就必须如同“古人之于农，盖未尝一日忘也”的精神踏踏实实去做才行！否则，终日浮在上面，夸夸其谈是无济于事的。王祯认为，只有扭转了“舍本而趋末”的倾向以后，才能实现“崇本抑末”的目标。

三、提倡蓄积备荒

王祯在《农桑通诀·蓄积篇》中说：“古者，三年耕必有一年之食，九年耕必有三年之食，虽有旱乾水溢，民无菜色，岂非节用预备之效欤?”这是说，古代有耕三余一，耕九余三，储粮备荒的传统。如此才能在水旱灾荒之时，保证老百姓有饭吃。他又说：“国无九年之蓄曰不足，无六年之蓄曰急，无三年之蓄曰国非其国矣。蓄积者，岂非有国之先务耶?”一个国家没有九年的蓄积，就叫“不足”；没有六年的蓄积，就要告急；没有三年的蓄积，就国非其国了！由此可见，蓄积乃是有国者的“先务”。王祯引《周礼·地官·仓人》的条文说：“仓人，掌粟之入藏，辨九谷之物，以待邦用。若谷不足，则止余法用，有余则藏之，以待凶而颁之。”仓人的职责是掌管收入粟谷的贮藏的。他要分辨九谷的种类，供给国家之用。若是收入的粟谷不多，就要节省支出；若是收入的粟谷很多，就要把节余的粟谷贮藏起来，等到有灾荒的年份再取用。王祯还引用《周礼·地官·

遗人》的条文说:“遗人,掌邦之委积,以待施惠。乡里之委积,以恤民之囏阨;门关之委积,以养老孤;郊里之委积,以待宾客;野鄙之委积,以待羁旅;县都之委积,以待凶荒。以此见先王蓄积,皆为民计,非徒曰藏富于国也。”委积,是古代仓储积聚之通称。国有国之仓储,地方有地方的仓储,民有民的仓储。国家的仓储,是作为统治者施惠用的;乡里的仓储,是用以救济人民困乏之用的;门关的仓储,是用以抚恤阵亡将士的老弱眷属用的;郊里的仓储,是用以招待宾客用的;野鄙的仓储,是用以惠赠寄居的客人用的;县鄙的仓储,是用于荒年救济之用的。王祯不仅提倡蓄积备荒,而且倡导节用济凶。他说:“大抵无事而为有事之备,丰岁而为歉岁之忧……计一岁一家之用,余多者仓箱之富,余少者儋石之储,莫不各节其用,以济凶乏。”又说:“今之为农者,见小近而不虑久远,一年丰稔,沛然自足,侈费妄用,以快一时之适,所收谷粟,耗竭无余,一遇小歉,则举贷出息于兼并之家,秋成倍称而偿之,岁以为常,不能振拔。其间有收刈甫毕,无以糊口者,其能给终岁之用乎……《传》曰:收敛蓄藏,节用御欲,则天不能使之贫。信斯言也。”

第四章　研究与影响

本篇主要阐述国内外对王祯《农书》的研究概况和王祯《农书》在国内外的影响。

第一节　王祯《农书》的研究

国内外对王祯《农书》的研究，主要集中在：版本的流传，成书的年代，《农书》的内容，《农书》的差错，水排和木活字等方面。下面我们将国内研究概况和国外研究概况分别阐述如下：

一、国内研究概况

（一）成书年代的研究　关于王祯《农书》的成书年代，通常被认为是皇庆二年(1313)，例如，王毓瑚先生在他校注王祯

《农书》作“校者说明”时，就说：“本书作者的自序题的是皇庆癸丑，那是公元 1313 年，书大约就是那一年全部完成的。”[①]而中国社会科学院民族研究所的郝时远先生，对王祯《农书》的成书年代进行了考查。他认为，通常见诸有关著述及工具书中，均以《农书》作者自序的时间为据，即仁宗皇庆二年(1313)年，这是很不准确的。他指出：《王祯农书·杂录·造活字印书法》中说：“前任宣州旌德县县尹时，方撰《农书》……后二年，予迁任信州永丰县，挈而之官，是《农书》方成。”从这里可以看出，王祯是在旌德县任职期间开始撰写《农书》的；在他迁任永丰县后，才写成《农书》。王祯出任旌德县尹的时间，通常被定为元成宗元贞元年(1295)，而王祯在旌德县任职三年，也就是说，王祯是在大德二年(1298)迁任永丰县的。因此，王祯《农书》写成于大德二年。在王祯写成《农书》后，由于刊刻难度较大，没有印成。在皇庆二年(1313)始得刊印[②]。华南农业大学农史研究室的彭世奖先生，对郝时远先生的意见持有异议。他认为，王祯在旌德任职的时间应当是六年，因而王祯迁任永丰的时间应是大德四年(1300)，而不是大德二年(1298)。并以《元诗小传》中有关记载：“王祯，字伯善，东平人，大德四年知永丰县事，以课农兴学为务。”证明王祯确实是在大德四年才迁任永丰的。因此，王祯《农书》最早应写成于大德四年。彭先生还认为，王祯《农书》的三大部分，最初可能是各自独立成书的，成书的时间也有先有后，其中的《农桑通诀》和《农器图谱》大致写成于大德四年或五年(1300 或 1301)

① 王毓瑚《王祯农书校注》，农业出版社，1981 年。

② 郝时远《元〈王祯农书〉成书年代考》，载《中国农史》1985 年第 1 期。

而《谷谱》则稍为后出，大致写成于大德七年（1303）前后[①]。我们认为，彭世奖先生的意见比较准确。

（二）农学思想的研究　南京大学的邱树森先生将王祯农学思想归结为三个方面：一是"农天下之大本"的重农思想；二是忧民悯民思想；三是"人定胜天"思想。在"农天下之大本"的重农思想中，邱先生首先引述了王祯在《农书》自序中的一段话："农天下之大本也。一夫不耕，或授之饥；一女不织，或授之寒。古先圣哲，敬民事也，首重农。"然后引述《孝弟力田篇》中的有关论述，进一步阐发了王祯的重农思想。在忧民悯民思想中，邱先生主要引述了王祯的《芟麦歌》，认为此歌的前半部分主要描述了一个老农的农耕活动及其辛勤劳动，后半部分则笔锋一转，开始揭露和抨击封建官府对农民的盘剥。从这首《芟麦歌》中，可以看出王祯对广大劳动人民寄予极大的同情。在"人定胜天"思想中，邱先生认为，王祯《农书》中贯穿全书的是"天时不如地利，地利不如人事"的"人定胜天"思想。[②]

郭文韬近些年来对王祯的农学思想也进行了比较深入系统地研究和探讨。认为王祯的农学思想从根本上说，受传统哲学思想的影响颇深，因此，在有关王祯的"思想学说"部分中，用较多的篇幅阐述了在王祯《农书》中所体现的"传统哲学和农学"的关系。如"元气论和农学原理"，"阴阳五行和农学原理"和"尚中思想和农学原理"等。在此基础上，分别阐述了王祯《农书》中所论述的"天地人的和谐与统一"，"方物器的密切配合"和"农林牧的综合

① 彭世奖《也谈〈王祯农书〉的成书年代》，载《中国农史》1986 年第 2 期。

② 邱树森《王祯农学思想初探》，载《南京大学学报》（哲学社会科学版）1981 年第 1 期。

经营”等比较重要的农学思想。这样也就在哲学的高度上对王祯的农学思想进行了深入和系统的探讨[①]。

（三）水排的研究　水排原是后汉时期的发明，它是用于冶铁的水力鼓风机械。据《后汉书·杜诗传》的记载：杜诗在建武七年(31)“迁南阳太守……造作水排，铸为农器，用力少见功多，百姓便之”。从文献上看，我国使用水排冶铁，一直沿用至唐代。到北宋的时候，水排就已经不存在了。王祯对水排的结构曾经作了一番慎重的考证。他在《农书》里写过这样一段话：“凡设立冶监，动支工帑，雇力兴煽，极知劳费。若依此上法(指后汉杜诗监制的水排)，顿为减省。但去古已远，失其制度，今特多方搜访，列为图谱，庶冶炼者得之，不惟国用充足，又使民铸多便，诚济世之秘术。幸能者述焉。”由此可见，当时无论是国家设立的“冶监”，还是“民铸”都是使用的“雇力兴煽”的“人排”。王祯把“失其制度”的“水排”视为“济世之秘术”，多访搜求，力图弄清“水排”的结构，以便推广“水排”。王祯《农书·农器图谱·利用门》中曾绘制“水排复原图”一幅。现录之如图 4-1(见第 261 页)：

我们今天所能看到的王祯《农书》“水排复原图”，并非《农书》初刻时的插图，而是经过辗转翻刻后，已经失真的插图。对此，著名历史学家杨宽先生曾于 1954 年发表的《中国古代冶铁鼓风炉和水力冶铁鼓风炉的发明》一文中，对现存王祯《农书》“水排复原图”的错误有所纠正。后来李崇州先生又在《文物》1959 年第 5 期上发表了《古代科学发明水力冶铁鼓风机“水排”及其复原》一文，对王祯《农书》“水排复原图”的错误作了进一

① 郭文韬《王祯农学思想略论》，载《古今农业》1997 年第 3 期。

图 4-1　水排图

步的纠正，并指出：杨宽先生的复原图也有不当之处。杨宽先生又于《文物》1959 年第 7 期上发表了《关于水力冶铁鼓风机“水排”复原的讨论》一文，说读了李崇州先生的文章及其卧轮式水排的复原，有了提高，很感兴趣。并说：“我觉得李先生这张复原图，还有待商榷。”并提出了自己意见。李崇州先生在《文物》1960 年 5 期上又发表了《关于“水排”复原之再探》一文，对 1959 年的文章又作了补充。杨宽先生于《文物》1960 年第 5 期又发表了《再论王祯农书“水排”的复原问题》一文，指出李崇州先生复原图的不当之处。经过反复深入的研究和探讨，使“水排”复原问题的研究更加深入和逐步趋向完善。

（四）《农书》差错的研究　王祯《农书》比它以前的农书有许多优点，特别是在南北比较农业方面取得很大成就，对它以后的农书也有不少好的影响，如《农器图谱》部分就为几部重要农书所仿效，如明代徐光启的《农政全书》和清乾隆时期的官撰农书《授时通考》等重要农书就都从《农器图谱》中汲取了许多材料。但是，金无足赤，书无完书。王祯《农书》除了有许多优点，取得重要成就之外，也还有它的不足之处。据南京农业大学缪启愉教授在为王祯《农书》作译注时的研究，王祯

《农书》的差错达四百余处之多。缪启愉教授在《东鲁王氏农书译注》[①]一书的前言中，将王祯《农书》的差错归纳为十二项。现将其摘要录之如下：

1. 引书张冠李戴　王祯《农书》中有书名的张冠李戴，如《广志》误作《广雅》、《韩非子》误作《淮南子》、《本草衍义》误作《本草图经》等；有篇名的张冠李戴，如《周礼·乡大夫》误作《周礼·大司徒》、《货殖传》误作《食货志》等；有作者的张冠李戴，如王安石误作梅尧臣、陆元恪误作陆士衡等；有内容的张冠李戴，如把《本草图经》的个别内容当作《尔雅》郭璞注等。

2. 引文割裂破碎又糅合搀杂　王祯在《农器图谱·铧目》中，先引《释名》，又中腰截断，并夹杂着《集韵》的内容。又如《农器图谱·算目》中，先引《淮南子》，继引孔融《同岁论》，在《同岁论》下"又曰"之后所引内容却并非《同岁论》，而是《淮南子》的内容。此种混乱现象绝非少数。

3. 依样画葫芦重蹈前人错误　王祯《农器图谱·砺》目引《尚书·禹贡》，荆州误作扬州，其错误的根源是他转引《御览》卷767"砺"条之误，重蹈前人错误所致。《农桑通诀·锄治篇》将"季夏之月"误作"仲夏之月"，也是承袭曾氏《农书》或陈旉《农书》的错误所造成的。

4. 抄袭前人不标明出处　王祯在《农器图谱·牛》目中，抄录南宋周必大为曾之谨《农器谱》所作的序文一大段，但是不标明出处，并把周必大不同意牛耕始于三代所说的"愚谓不然"之句也照抄不误，实在有没周自炫之嫌！

5. 断章取义出差错　王祯在《农器图谱·木绵序》中引

① 缪启愉《东鲁王氏农书译注》，上海古籍出版社，1994年版，第10～15页。

裴渊《广州记》"蛮夷不蚕，采木绵为絮"之句，但是，裴渊所说"木绵"并不是棉花，而是攀枝花之类。裴渊《广州记》在"蛮夷不蚕，采木绵为絮"之后，还有"皮圆当竹，剥古绿藤，绩以为布"之说，而古绿藤才是棉花。由于王祯引文断章取义，才误把木绵当作棉花。木绵的絮很短，不宜纺纱织布，而只能供作枕芯的填充物。

6. 以偏概全　王祯《百谷谱·橄榄》目说："余甘惟泉州有之"，其实闽、广、滇等地都有分布，并非泉州所独有。

7. 篡改引文造成地区混乱　王祯在《百谷谱·荔枝·橄榄》两目中，都引用了《本草图经》中的话。前者原文是："生岭南、巴中。今泉、福……及二广州郡皆有之"；后者的原文是："生岭南，今闽广诸郡皆有之。"王祯在引用上列两段原文时，把引文都进行了篡改，把前者篡改成："生岭南、巴中、泉、福……及二广州郡皆有之"；把后者篡改成："生岭南及闽广州郡。"就造成了"岭南"同"二广"、"泉、福"的矛盾。因为"二广"和"泉福"同属岭南地区。

8. 照搬引文所造成的时代错误

王祯在引用前人著作时，往往不注意其时代性，例如，在《百谷谱·小豆》目中引用《齐民要术·小豆》条中"今世"云云时，照抄"今世"云云，结果北魏就变成了元代。

9. 数字核算的错误　王祯在《农器图谱·耒》目中说：从耒下的疵，量到耒首，是三尺三寸；再从耒首量到疵，也是三尺三寸。合计为六尺六寸。同一物体，往返一量竟然增加了一倍的长度。岂非怪事！

10. 差之毫厘，谬以千里　王祯在《百谷谱·荏蓼》目中引《齐民要术》"荏油性淳，涂帛胜麻油"，而王祯却错把"麻油"

篡改成“香油”。贾思勰所说的“麻油”乃是指的“大麻油”，而王祯却把麻油篡改成“香油”。一字之差，谬以千里。大麻油和荏油，都属于干性油，涂在物体上，能使物体表面氧化成一层固体的膜，所以可以用来涂帛（油布），而香油并非干性油，从来也没有用香油涂帛的。

二、国外研究概况

（一）亚洲研究概况

国外对王祯《农书》的研究，以日本、韩国等亚洲国家为主，尤以日本的研究较为深入。日本研究王祯《农书》最为深入者，首推京都大学人文科学研究所的天野元之助博士。他在 1967 年发表了《元王祯农书的研究》长篇文章①，刊登在薮内清编的《宋元时代的科学技术史》的研究报告中。从以下的目次中可以看出他研究的内容和范围：

Ⅰ. 王祯《农书》及其刊本
　1. 王祯和《农书》刊行情况
　2. 36 卷本和 22 卷本
　3. 王祯《农书》的版本
Ⅱ. 各种版本的检讨
　1. 关于本文的检讨
　2. 关于插图的检讨
Ⅲ. 王祯《农书》内容的分析
　1. 王祯《农书》的构成和特色

① 〔日〕薮内清主编《宋元时代的科学技术史》，载天野元之助《元王祯农书の研究》京都大学人文科学研究所研究报告，1967 年。

2.《农桑通诀》的考察

3.《谷谱》的考察

4.《农器图谱》的考察

Ⅳ. 结语

从上列目次中可以看出，天野先生对王祯《农书》的研究，着重在版本和内容两个方面。该文为16开本130页，全文10多万字，可谓洋洋大观！

我们可以把天野先生对王祯《农书》的研究成果，归纳为以下各点：

1. 元帝刊行王祯《农书》诏书抄白的发现

元帝刻行王祯《农书》诏书抄白在日本东京内阁文库收藏的最早的嘉靖九年(1530)山东布政使司刊本的卷首中被发现，是一项很重要的发现。因为，这个“抄白”是大德八年(1304)九月传达成宗圣旨的“抄白”。其中有：“承事郎信州路永丰县尹王祯，东鲁名儒，年高学博，南北游宦，涉历有年，尝著《农桑通诀》、《农器图谱》及《谷谱》等书，考究精详，训释明白，备古今圣经贤传之所载，合南北地利人事之所宜，下可以为田里之法程，上可以赞官府之劝课”等语。对研究王祯的生平经历，《农书》的成书年代，均有重要价值。

2. 对“卷”和“集”以及36卷和22卷的辨析

天野元之助对王祯《农书》的分集和分卷以及36卷和22卷等问题进行了辨析。其一、关于分集和分卷问题。天野先生引用明嘉靖刊本《农桑通诀目录·集之一》的开头“夹注”作了说明：“古之文字，皆用竹帛，逮后汉始纸为疏乃成卷轴，以其可以舒卷也。至五代后唐明宗长兴二年，诏九经版行于世，俱作集册，今宜改卷为集。”这个“夹注”可能是王祯本人所写，可见王祯本人是主张分集的。王祯在自序中也有“为集三十有七”之说。但是，后世的藏书家在著录时还是作“卷”，实际上分集和分卷并没有什么根本的差别。其二、关于 37 集和 36 集问题。天野先生说：王祯在自序中说：“为集三十有七，为目二百有七十。”但是，统计全书的三个组成部分，只有 36 集。这就是：《农桑通诀》6 集，《农器图谱》20 集，《谷谱》10 集，合计 36 集。究其原因是，《谷谱》原来是 11 集，但是由于原来的集之十一包括的 3 项内容，即“豳七月诗说”，“食时五观”和“备荒论”三者，前两项内容已经亡佚，只剩下“备荒论”一节，不能单独成“集”，所以才把“备荒论”并入集之十，从而取消了集之十一。这样就成了 36 集。其三、关于“为目二百有七十”的问题。天野先生认为，王祯自序中所谓“为目二百有七十”，实际上是“三百有七十”之误。因为，《农桑通诀》有 19 目，《农器图谱》有 268 目，《谷谱》有 83 目，合计 370 目。其四、关于 36 卷和 22 卷问题。天野先生认为，36 卷和 22 卷两种版本在内容上没有什么增减，只是在分卷上有所不同。36 卷本属明本系统，而 22 卷本属库本系统。两个系统的版本，除了在某些字句上有所不同以外，就是插图有所不同。对此《四库全书农书提要》中作了以下说明：“明人刊本舛讹漏落，疑误宏多，诸图尤失其真，《永乐大典》所载，犹元时旧本，今据以缮写校勘，以还其旧观焉。”由此可见，从《永乐大典》中辑出的库本王祯《农书》(22 卷本)，其中的插图是经过高手改绘的其质量超过了明刊本(36 卷本)。

3. 关于王祯《农书》的版本流传问题

天野先生总共罗列了以下各种版本：(1)明嘉靖庚寅

(1530)山东布政使司刊本(36 集);(2)明万历二年(1574)山东省章邱县署根据山东布政使司刊本翻刻的本子;(3)万历四十五年(1617)邓渼校《重刻王氏农书》三十六集本;(4)清光绪二十一年(1895)福建增刻《武英殿聚珍版丛书》孙星华校《王氏农书》;(5)清光绪二十五年(1899)广东广雅书局根据福建本重刻的《武英殿聚珍版丛书》中的王祯《农书》;(6)清《四库全书》中的王祯《农书》(22 卷本 16 册);(7)清乾隆三十九年(1774)刊《武英殿聚珍版全书》中的王祯《农书》;(8)清光绪二十四年(1898)刊农学会报本王祯《农书》上下两册;(9)民国13 年(1924)山东公立农业专门学校图书馆排印本《重刊王祯农书》;(10)民国 26 年(1937)商务印书馆刊王云五主编《万有文库》本王祯《农书》。天野先生对各种版本的文字和插图都作了检讨。

(二) 欧美研究概况

英国著名科学史专家——李约瑟博士主编的《中国科学技术史》巨著中的《中国农业史》部分,是由白馥兰·布瑞(Francesca BRAY)教授编撰的,她曾经作为李约瑟博士的助手,在英国剑桥工作多年,现在她在美国加州大学巴巴拉分校任职。她对王祯《农书》有比较深入的研究,她的研究成果可以代表欧美农史学家的最高研究水平[①]。现将其主要研究成果摘要归纳如下:

白馥兰·布瑞编撰的《中国农业史》(B)部分是"中国古代农书资料"。其中"通论之农书专著"中,重点介绍的中国农

① 〔英〕李约瑟主编,陈立夫主译《中国之科学与文明》16 分册,〔美〕布瑞著,李学勇译《中国农业史》上册,台湾商务印书馆,1994 年版。

书有三部，即《齐民要术》、《王祯农书》和《农政全书》。由此可见，欧美农史学家对王祯《农书》的高度重视。在王祯《农书》这一节中，白馥兰·布瑞对王祯的生平和《王祯农书》的成书年代和版本情况，都有简要的叙述。认为，王祯是"禀承儒家悲天悯人之胸怀，编写农书以提高中国之农业生产力。王氏深信惟有通过官府奖助，始能完成农业改进之愿望。"这一节还详细介绍了王祯《农书》的内容，并列出了王祯《农书》目录纲要（武英殿22卷本目录）。白馥兰认为，王祯《农书》中的《农桑通诀》和《百谷谱》两篇中"王氏之文字极少，几全为引自先世农书（自汉代之《氾胜之书》至元代之《农桑辑要》）……但此二篇仍有若干优异之处颇值赞美。王氏于此二篇中对华南与华北农耕之差异曾有系统性之对比。此种对照研究似为研究中国科技史之学者所重视"。白馥兰还认为，"王祯为中国农民寻求新方法及新技术，再绘出农具之精确构造，并配合文字详细说明农具之构造、用法及来源"这种做法很好。并说："王祯《农器图谱》在中国农业史上仍为革新之创举。书中详实记述全中国（包括华北旱田及长江流域之水田）之农具及有关机具。甚至包括各处之围垦田及梯田之农耕与灌溉机具。先代农书中从未见有如此完整之记述。"

白馥兰的《中国农业史》的（C）部分，是"中国之农田体制"，其中的"农田之开垦"一节中，除引用《齐民要术》耕田部分有关开荒技术以外，全文引用了王祯《农书》中有关开荒技术，并认为："王祯所述更加详实。后世农书均采自王书及贾书。"在"定耕农业"一节中，白馥兰详细引用了王祯对华北平原耕犁技术和南方水田稻麦两熟田的开垄作沟技术。在"特种农田"一节中，白馥兰不仅引用了王祯《农书》中有关围田和圩田，柜田，沙田，架田，涂田，梯田等特种农田的文字叙述，而且还引了王祯的插图。

《中国农业史》(D)部分，是“农耕机具及技术”。其中有“中国上古之犁具”一节。这一节的开头，白馥兰就称王祯为：“元代之伟大农学家”，并说：王祯“似为首先确认中国之牛力拖犁于春秋时代之前”。“王祯在他所著《农书》之《农器图谱》中也有“耒耜门”一节，后世之农书皆引用《王祯农书》。”这一节中，引用了王祯《农器图谱》中的耒耜图。在“汉代以后犁具之发展”一节中，白馥兰认为，耕盘、绳索、曲轭牵引系统的发明，是硬套、直轭牵引系统的一大改进，并引用了《王祯农书·农器图谱》中有关“耕盘”的描述和两种曲辕犁的插图。白馥兰还认为，“各农书中惟一对《耒耜经》有所补充之记述，乃成书于西元1313年(元仁宗皇庆二年)之《王祯农书》。书中曾于不同章节对犁镵及犁壁有所论述。王氏将犁镵分为两类：形少而利者，曰‘镵’；形宽大而稍凸起者，曰‘铧’”。并引用了王祯有关“铧”和“镵”互相区别的叙述，以及有关“犁壁”的叙述。在“犁之附属工具”一节中，引用了《王祯农书·农器图谱》中有关劚刀”的记述和劚刀的插图。在“手用之农具”一节中，白馥兰说：“有关锄具之最早描述乃见于《王祯农书》。”在说到“铁搭”时，白馥兰说：“首次称为铁搭者，实为《王祯农书》。”并全文引用了王祯有关铁搭的记述。此外，白馥兰还根据《王祯农书·农器图谱》中有关“锋”和“长镵”的记述，介绍了这两种农具的形制和用途。在“碎土和平土农具”一节中，白馥兰引用了《王祯农书·农器图谱》中“平耙”和“立耖”的插图。

白馥兰在《中国农业史》中引用王祯《农书》插图多达40幅。现列表如下：

表 12　白馥兰《中国农业史》引用王祯《农书》插图一览表

序号	《中国农业史》引用图	插图名称	引用《王祯农书》卷数
1	第一图	天子藉天图	卷十一
2	第十七图	授时指掌活法图	卷十一
3	第十八图	元代华南水田所用之耘耥	卷十三
4	第十九图	各版《王祯农书》中之犁	
5	第二十六图	《王祯农书》中之犁田技术示意图	
6	第三十一图	柜田	卷十一
7	第三十五图	涂田	卷十一
8	第四十一图	元代所绘之耒耜	卷十二
9	第六十二图	《王祯农书》中之两种犁	
10	第六十五图	《王祯农书》中之劙刀	卷十四
11	第六十六图	刬，一种除草工具	卷十三
12	第七十三图	中国之镬	
13	第七十九图	明代之铲	卷十三
14	第八十图	《王祯农书》中之平耙	卷十二
15	第八十一图	耖，用于华南之稻田	卷十二
16	第八十五图	中国之编耙“耮”	卷十二
17	第八十六图	卵形滚耙“碌碡”	卷十二
18	第八十八图	两种砺礋	
19	第九十图	刮平秧田之“刮板”	卷十四
20	第九十五图	中国之耧车	卷十二
21	第一〇三图	劐	卷十三
22	第一〇七图	用以镇土之“挞”	卷十二
23	第一一三图	“秧马”	卷十二

续　表

序号	《中国农业史》引用图	插图名称	引用《王祯农书》卷数
24	第一二一图	明代之“耨”(锄)	卷十三
25	第一二五图	王祯之“镫锄”	卷十三
26	第一二九图	明代之“耧锄”	卷十三
27	第一三三图	明代之“耘爪”	卷十三
28	第一三五图	除草之“辊轴”	卷十四
29	第一五七图	中国之“钹”	卷十四
30	第一五九图	明代之麦笼	卷十九
31	第一六一图	中国之“推镰”	卷十四
32	第一八一图	吊于树枝之“筛谷拐”	卷十五
33	第一八八图	置于箱中之封闭型“飏扇”	卷十六
34	第一九二图	“谷盅”	卷十六
35	第一九五图	种谷盛器“种箪”	卷十五
36	第一九七图	“儋”	卷十五
37	第二〇〇图	“谷匣”	卷十五
38	第二〇二图	山坡上之“地窖”	卷十六
39	第二〇四图	“囷”	卷十六
40	第二一一图	“廪”	卷十六

第二节　王祯《农书》的影响

王祯《农书》在国内外有广泛的影响。它在国内不仅对农书的撰著,先进农具的推广有重要影响,而且对农业生产的发展有重要促进作用。在国外它对西方耕犁的改进,耕作制度的改革,都有重要影响。

一、国内的影响

（一）对农书撰著的影响　王祯《农书》刊刻流传以后，对农书的撰著发生重要影响。最明显的例子就是《农器图谱》为其后的重要农书，如《农政全书》[①]、《授时通考》[②]等重要农书所仿效。

1.《农政全书》的农器图谱渊源于王祯《农书》

表 13　《农政全书》引用王祯《农书》灌溉部分插图一览表

王祯《农书》灌溉图谱目次	《农政全书》灌溉图谱目次
水栅	水栅
水闸	水闸
陂塘	陂塘
水塘	水塘
翻车	翻车
筒车	筒车
水转翻车	水转翻车
牛转翻车	牛转翻车
驴转筒车	驴转筒车
高转筒车	高转筒车
水转筒车	水转筒车
连筒	连筒
架槽	架槽
戽斗	戽斗
刮车	刮车
桔槔	桔槔
辘轳	辘轳
瓦窦	瓦窦
石笼	石笼
浚渠	浚渠
阴沟	阴沟
井	井
水篣	水篣

① 明代徐光启撰《农政全书》，中华书局，1956 年版。

② 清代鄂尔泰，张廷玉等编纂《授时通考》，上海实业研究社依原本影印。

石声汉先生《农政全书校注》中说："本书水利部分有《灌溉图谱》一卷……内容全部引用王祯《农器图谱》。但图与王书不一致。王谱中每种后面所附诗文，本书均略去。"

《农政全书》农器图谱一同王祯《农书》耒耜门比较

表 14　《农政全书》引用王祯《农书》耒耜门插图一览表

《农政全书》农器图谱一所列项目	王祯《农书》耒耜门镤锸门所列项目
耒	耒
耜	耜
犁	犁
牛	牛
耰	耙
耙	耖
耖	耮
耮	挞
挞	耰
磟碡	磟碡
砺礋	砺礋
瓠种	耧车
耧车	砘车
砘车	瓠种
耕槃	耕槃
牛轭	牛轭
秧马	秧马
镤	镤
锸	锸
锋	锋
长镵	长镵
铁搭	铁搭
锨	锨
镵	镵
铧	铧
鐴	鐴
刬	刬
劐	劐
	梧桐角

《农政全书》农器图谱一的底本，仍然是王祯《农书》的农

器图谱。但是它删去了与农业生产关系较小的项目和每项后王祯原有的诗文,附图也较王祯原书有所改进。

从上表中可以看出,《农政全书》农器图谱一,除了删去王祯镬锸门的"梧桐角"一项外,就是在某些农器的次序上有所变动,其底本渊源于王祯《农器图谱》十分明显。

《农政全书》农器图谱二,则渊源于王祯《农器图谱》钱镈门、铚艾门和杷朳门。

《农政全书》农器图谱三,则渊源于王祯《农器图谱》杵臼门、仓廪门和舟车门。

《农政全书》农器图谱四,则渊源于王祯《农器图谱》牟麦门、蓑笠门和蒸蒉门。

2. 王祯《农书》农器图谱和《授时通考》

(1)《授时通考》的"田制图说"主要来源于王祯《农器图谱》的田制门　《授时通考》的"田制图说"主要取材于王祯《农器图谱》田制门,但是,它是有选择的吸收,而不是全盘照搬。例如,王祯"田制门"中,有籍田、太社、国社、民社、井田、区田、圃田、围田、柜田、架田、梯田、涂田、沙田和授时指掌活法之图等项目。而《授时通考》"田制图说",略去了王祯田制门的前五项,仅选取了区田、圃田、围田、架田、梯田、涂田和沙田等项内容,插图大体上仿照王祯《农器图谱》。

(2)《授时通考》"垦耕具各图说"也取材于王祯《农器图谱》　《授时通考》的"垦耕具各图说",主要取材于王祯《农器图谱》耒耜门、镬锸门,并且是选取了最重要的垦耕农器,如耒耜、犁、耕盘、牛轭、镵铧、鐴、刬、锋、长镵、镬、锸、铁搭、劘刀、钹、耰等作了重点介绍。

(3)《授时通考》"耙劳具各图说"主要取材于王祯《农器

图谱》的耒耜门和杷朳门。并且选取了最重要的杷朳农器。如人耙方耙、耖、耢、碌碡、砺䃯、拖车、田耥、刮板、平板、梧桐角等项。

(4)《授时通考》"播种具各图说",主要取材于王祯《农器图谱》耒耜门、杷朳门和蓧蒉门。并且选取了最重要的播种农器,如种箪、耧车、瓠种、砘车、挞、辊轴、秧弹、秧马和橇等作了重点介绍。

(5)《授时通考》"耘耔具各图说",主要取材于王祯《农器图谱》钱镈门,并且选取了最重要的耘耔农器,如钱镈、耨、耰鉏、鋋、耧锄、劐、蹬锄、耘爪、耘耙、耘耥、薅马、蓑笠、薅鼓等作了重点介绍。

此外,《授时通考》中的"灌溉具各图说"、"收获具各图说"、"攻治具各图说"、"牧牛具各图说"等,也都主要取材于王祯《农器图谱》。

总之,王祯《农器图谱》对明、清时期的重要农书的撰著体例,特别是农器图谱的撰著影响最大。

(二) 对农器改良的影响　王祯《农书》的最大特点之一,就是有比较完备的《农器图谱》,《农器图谱》的篇幅占全书的五分之四;而王祯本人在安徽旌德和江西永丰等地任职期间劝课农桑时的重要内容之一就是推广先进农器。正像乾隆《旌德县志》中所说的:王祯除了对"麻苎禾黍牟麦之类,所以莳艺芟获,皆授之以方"之外,就是"又别为钱、镈、耧、耙、朳诸杂器,使民为之",并"图画所为钱、镈、耰、耧、耙、朳诸器,使民为之"。据戴表元《王伯善农书序》中所说:老百姓在开始时,对王祯的作法很不以为然,并且说:这些事都是我们世代所做之事,那里还用得着你来教呢?其他县的官们也都要笑和嘲弄王祯。但是，在三年以后，老百姓都从王祯的劝课农桑方法中获益匪浅了，因此，旌德的老百姓就都"利赖而诵歌"了！（"民初曰：是固吾事，且吾世为之，安用教！他县为宰者群揶揄之，以为是殊不切于事……如是三年，伯善未去旌德，而旌德之民利赖而诵歌之。"[①]）可见，王祯采用"授之以方"和"图之以器"的劝课农桑的方法，取得了很大的成功。戴表元在《王伯善农书序》中还说："伯善之政孚于永丰又加速，大抵不异居旌德时……岁时属耆者强壮，问能从吾言试其具？幸而能，则大喜，出卮酒相劝奖。"这就是说，王祯从旌德转任永丰之后，他所采用的劝课农桑的方法，更加速推行，并且又有了新的办法，这就是对试用王祯推广的新式农具的优胜者，给以卮酒的奖励。从而加速了他推广新农器的速度。王祯在安徽旌德和江西永丰等地推广新农器的举措，必定会首先影响到整个长江流域地区乃至逐渐影响到全国。

（三）对农业生产的影响　王祯《农书》对农业生产的影响，主要表现在：提高土地利用率，提高农业技术水平，促进农器改良，提高劳动效率等方面。

1. 对提高土地利用率的影响

宋元时代，随着南方人口的不断增加，耕地不足的矛盾日益严重，因而出现了"田尽而地，地尽而山，山乡细民，必求垦佃，犹胜不稼"的情况（王祯《农书·农器图谱·田制门·梯田》），在这种情况下，除平原而外，山地、河滩、水面、海涂等地，都先后被利用起来，从而出现了圩田、梯田、架田、涂田等特殊的土地利用方式，这是中国古代土地利用技术的一次大

① 王毓瑚《王祯农书校注》，农业出版社，1981 年版，第 445 页。

发展。王祯《农书·农器图谱·田制门》首先对这些特殊的土地利用经验进行了全面系统地总结,从而为元代及其后代土地利用技术的提高,奠定了理论和技术的基础,对促进土地利用技术的提高起了重要作用。

2. 对提高农业技术水平的影响

(1) 对提高精耕细作水平的影响　王祯《农书》对后魏贾思勰《齐民要术》以来中国南北精耕细作的优良传统经验进行了新的总结,从而促进了精耕细作水平的提高。王祯在北方旱地耕作中强调了深耕和细耙的结合才是"全功"的观念,同时总结了旱地"套耕"的经验,对提高北方旱地的耕作水平产生很大影响。王祯对南方水田的耕作体系进行了新的概括,这就是"耕、耙、耖"三位一体的耕作体系,同时总结了水旱轮作田"耕耙耖耘"和"开垄作沟"结合的新经验,对实现稻麦双丰收有重要影响。

(2) 对增肥和灌溉的影响　王祯《农书》开辟"粪壤"和"灌溉"专篇,将增肥和灌溉摆到农业增产的重要地位,对农业增产起了重要作用。在增肥方面,王祯对"粪壤"理论有新发展,他不仅继承了陈旉《农书》所倡导的"地力常新"理论,而且提出了他的"粪壤"理论,那就是:"田有良薄,土有肥硗,耕农之事,粪壤为急。粪壤者,所以变薄田为良田,化硗土为肥土也。"王祯在广辟肥源方面,作出了很大的努力,他提到的肥源比以前农书中提到的肥源增加了许多,并提出了设置常年积肥车的新举措,为了提高肥效,他提出了"田头沤肥"的主张。在发展农田灌溉方面,他通过追述古代治水和修筑沟洫的情况,说明兴修农田水利是我国自古以来的优良传统;通过列举古代大量水利工程遗迹,说明"兴废修坏"是发展农田水利的重要途径;并总结了南方修建圩田和围田的经验;并在《农器图谱·灌溉门》中介绍了翻车、筒车等高效的灌溉工具。所有这些对增肥和灌溉都起了重要推动作用。

3. 对提高劳动效率的影响

王祯《农书·农器图谱》中所载农具,除了沿袭或存录前代的部分农具以外,有相当部分是元代新创或改良的农具,这些农具对减轻劳动强度,提高劳动效率,提高作业质量,提高耕作水平,有重要作用。

(1) 耕犁牵引系统的完善对提高耕作效率的影响　我国在唐代以前耕犁的牵引系统采用硬套牵引系统,即“二牛抬杠式”的牵引方式。采用这种牵引方式,只能使用长辕犁,而长辕犁和硬套牵引在地头转弯时非常不方便,并且要浪费不少耕地,同时“回转相妨”耕作效率很低。大约在唐宋之间,我国开始采用曲辕犁和软套牵引方式,就是由“牛軛、耕索、耕槃”所组成的牵引系统。王祯《农器图谱》首次将这套牵引系统载入农书中,并且将金元时代新发明的“挂钩”或“钩环”载入农书,从而加速了我国普及这套牵引系统的速度。这对提高耕作效率,提高耕作水平,提高土地利用率都有重要影响。

(2) 耧锄和耘荡对提高中耕效率的影响　我国宋元时代,在南北方的中耕工具上都有新的发明和创造。这就是北方旱地的耧锄和南方水田的耘荡。王祯《农器图谱》引《种莳直说》(已佚)详细记载了“耧锄”的构造和功效,并附有插图,对推广此类中耕工具起了重要作用。而耧锄对提高中耕效率有十分显著的功效。其“入土二三寸,其深通过锄力三倍,所办之田,日不啻二十亩”。可见,耧锄在提高中耕效率方面的巨大威力。“耘荡”是元代江浙地区农民的创造。王祯《农器图谱》最早记载了它的形制，并附有插图。王祯说：用耘荡“耘田之际，农人执之，推荡禾垄间草泥，使之溷溺，则田可精熟，既胜耙锄，又代手足，况所耘田数，日复兼倍”。这种中耕工具的创造和推广，对提高耕作水平，提高中耕效率，减轻劳动强度，都有重要作用。

(3) 耧车的改良对深施肥的影响　耧车在唐宋以前是播种的专用工具，元代对耧车进行了改良，使它具有了“下粪耧种”的功能。王祯《农器图谱》首次记载了“粪耧”：“近有创制下粪耧种，于耧斗后别置筛过细粪，或拌蚕沙，耩时随种而下，覆于种上，尤巧便也。”粪耧的发明和推广，对深施种肥，提高施肥效率都有重要影响。

(4) 翻车和筒车的多样化对扩大灌溉面积和提高灌溉效率的影响　宋元时期的灌溉工具，主要有翻车和筒车两种，这两种灌溉工具本来是在汉唐时期就开始使用了。但是，这两种灌溉工具在宋元时期发展很快，例如，在翻车方面，除了人力翻车以外，又发明了水转翻车、牛转翻车；在筒车方面，又发明了驴转筒车（又叫卫转筒车）和高转筒车。这些灌溉工具的发明和推广，对扩大灌溉面积和提高灌溉效率都有重要影响。

(5) 麦钐麦绰和麦笼的配套使用对提高麦类收获效率的影响　麦钐、麦绰和麦笼，是元代新发明的收获农具。麦钐是割麦刀，安装在麦绰上用于割麦，麦绰是竹篾编的收麦器，而麦笼则是竹编的盛麦器。使用这种收获配套工具“比之镰获手穖，其功殆若神速”。这说明，使用这种收获工具，对麦类收获效率的提高有显著效果。

(6) 水轮三事和水击面罗的创制对提高粮食加工效率的影响　元代新创制的水轮三事和水击面罗这两种粮食加工机

械，在提高粮食加工效率方面起了很大作用。水轮三事，是以水为动力，配以机械传动装置，集磨、砻、碾三种功能于一身，因而得名。水击面罗，是用水力筛面的机械，其传动的结构和装置同水排相同。这种机械，其功效甚高，王祯《农器图谱》中说："罗因水力互击椿柱，筛面甚速，倍于人力。"这两种机械的推广使用，是我国在利用自然能源和齿轮传动原理方面取得的重大成就。

总之，王祯《农书》所总结的农业生产经验和所推广的新式农具，对提高精耕细作水平，提高土地利用率，提高劳动效率，都起了重要作用，因而对提高元代的农业生产水平有着重要影响。

二、在国外的影响

（一）对西方农具改革的影响　王祯《农器图谱》中所载的曲面犁壁、耧车、耧锄等农器，对欧洲耕具的改革有重要影响。在这方面可以用欧美著名农史学家的权威著作中的有关论述为依据述之如下：

1. 列色认为欧洲的曲面犁壁源自东亚

西方一位著名的农业历史学家、世界耕犁史权威列色(Paul Leser)曾将欧洲十八世纪之农业改革归功于由远东所输注之新观念。列色称："余深信曲面犁镵正如欧洲其他多种农业之明显进步，均源自东亚……此等文化之输入，促使农业之革新；并将进取之精神注入欧洲之农业。此后之各项发明及改良，若无东亚文明之基础，几已不可想象。欧洲之农业，直至十八世纪，仍抱残守缺，极为落伍。欧洲农业之趋于合理并能逐渐加强，基本上均为东亚文化刺激之结果。若无十八世纪初期开始之农业革命，则其后两百年中欧洲人口之增加及所有相伴之发展，均几无可能。余以为吾人应为东亚文明提供欧洲近代文化之坚实基础而心存感念。”①

2. 白馥兰同意列色的意见并有所补充②

白馥兰指出：“列色认为东亚各国（尤其中国）于西方人士获知之前，早已发展出进步之农业技术。而欧洲人士直到十八世纪正当欧洲农业技术停滞之时，经由耶稣教士及其他旅行远东人士之报告，始获得此等技术……中国之农业技术（正如其他多种知识）在明代西方传教士到达中国之前，的确超越欧洲甚多。早期之西方旅客对中国农村之高度生产力，巧妙之轮种方式，精密之扬水机械及各式工具，以及中国农民企业理念之合理，无不感到万分惊异。”

白馥兰指出：“列色之倡议，主要系根据欧洲十八世纪时曲面铸铁犁镵发展之过程。欧洲传统之犁镵（犁壁）均为木质，表面平直。曲面铸铁犁镵虽在远东地区已在数百年前开始使用，但欧洲则只在与东亚及东南亚发生接触之后，才发展此种曲面铸铁之犁镵。此外，尚有另一与犁镵之发展平行之事例，在列色发展其假说时所忽略。此即欧洲在西元1731年（清雍正九年）时，由杜尔（Jethro Tull）推动所实行之‘马拖犁农业’（按即谷类行播方式），在中国早于西元初期已在华北充分发展。”

3. 对欧洲传统农业生产力偏低原因的分析

白馥兰指出：“促使北欧传统农业生产力偏低之因素甚

① 〔英〕李约瑟主编，陈立夫主译《中国之科学与文明》16分册。〔美〕布瑞著，李学勇译《中国农业史》台湾商务印书馆，1994年版。

② 白馥兰系美国学者《中国农业史》的作者布瑞的汉名。

多。其中除地权之封建体制所引发之社会经济问题以外，尚有两个纯属技术性之因素。第一个技术因素，即耕犁过重且构造不良，翻土之效率既低且缓，更需较多之畜力。第二个技术因素，即以撒播种植，不但需要留用大批种子作为繁殖，产量且也甚低。只有改进耕犁之构造及改变播种之方式，欧洲农民始可望降低耕作成本，提高农业生产。"（引文来源同前）

"欧洲传统翻土犁之缺乏效率，主要由于与土块之磨擦过高。造成磨擦之原因为犁底太重又太宽（原意以为可犁成较宽之犁沟），犁梢木轮过重，及宽大之木质犁壁。此一犁壁之表面又与犁镵之角度不相符合，使翻起之土块无法顺利越过犁壁。欧洲犁之犁壁大多表面平直，土块之翻转全靠土块本身之重量于滑过犁壁后而堕落；虽有若干犁壁稍作曲面，效果仍不彰。又因犁壁与犁镵未能完全密合，故常有杂草或土块塞满相接处之缝隙（阻碍土块之滑动）；农夫必须不时停步，并须以木棒挑除犁壁前之烂泥。此种耕犁之磨擦力过高，常需数头耕牛或马匹拖曳。所需畜力自也以犁之构造及土壤性质而各有不同，但通常一组耕犁平均即需四头至八头牲畜拖曳……犁具之任何减少磨擦之改善，必可缩减人畜组合之数目，且可加速耕犁之速度；同时由于犁具结构力学之改良，可使耕犁动作更为平稳；农夫之操作省力，耕犁之步调自也加快矣。"（引文来源同前）

"至于撒播之法，在欧洲直至十六世纪时仍为播种谷物之惟一方式，此法极为浪费种子"①。杜尔指出："以手撒种子，

① 本页引文均出自〔英〕李约瑟主编，陈立夫主译《中国之科学与文明》16分册。〔美〕布瑞著，李学勇译《中国农业史》台湾商务印书馆，1994年版。

绝对无法控制（尤以强风吹袭时为甚），且土面之起伏必使种子落地之位置改变。多数种子落于低凹之处；若以锄头覆土，又会使种子流入地穴。故低凹之处之种子常较高处之种子多出十数倍，或甚至不能留存于高处者。此种难以均匀之方式，不但浪费大量种子，且常有众多种子生于一穴，生长自不若每穴一粒者佳。更以幼苗过密，养分自不能供应充足。幼苗之根也不能自然舒展。农夫虽尽力耕锄，效果仍难期许。”

4. 欧洲农业技术的转型来源于中国之华北

白馥兰认为：“欧洲十八世纪农业技术转型之关键在于曲面铸铁犁壁、播种器及畜力耧锄之引进及发展。此三项重要农具在此之前曾联合利用之地区则仅有中国之华北……早期到远东旅行之欧洲人（如马哥孛罗或鲁布鲁克之威廉（William of Rubruck），对彼等旅居地区之科学或技术均未提供可靠之资料。直到经由商人及传教士正式接触之后，始有较多之正确报告传至西方……基督教传教士在十七世纪于北京建立教会之后，即可向中国内地广大地区旅行。此时即有大量出版品及通讯报导由教士提供欧洲人士。”

德国科学家莱布尼兹（Leibnitz1646～1716）在同旅居北京的传教士通信时，曾“鼓励传教士对中国之农业、军事及航海之机械多加注意，以便供欧洲机械改进之参考”。

莱布尼兹于1707年（康熙四十六年）写给北京教会之信函中建议：“传教士应将中国之动物、机械、模型及学者，连同彼等所撰写之中国农工业书籍，一并输至欧洲。耶稣会教士确曾引进多种中国书籍至法国及其他国家。其中包括中国农业之图谱、制茶及其他农村生活之书籍，至今仍收藏于法国国家档案中。”“传至欧洲之中文书籍……其中之图例对于不识中文之欧洲人士必可提供可资推想之资讯。本书中所参考之徐光启《农政全书》，书中绘有中国农具及机械之多幅附图。”（《农政全书》中的插图，多引自《王祯农书》）。

白馥兰说：“杜尔（Jethro Tull）创议之畜力耕锄体制与华北久已实行者相似之情形，足可令人认为杜尔之创议乃全部引自中国者。”

白馥兰还指出：“法国十八世纪发明家蒙素·度哈莫（Duhamel de Monceau）对中国耧之构造确甚熟悉。在他的著作中，曾绘有中国耧之图形，颇似《王祯农书》之图。”

从白馥兰的上述阐述中，不难看出，在欧洲农业技术转型中，引自中国的曲面犁壁、耧车和耧锄等农器，起了极为重要的作用。其中也包括王祯《农器图谱》的作用[①]。

（二）对西方耕作改制的影响　西欧中世纪的“二田制”和“三田制”，统称之为“休闲耕作制”。所谓“二田制”就是把每个庄园的耕地划分为两区，一区耕种，一区休闲，耕种区和休闲区逐年轮换；所谓“三田制”，就是把每个庄园的耕地划分为三大区，一区种春谷，一区种冬谷，一区休闲，三区逐年轮换。这种休闲耕作制，其土地利用率是很低的[②]。“二田制”的土地利用率只有百分之五十；“三田制”的土地利用率只有百分之六十六，这是一种比较粗放的耕作制度。这种粗放的耕作制度，是同粗放的耕作方法相适应的。而粗放的耕作方法，则同落后的耕犁紧密地联系在一起。中国耕犁的两个基

① 本页引文均出自〔英〕李约瑟主编，陈立夫主译《中国之科学与文明》16分册。〔美〕布瑞著，李学勇译《中国农业史》台湾商务印书馆，1994年版。

② 〔美〕格拉斯《欧美农业史》，万国鼎译，商务印书馆1935年版。

本特征(曲面壁和摇动性)一旦被西欧所采用,就对土地利用方式的集约化产生了决定性的影响。正像荷兰著名农史学家 Slicher Van Bath 所说的:西欧中世纪后期,从二圃制向三圃制转变原因之一,就是“从牛耕改为马耕,以及引进代替直轭的曲轭和耕盘的缘故”①。这里所说的“曲轭”和“耕盘”,就是王祯《农器图谱》中首先记载的软套牵引系统中的重要部件。采用曲面壁和软套牵引系统以后,西欧耕犁才具备了轻便、速耕、翻土、碎土等精耕的性能,这是西欧废弃粗放的休闲耕作制,采行集约耕作制的前提条件。西欧的“诺福克耕作制”之所以能最早从英国的诺福克地方开始,就是因为此地正是最早进行耕犁改良的地方。西方学者之所以把 Small 犁同诺福克联系在一起,就是因为耕犁改良,是耕作改制的先决条件。欧洲推行集约化农业的中心地区,弗兰达斯和布拉邦地区,也是最先从改良耕犁开始的。这些事例说明,耕犁改革是技术革命的基础和前提。

---

① 转引自〔日〕熊代幸雄《论中国旱地农法中精耕细作的基础——兼评它在世界史上的意义》,董恺忱译,载《中国农史》1981 年第 1 期第 91 页。

附　录

一、乾隆《旌德县志·政绩》中有关王祯事迹的记载

元·王祯，字伯善，元贞元年以承事郎为县尹，惠爱有为，凡学宫斋庑尊经阁及县治坛庙桥道，捐俸改修，为诸绅士倡，莅任六载，山斋萧然，躬率家童于县圃别为谷垄稻区，环植桑枣，木棉，凡麻苎禾黍粦麦之类，所以莳艺芟获，皆授之以方，又别为钱、镈、耧、耙、朳诸杂器，使民为之，名曰《农器图谱》、《农桑通诀》，皆著有诗，又兼施医药，救民贫疾，种种善绩，口碑载道，后调永丰。

二、乾隆《旌德县志·拾遗》中有关王祯事迹的记载

元贞间，县尹王祯，字伯善，山东东平人，治旌六载，每暇日躬率家童，辟廨西废圃，构茅屋三间，引鹿饮泉水，注为清池，以种莲芡，四面树以花草竹木，仍别为谷垄稻区，环植桑枣，木棉，示民种艺之法，扁其居曰山庄，命其圃曰偕乐，又尝教民种桑、麻、苎、禾、黍、粦、麦之类，并图画所为钱、镈、耰、耧、耙、朳诸器，使民为之，名其书曰《农器图谱》、《农桑通诀》，每物咏诗一首。

三、戴表元《王伯善农书序》中有关王祯事迹的记载[①]

丙申客宣城县，闻旌德宰王君伯善儒者也，而旌德治。问之，其法：岁教民种桑若干株，凡麻、苎、禾、黍、牟、麦之类，所以莳艺芟获，皆授之以方，又图画所为钱、镈、耰、耧、耙、杈诸杂器，使民为之。民初曰：是固吾事，且吾世为之，安用教？他县为宰者群揶揄之，以为是殊不切于事，良守将，贤部使，知之不问，问亦不以为能也。如是三年，伯善未去旌德，而旌德之民利赖而诵歌之。盖伯善不独教之以为农之方与器，又能不扰而安全之，使民心驯而日化之也。后六年，余以荐得官信州，伯善再调来宰永丰……伯善之政孚于永丰又加速，大抵不异居旌德时，山斋修然，终日清坐，不施一鞭，不动一檄，而民趋功听令惟谨。

四、同治《广丰县志》中有关王祯事迹的记载

元王祯，字伯善，东平人，精通经史，清介自恃，大德四年知县事，以课农兴学为务，常买桑苗及木棉籽导民莳艺，遇旱或淫雨，必斋戒虔祷，著有《农器图谱》、《农桑通诀》刻于庐陵，新集一卷名《农务集》。

五、元帝刻行王祯《农书》诏书抄白[②]

皇帝圣旨里江西等处儒学提举司准本司副提举祝将仕牒，该“尝谓养生之本莫重于农桑，著书之传，必有益于教化。切见承事郎信州路永丰县尹王祯，东鲁名儒，年高学博，南北游宦，涉历有年。尝著《农桑通诀》、《农器图谱》及《谷谱》等书，考究精详，训释明白，备古今圣经贤传之所载，合南北地利

① 载王毓瑚《王祯农书校注》，农业出版社，1981年版“附录”。
② 载王毓瑚《王祯农书校注》，农业出版社，1981年版“附录”。

人事之所宜，下可以为田里之法程，上可以赞官府之劝课。虽坊肆所刊旧有《齐民要术》、《务本辑要》等书，皆不若此书之集大成也。若不锓梓流布，恐失其传。若将前项文书发下学院钱粮优羡去处，依例刊刻流布，诚为有益。牒请施行！"准此。议得前项《农书》委是该载详备，考索的当，其于世道，良非小补。若于学院钱粮优羡去处刊刻流布，相应申奉到江西湖东道肃政廉访司书吏张龄承行旨挥该宪司看详。"提举祝将仕所言诚为农桑重事，于民有益，依准所据。合行下，仰照验，就便施行，仍毋得冒滥违措！"奉此。今将《农书》三部随此发去，合下仰照验，为唤匠依上刊刻完备，印刷样本申司。仍将用过梨板、工食价钞一就开申，毋得因而滥破违错，须至旨挥！

右下龙兴路儒学教授司准此。

大德八年九月　日

六、建国后王祯和王祯《农书》研究概况

类　别	论著名称	作　者	发表书刊	发表年月(期)
简介文章	王祯的《农书》	万国鼎	文汇报	1961,10,4
	王祯《农书》	万国鼎	中国农报	1962,(8)
	农学家王祯	顾承德	工人日报	1963,7,22
	王祯和《农书》		天津日报	1975,2,19
	王祯和《农书》		光明日报	1975,3,5
	王祯与《农书》	崔灿	辽宁人民出版社	1975

续　表

类　别	论著名称	作　者	发表书刊	发表年月(期)
简介文章	王祯与《农书》	进军	广西民族学院学报	1973,(1)
	农学家王祯	李迪	内蒙人民出版社	1978
	王祯的《农书》	刘泽华	人民出版社	1979
	王祯	曾少潜	科技文献出版社	1981
	王祯和王祯《农书》	张起君	农业知识	1981,(19)
	王祯和他的《农书》	张润生	中国青年出版社	1981
	王祯农书和农政全书	申漳	中国青年出版社	1981
	元代著名农学家王祯	姚昆德	陕西农业	1982,(7)
	王毓瑚与王祯《农书》	吴德铎	文汇报	1982,3,2
研究论著	再论王祯农书水排问题	杨宽	文物	1960,(5)
	王祯及其《农书》	朱活	文史哲	1961,(2)
	王祯的《农书》和木活字	樊树志	人民日报	1961,7,2
	王祯和《农书》	万国鼎	中华书局	1962
	纪念王祯《农书》650年	万国鼎	文汇报	1963,6,13

续　表

类　别	论著名称	作　者	发表书刊	发表年月(期)
研究论著	王祯《农书》的原来面貌	胡道静	文汇报	1963,6,13
	王祯《农书》的版本	万国鼎	图书馆	1963,(3)
	王祯创绘农具图	王永厚	农村科学实验	1978,(7)
	王祯《农书》	石声汉	中国古代农书评介	1980
	王祯农学思想初探	邱树森	南京大学学报	1981,(4)
	元王祯《农书》成书年代考	郝时远	中国农史	1985,(1)
	也谈王祯《农书》成书年代	彭世奖	中国农史	1986,(2)
	王毓瑚校王祯《农书》匡误	孟方平	中国农史	1986,(3)
	错误很多的王氏《农书》	缪启愉	古今农业	1990,(2)
	王祯的为人政绩和农书	缪启愉	农业考古	1990,(2)
	王祯	郭文韬	中国古代科学家传记	1993
	王祯农学思想略论	郭文韬	古今农业	1997,3

索　引

重要人名索引

M

N

P

重要词语索引

T

W

重要文献索引

H

J

K

L

M

N

Q

R

S

Z

图书在版编目(CIP)数据

贾思勰 王祯评传/郭文韬,严火其著. —南京:南京大学出版社,2001.12(2007.4 重印)

(中国思想家评传丛书/匡亚明主编)

ISBN 978-7-305-03817-4

Ⅰ. 贾...　Ⅱ. ①郭...②严...　Ⅲ. 贾思勰-评传 Ⅳ. K826.3

中国版本图书馆 CIP 数据核字(2002)第 016462 号

中国思想家评传丛书

贾思勰 王祯评传

郭文韬　严火其　著

南京大学出版社出版发行

社址:南京市汉口路 22 号　邮编:210093

电话:025-83596923　025-83592317　传真:025-83328362

网址:http://press.nju.edu.cn

电子邮件:nupressl@publicl.ptt.js.cn

南京爱德发展有限公司印刷

开本 850×1168　1/32　印张 10.25　字数 230 千

2001 年 12 月第 1 版　2007 年 4 月第 2 次印刷

印　数　2001—4000

ISBN 978-7-305-03817-4

定价:26.00 元